生态建设与改革发展

2010 林业重大问题调查研究报告

Reform and Development:
Research Reports on China's Major Forestry Issues

贾治邦 主编

中国林业出版社

图书在版编目(CIP)数据

生态建设与改革发展:2010年林业重大问题调查研究报告/贾治邦主编. —北京:中国林业出版社,2011.11

ISBN 978-7-5038-6249-6

Ⅰ.①生… Ⅱ.①贾… Ⅲ.①林业经济-经济发展-研究报告-中国-2010 Ⅳ.①F326.23

中国版本图书馆CIP数据核字(2011)第133356号

责任编辑 徐小英 杨长峰
封面设计 赵 方
版式设计 骐 骥

出版 中国林业出版社(100009 北京西城区刘海胡同7号)
E-mail forestbook@163.com **电话** (010)83222880
网址 http://lycb.forestry.gov.cn
发行 中国林业出版社
印刷 北京中科印刷有限公司
版次 2011年11月第1版
印次 2011年11月第1次
开本 889mm×1194mm 1/16
印张 13
字数 269千字
印数 1~3000册
定价 98.00元

2010年林业重大问题调查研究报告
编辑委员会

序

2010年是我国林业改革发展和“三大体系”建设全面推进的重要一年，也是“十一五”向“十二五”的跨越之年。在特大干旱、泥石流、地震等自然灾害面前，在党中央、国务院的正确领导下，各级林业部门和广大林业工作者锐意进取，改革创新，狠抓落实，各项林业工作取得新成就。集体林改工作稳步推进，召开了全国集体林权制度改革百县经验交流会，宣传了全国集体林改的典型模式与经验，为全面推进集体林改工作奠定了坚实基础；全国林地保护利用管理工作取得重大进展，国务院审议并通过了《全国林地保护利用规划纲要（2010～2020年）》，为林地依法保护和科学管理提供了重要依据和手段，对于保障国土生态安全具有重要意义；强林惠林政策体系进一步完善，扩大了森林抚育补贴试点范围，提高了中央财政森林生态效益补偿和政策性森林保险保费补贴标准，增加了农机购置补贴范围中的林业机械的种类；绿化造林全面推进，全年共完成造林面积8865万亩，义务植树23.6亿株，达5亿人次；林业产业实现新的跨越，产业总产值首次突破2万亿元大关，达到2.28万亿元，比2009年增长30.21%。这是继2006年首次突破1万亿元大关的基础上，实现了五年之内的两次历史性突破。

2010年，林业重大问题调查研究工作紧密围绕关系林业改革发展的全局性、战略性问题，在现代林业与生态文明建设、集体林权制度改革、林业产业发展、林业应对气候变化与森林可持续经营、林业经济理论等重点领域开展调查研究。多部门和知名专家学者参与调研，深入基层、深入实际、深入研究，在实践中发现典型、提炼问题，形成了一批具有较高价值的研究成果，取得了显著的政策效果和社会影响。清华大学国情研究中心的研究成果《从森林赤字走向森林盈余：林业发展转型与绿色新政》得到了回良玉副总理的批示；中国人民大学关于集体林权制度改革的调研成果在《人民日报》刊发，影响广泛；此外，林业产业应对国际贸易壁垒、林业产业发展与就业和油茶产业发展等专题调研对于产业政策完善发挥了重要作用，社会主义林业市场经济制度理论研究和林业金融支持体系研究为完善林业有关制度体系进行了理论探索。这些调研成果对推动林业改革发展都产生了积极影响。

“十一五”时期，林业发展赶上了千载难逢的大好机遇。党中央国务院、各级党委政府、社会各界对林业给予了前所未有的重视和关注。2008 年中共中央、国务院颁发了《关于全面推进集体林权制度改革的意见》，2009 年召开了首次中央林业工作会议，正式确立了林业的“四个地位”、“四大使命”和“五大功能”。“十二五”时期是我国推动科学发展、加快转变发展方式的关键时期，林业发展同样面临重要机遇与挑战。我们必须集中力量，继续深化林业改革，推动林业发展，为确保实现 2020 年奋斗目标打下坚实基础。林业重大问题调查研究工作要继续围绕关系林业改革发展的全局性、前瞻性的重大问题开展研究，突出重点，为完善政策理论、指导林业实践发挥更大的作用。

贾治邦

2011 年 10 月

目　　录

现代林业与生态文明建设

从森林赤字到森林盈余：林业发展转型与绿色新政

【摘　要】从经济学分析入手，以实证研究为基础，运用历史比较分析和结构分析的方法，回顾林业发展变迁，展望林业发展道路。根据历史记忆变迁、林业发展战略变迁、林业公共投资及总产值比较、森林资源变动、国际视野比较5个维度，结合森林三大效益的变化，林业发展大致可以划分为3个时期、6个阶段。中国林业发展的关键时期，是从1998年开始的林业新政。当前中国经济社会转型进入了关键时期，林业发展更是迎来了黄金机遇期，在新的时期，面临新的国际、国内背景，应该把绿色发展和绿色创新作为林业发展的主要原则，推行四大施政重点，即绿色就业、绿色碳汇交易、绿色生物质能源、绿色生态保护。林业发展的成功转型，需要国家层面的推动，更需要林业部门的创新和开放的姿态，引入长效机制，强化四大制度保障，即绿色投资、绿色创新、绿色改革、绿色合作。

一、林业发展变迁

人类几千年文明史，充分论证了森林与人类相互依存、不可分割的亲密关系。回顾人类历史可以看到，森林的繁茂曾为人类文明带来光明，森林的衰亡也曾把人类推向黑暗，古巴比伦文明如此，古埃及文明如此，古印度文明如此，古黄河文明亦如此。[①]

新中国成立以来我国林业发展并非是一条笔直大道，甚至是不自觉地走过一段令人痛心(毁林开荒、过度开采)的弯路，林业发展大致经历了三个时期，从林粮并举、毁林开荒，到采育结合、永续利用，再到生态建设、绿色发展。林业发展战略体现在森林三大效益上，总体上依次为以经济效益为主，兼顾社会效益；以生态效益为主，社会效益波动发展；生态效益持续发展，经济、社会效益趋于稳定，如图1所示。

(一)历史记忆变迁

新中国成立后，以毛泽东同志为核心第一代中央领导集体对森林问题极为重视。

① 江泽慧：《中国可持续发展林业战略研究调研报告(下)》，7～8，中国林业出版社，2002年。

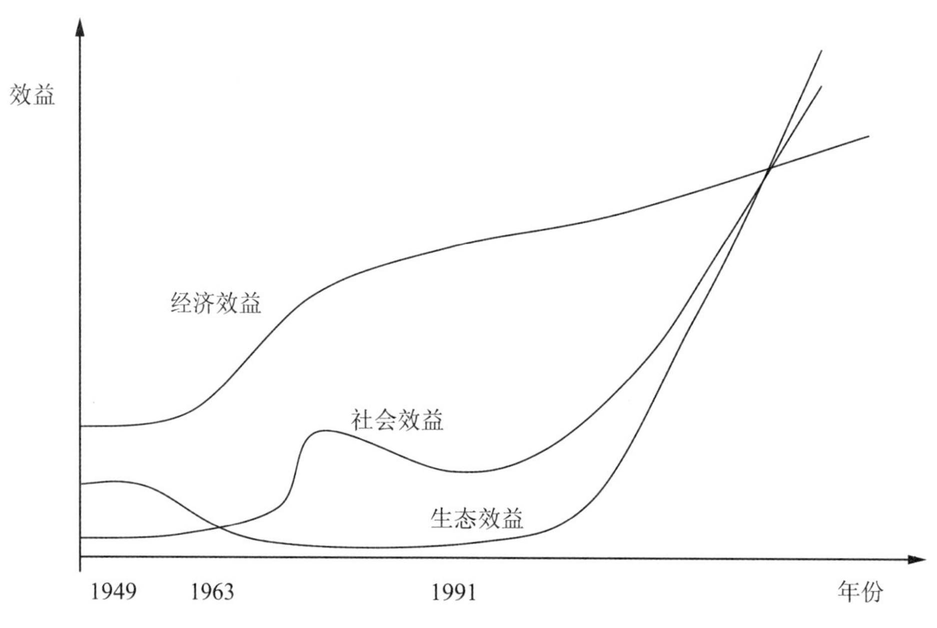

图 1　森林三大效益变动趋势

1955 年，毛泽东同志向全国人民发出了“绿化祖国”、“实行大地园林化”的号召。1958 年，他又进一步指出：“要发展林业，林业是个很了起的事业”，“林业将变成根本问题之一。”这一时期，中国政府确定了“普遍护林、重点造林”的方针，有力推动了森林资源发展。

1978 年，以邓小平同志为核心的第二代中央领导集体，在领导中国人民进行改革开放的同时，带领中国人民开展了一场规模浩大的植树造林运动。1979 年，五届全国人大常委会第六次会议通过了《中华人民共和国森林法(试行)》，并决定 3 月 12 日为中国植树节。1981 年 12 月，在邓小平同志的倡导下，五届全国人民代表大会第四次会议做出了《关于开展全民义务植树运动的决议》。从此，从中国最高领导人到亿万民众持续 27 年，年年履行植树义务，参加义务植树人数达 104 亿人次，义务植树 492 亿株。当时一位关注世界森林的当代著名林学家、英国人理查德·迈克尔评价说，中国的义务植树，为全世界树立了光辉的榜样。

1991 年后，以江泽民同志为核心的第三代中央领导集体又发出了“全党动员、全民动手、植树造林、绿化祖国”、“再造祖国秀美山川”的号召，进一步动员全国人民植树造林、保护森林。1998 年全国人大修订了《中华人民共和国森林法》，颁布了世界上首部《防沙治沙法》。中国政府制定了《全国生态环境建设规划》，明确提出：“建设祖国秀美山川，是把我国现代化建设事业全面推向 21 世纪的重大战略部署。”2001 年，刚刚走进小康的中国毅然决定，在今后十几年内，投资几千亿元，实施天然林资源保护、退耕还林、京津风沙源治理等六大林业重点工程。

新世纪如何实现全面协调可持续发展、人与自然和谐发展，以胡锦涛同志为总书记的新一届中央领导集体，在继承的基础上，继续带领中国人民进行着创新和发展。2003年6月，中共中央、国务院做出了《关于加快林业发展的决定》，明确提出："确立以生态建设为主的林业可持续发展道路，建立以森林植被为主体、林草结合的国土生态安全体系，建设山川秀美的生态文明社会"。中国政府还做出了《关于进一步加强防沙治沙工作的决定》，发出了《关于加强湿地保护管理的通知》，制定了《中国湿地保护行动计划》。从而在全国形成了建设森林生态系统、保护湿地生态系统、改善荒漠生态系统、全面推进生态建设的基本格局。温家宝总理在2009年6月22日召开的中央林业工作会议中说："2003年，党中央、国务院又作出了《关于加快林业发展的决定》……中央明确了林业的定位，即在贯彻可持续发展中林业具有重要地位，在生态建设中林业具有首要地位，在西部大开发中林业具有基础地位，这3句话我始终没有忘记，我还要加上一句，就是在应对气候变化中林业具有特殊地位。"①回良玉副总理也在中央林业工作会议中指出："总的来看，现在的林业与过去的林业已大不相同，社会对林业的需求日趋多样，林业的内涵日益丰富，林业的多种功能空前凸显。过去林业主要是保障木材等林产品供给，现在正在向开发生物产业、森林观光、保健食品等多元化发展；过去林业主要是发挥防风固沙、水土保持等作用，现在正在向森林固碳、物种保护、生态疗养等新领域延伸；过去林业主要是着眼发展经济，现在正在向改善人居、传承文化、提升形象等高层次推进。"②

（二）林业发展战略变迁

新中国成立之初，百废待兴，加快经济建设和国防建设对木材的大量刚性需求与当时的木材有效供给能力有限形成了矛盾，1950年《中华人民共和国土地改革法》确立了国有林和农民个体所有林两种林业所有制，根据"法正林理论"和"森林永续利用"的原则，同年第一次全国林业业务会议确定了"普遍护林、重点造林、合理采伐和合理利用"的方针，此后一段时期林业为国家经济快速恢复与发展做出了巨大贡献；从1953年开始中国进入有计划的经济建设时期，在广大农村，对非社会主义的生产关系的改造也经历了由互助组、初级社、高级社再向人民公社的转化，经过生产关系的社会主义改造和"大跃进"运动，林地、林木产权的变化和为"大炼钢铁"而进行的林木（做燃料）的"一平二调"、乱砍滥伐使林业遭受了前所未有的破坏。

从1963年开始国家经济建设进入了"三年调整时期"，《农村人民公社工作条例修正草案》也对林地和林木权属以及利益分配进行了合理的调整，为了恢复林业生产，使森林资源能够永续利用，1964年提出了"以营林为基础，采育结合、造管并举、综合利用、

① 温家宝：2009年中央林业工作会议讲话"高度重视林业的改革和发展"，原载8月16日第16期《求是》杂志。

② 回良玉：2009年6月22日在中央林业工作会议讲话"全面推进集体制度改革，切实加强生态文明建设"，原载8月16日第16期《求是》杂志。

多种经营”的林业建设方针。通过贯彻中央方针政策，林业经营上采育失调的情况有了明显好转，但是此后的政治运动(“文化大革命”)使林业经营受到巨大冲击，林地大面积减少，这项具有科学发展思想萌芽的林业发展战略没有得到有效执行，在当时国内政治背景下也被迫让位于现实的破坏性的木材生产需求。

改革开放以后，农村实行家庭承包责任制，冲破了束缚生产力发展的制度障碍，大大地提高农民生产的积极性，但由于改革推行之初，市场经济的冲击和制度制定的滞后，全国很多地方出现了毁林造田和乱砍滥伐的现象，经历了短时间的调整之后，林业迈入了加速发展的快车道，1978年“三北”防护林体系建设工程，开创了我国生态建设的先河，在此之前的林业发展思想都是以经济建设为主，保护生态只是被动的选择。1979年，人大常委会会议通过了《中华人民共和国森林法(试行)》，并将每年的3月12日定为植树节。1981年《中共中央国务院关于保护森林发展林业若干问题的决定》，提出要稳定山权林权，落实林业生产责任制，为农村集体林业和个体林业快速发展提供了制度保障。20世纪80年代，我国提出综合经营森林战略，“生态林业”思想逐步显现，其实质是把森林提供的木材与林副产品以及生态效益放在同等重要的位置上。

20世纪90年代初期，结合森林生长特点和市场需求情况，产生了林业分区发展和分工发展的思想。1998年大洪水后，全国上下开始真正意识到森林生态作用的重要，大力发展林业重点公共工程，以大工程带动大发展。1998年天然林资源保护工程和1999年退耕还林工程的实施，是“第一次林业新政”的标志性工程，开始了林业发展战略全面以木材生产为主向以生态建设为主的历史性转变。2003年《中共中央国务院关于加快林业发展的决定》确立了以生态建设为主的林业可持续发展道路，进一步明确了森林分类经营的思想，指出公益林业要以政府投资为主，实行生态效益补偿，逐步实现由传统林业向现代林业的跨越式发展。2008年《中共中央国务院关于全面推进集体林权制度改革的意见》，明确了集体林权制度改革指导思想，为我国集体林业大发展从机制上扫清了障碍，同时我国国有林区改革也在加速试点推进。

2009年以中央林业工作会议的召开为标志，林业迈入了“第二次林业绿色新政”时期，该时期林业多功能性更加凸显，在应对全球气候变化、增加碳汇和扩大内需、增加就业等方面具有特殊和重要作用。《林业产业振兴规划》、《全国林地保护利用规划纲要》等一系列规划和政策，显示出了林业发展强劲的内在动力和源源不断的活力。2010年底国务院常务会议决定实施天然林资源保护(二期工程)，显示了中央对林业在生态文明建设中重要作用的认可和重视，随着国家“十二五”规划的制定和实施，林业将会为我国经济转型和绿色发展做出更大贡献。

(三)林业公共投资及总产值比较

从林业投资角度看，我国林业总投资逐年增加，且到“六五”以后呈快速增长趋势，三年恢复时期为8199.2万元，“一五”时期为76897.6万元，到了“十五”时期增加到

2164.82亿元，“十一五”时期至2008年为2431.34亿元，从“一五”到“十一五”时期平均增长率为78%，[①] 林业投资波动系数总体上由高到低再略有升高趋于稳定，林业总投资中中央投资比重也是由高到低再升高；林业重点工程投资逐步提高，从“八五”开始大规模投资以来，“十五”已达到1481.96亿元，重点工程投资占林业总投资的比重也是逐步提高，由占林业总投资的18%到68%，重点工程中中央投资也是逐步提高，由31%提高到86%，见表1。[②]

表1　林业总投资及重点工程投资(1950~2008年)

时期	林业总投资(万元)	波动系数	林业总投资中中央投资比重	林业重点工程投资(万元)	林业重点工程投资占林业总投资比重	林业重点工程中中央投资比重
三年恢复时期(1950~1952年)	8199.2	0.89	1.00			
“一五”时期(1953~1957年)	76897.4	0.27	1.00			
“二五”时期(1958~1962年)	251652.3	0.44	0.87			
三年调整时期(1963~1965年)	225680.3	0.14	0.85			
“三五”时期(1966~1970年)	305680.6	0.19	0.73			
“四五”时期(1971~1975年)	457821	0.10	0.64			
“五五”时期(1976~1980年)	517087.5	0.38	0.62			
“六五”时期(1981~1985年)	837291.2	0.10	0.43			
“七五”时期(1986~1990年)	1284394	0.10	0.40			
“八五”时期(1991~1995年)	2781839	0.43	0.36	505676	0.18	0.31
“九五”时期(1996~2000年)	7499006	0.34	0.46	2811775	0.37	0.64
“十五”时期(2001~2005年)	21648163	0.27	0.73	14819508	0.68	0.86
“十一五”时期(到2008年)	24313353	0.23	0.67	14832409	0.61	0.67

资料来源：投资数据参考2009年中国林业发展报告，比重及波动系数由计算整理而得。

从林业总产值角度看，林业总产值呈逐年提高，三次产业结构大的趋势是第一产业比重趋于下降，第二产业比重先上升后逐步略有下降，第三产业比重趋于稳步上升，符

① “十一五”数据只到2008年，实际增长率会更高。

② 不含“十一五”时期的投资数据，由于数据不全。

合产业升级趋势。林业总产值比重占 GDP 比重逐年升高，到 20 世纪 90 年代有一个腾飞，1998 年后又有一个跨越，新世纪后继续保持快速上升并趋于稳定。

表 2 林业总产值及产业结构变动(1955～2008 年)①

年份	林业总产值(亿元)	第一产业比重(%)	第二产业比重(%)	第三产业比重(%)	林业总产值占GDP 比重(%)
1955	37. 00				0. 04
1965	51. 90				0. 03
1975	98. 20				0. 03
1985	279. 50				0. 03
1993	994. 56				2. 87
1994	1337. 55				2. 86
1995	1577. 24				2. 70
1996	1707. 76	69	25	6	2. 52
1997	1918. 24	72	23	5	2. 58
1998	2727. 85	70	26	4	3. 48
1999	3187. 73	67	29	4	3. 88
2000	3555. 47	67	29	4	3. 97
2001	4090. 48	66	30	4	4. 20
2002	4634. 24	63	32	5	4. 41
2003	5860. 33	60	34	6	5. 00
2004	6892. 21	56	37	6	4. 32
2005	8458. 74	51	41	7	4. 60
2006	10652. 22	44	49	7	5. 00
2007	12533. 42	44	48	8	4. 83
2008	14406. 41	44	47	8	4. 76

资料来源：林业总产值数据参考《全国林业统计资料(1949～1987 年)》，《中国林业统计年鉴(1996～2008 年)》。

(四)森林资源变动

我国林业发展之路历经波折，整体而言，中国的森林资源呈"U"型曲线变化，先下降后上升。森林覆盖率上古时代(公元前 2069～前 221 年)为 60%～46%，清朝前期(1644～1840 年)为 21%～17%，清朝后期(1840～1911 年)降至为 17%～15%，民国时期在 15%～12.5%；新中国成立初期，森林覆盖率为 12.5%，从新中国成立初期到 20 世纪60 年代初期，由于经济发展和国防需要，国家总体上以开采森林为主，导致森林面积、森林覆盖率迅速下降，由于树木的自然生长作用，森林蓄积基本维持不变，但是随着人口的不断增长，人均森林蓄积呈下降趋势，60 年代初森林覆盖率只有 11.81%，降到了历史最低点；与60 年代初相比，1973～1976 年期间，森林面积和森林覆盖率有所

① 2003 年后，三次产业内容有了调整，木材采运业纳入第一产业。

恢复，森林蓄积量却下降了19.94%，说明该时期实施森林“采育结合”的方针起到了一定的作用，但是总体上还是采大于育，森林资源存量为净损失而且下降的很快，这是森林赤字扩大时期，人均森林蓄积继续下降；与上一次森林清查相比，1977～1981年期间，森林面积、森林覆盖率均呈下降态势，森林蓄积量则有所恢复；1984～1988年期间，森林面积、森林覆盖率和森林蓄积量3个指标同时出现了增长趋势，人均森林蓄积量仍然继续下降；从20世纪90年代之后，森林面积、森林覆盖率、森林蓄积量和人均森林蓄积量4个指标才同时出现增长趋势，森林蓄积基本达到了新中国成立初期的水平，改变了长期以来森林赤字的局面，森林赤字扩大的趋势有所遏制，开始出现森林资产盈余的情形；据第七次全国森林资源清查结果[①]，森林覆盖率达到20.36%，森林面积达到了1.95亿公顷，森林蓄积量达到137.21亿立方米。与第三次全国森林资源清查相比，覆盖率提高了7.38个百分点，森林面积增加了7000万公顷，森林蓄积增加了45.8亿立方米。

新中国成立60年来，特别是改革开放以来，我国林业发展取得了举世瞩目的成就，森林资源明显增长。与新中国成立之初相比，全国人口增长了近2.45倍，经济总量增长了近52倍(按现价计算)，森林覆盖率提高了大约7.86个百分点，森林面积增长了大约62.87%，森林蓄积量增加了大约27%；与改革开放初期相比，森林覆盖率从改革开放初期的12%提高到2010年的20.36%，提高8.36%；森林面积由1.15亿公顷增加到1.95亿公顷，增加大约70%；森林蓄积量由90.28亿立方米增长到137.21亿立方米，增长大约52%，见表3。

表3　历次全国森林资源清查状况

时期	森林面积（万公顷）	森林蓄积量（万立方米）	人均森林蓄积（立方米）	森林覆盖率（%）	累计吸收 CO_2 量（亿吨）
新中国成立初期	12000.00	1080000.00	19.9	12.5	197.64
20世纪60年代初	11335.56	1081100.00	16.3	11.81	201.75
第一次全国森林资源清查（1973～1976年）	12186.00	865579.00	9.3	12.7	158.40
第二次全国森林资源清查（1977～1981年）	11527.74	902795.33	9.1	12	174.44
第三次全国森林资源清查（1984～1988年）	12465.28	914107.64	8.4	12.98	167.28
第四次全国森林资源清查（1989～1993年）	13370.35	1013700.00	8.6	13.92	185.50
第五次全国森林资源清查（1994～1998年）	15894.09	1126659.14	9.1	16.55	206.18

① 国家林业局:《中国森林资源报告——第七次全国森林资源清查》，2009年12月。

（续）

时期	森林面积（万公顷）	森林蓄积量（万立方米）	人均森林蓄积（立方米）	森林覆盖率（%）	累计吸收 CO_2 量（亿吨）
第六次全国森林资源清查（1999～2003年）	17490.92	1245584.58	9.4	18.21	227.94
第七次全国森林资源清查（2004～2008年）	19545.22	1372080.36	10.2	20.36	251.09

资料来源：新中国成立初期和20世纪60年代数据参考林业部资源和林政管理司《当代中国森林资源概况（1949～1963）》和中国统计出版社《中国六十年统计资料汇编计算整理而得，第一次至第七次森林清查数据森林面积、森林蓄积、森林覆盖率参考国家林业局《中国森林资源清查报告——第七次全国森林资源清查》（该报告将历年有林地面积、蓄积近似为森林面积、蓄积，本表中其他数据也做此近似处理），人均森林蓄积参考历次森林清查报告，累计吸收 CO_2 按照森林蓄积量1立方米吸收 CO_2 量1.83吨计算而得。

（五）国际视野比较

西方发达国家林业发展大致经历了从农耕时代和工业时代破坏森林资源到森林资源恢复、休养生息再到工农业支援林业、林业发展时代。就林业产业自身而言，大致也是由第一产业占主导到第二产业占主导再到第三产业占主导的产业发展态势。

从世界范围看，目前世界森林覆盖率约为31%，我国约为世界平均水平的0.66；世界森林面积为40亿公顷，相当于人均0.6公顷，我国森林面积约占世界的1/20，森林面积排名世界第五，人均森林面积约为世界平均水平的0.26，历年森林面积中国占世界比例总体呈“U”型趋势，1990～2010年，世界森林面积的增长率为－3.25%，中国为31.64%，如果不包括中国，世界的森林增长率会下降的更多，为－4.61%，中国对世界森林增长速度的贡献率为1.36%；世界森林蓄积量5270亿立方米，每公顷蓄积约为131立方米，我国森林蓄积约为世界的2.6%，每公顷蓄积约为世界平均水平的53%；就森林资源变化而言，1990～2010年世界年均森林面积减少830万公顷，年均增长率为－0.2%，而中国森林面积则持续增加，1990～2000年增长率为1.2%（同期低收入和中等收入国家－0.3%，高收入国家为0.1%），2000～2005年增长率为2.2%[①]（同期低收入和中等收入国家－0.3%，高收入国家为0.1%），在所有森林增加国家中是增长率最快的国家，2005～2010年增长率为1.39%[②]（世界同期为－0.14%），见表4；世界主要9大国[③]的森林面积、蓄积变化，中国在1990～2000年和2000～2010年两个时期都是稳居第一，见表5；就森林结构而言，世界原始林面积占36%，次生林面积占57%，人工林面积占7%，中国人工林面积达5333万公顷，居世界第一位，占全球人工林面积的1/3，

① 数据来自世界银行《2009世界发展指标》。

② 世界森林资源评估的数据显示为森林面积每年变化率2000～2005年为1.87%，2005～2010年为1.39%，中国增长率两次排名均为世界第十，在不足30个增长率为正的发展中国家中排名第七。

③ 世界主要9大国为联合国5个常任理事国，日本、德国、巴西、印度。

而原始天然林面积则不在世界前10位。①

表4 中国占世界森林资源面积变化(1949～2010年)

年份	中国(千公顷)	世界(千公顷)	中国占世界(%)	中国排序
1949	120000	2612000	4.6	
1963	96380	3779000	2.6	
1980	115270	4500000	2.6	
1990	157141	4168399	3.8	6
2000	177000	4085168	4.3	5
2005	193044	4060964	4.8	5
2010	206861	4033060	5.1	5

资料来源:《全球森林资源评估(2005、2010)》整理计算而得，中国数据1949年采用国内统计数据，1963年采用《全球森林资源评估数据》(国内统计数据为113350千公顷)、1980年采用中国森林清查数据，1990、2000、2005、2005年均采用《全球森林资源评估》数据。

表5 世界主要国家森林资源状况(1990～2010年)

国家	森林面积(千公顷)			年均森林面积增减量(%)	
	1990年	2000年	2010年	1990～2000年	2000～2010年
世界	4168399	4085168	4060964	-0.20	-0.06
中国	157141	177000	193044	1.20	0.87
美国	296335	300195	302108	0.13	0.06
英国	2611	2793	2845	0.68	0.18
德国	10741	11076	11076	0.31	0.00
法国	14537	15353	15714	0.55	0.23
日本	24950	24876	24935	-0.03	0.02
俄罗斯	808950	809269	808790	0.00	-0.01
巴西	574839	545943	530494	-0.51	-0.29
印度	63939	65390	67709	0.22	0.35

资料来源:《世界银行发展指标(2005，2010)》整理而得。

二、林业发展不同阶段及两次绿色新政

根据历史记忆变迁、林业发展战略变迁、林业公共投资及总产值比较、森林资源变动、国际视野比较5个维度，结合森林三大效益的变化，可将林业发展具体划分为3个时期、6个阶段。

3个时期分别是林业体系初步形成期(1949～1962)；开发利用时期(1963～1990)；

---

① FAO: Global Forest Resources Assessment 2005: Progress towards sustainable forest management. Forestry Paper 147. UN Food and Agriculture Organization, Rome. 2006.

可持续发展时期(1991～　　)。第一个时期林业发展经历了采掘、护林，造林与合理采伐几个阶段。林业投资波动较大，且基本是中央投资，林业总产值占GDP的比重不足0.1%，森林资源比较富足，人均森林蓄积16.3立方米；第二个时期林业先后经历了人民公社化、“文化大革命”的冲击和改革开放初期调整效应的影响，再到后来的大规模开发利用，忽视林业生态效益阶段。林业投资波动较小，林业总产值占GDP比重仍然较低，不足0.1%，森林资源总体呈现“U”型变化趋势；第三个时期国家认识到了林业生态效益的重要性，逐步转向了以林业生态建设为中心的林业发展道路。林业投资波动较大，林业总产值占GDP比重迅速升高，90年代以后，森林覆盖率、森林面积、森林蓄积量、人均森林蓄积4个指标才同时出现增长趋势，森林资源逐渐表现为净资产盈余。

6个阶段分别是林业发展恢复阶段(1949～1962)，林业发展波动阶段(1963～1977)，林业发展改革阶段(1978～1990)，林业发展调整阶段(1991～1997)，第一次林业新政阶段(1998～2008)，第二次绿色林业新政阶段(2009～　　)。

(一)林业发展恢复阶段(1949～1962)

1949年9月，中国人民政治协商会议第一届会议通过的《中国人民政治协商会议共同纲领》明确规定：“保护森林，并有计划地发展林业。”1950年全国林业业务会议提出的林业工作方针是：“普遍护林，重点造林，合理采伐和合理利用。”以后又提出林业应保证供应国家建设，特别是工业用材。这些政策是符合当时的林情的。同年中央人民政府委员会第八次会议通过《中华人民共和国土地改革法》。其中第十八条规定：“大森林、大水利工程、大荒地、大荒山、大盐田和矿山及湖、沼、河、港等，均归国家所有，由人民政府管理经营之。其原由私人投资经营者，仍由原经营者按照人民政府颁布之法令继续经营之。”1954年林业部颁发《育林基金管理办法》。1957年林业部颁发《国营林场经营管理试行办法》。1958年开始的“大跃进”、人民公社化运动，使农村的林木权属更加混乱，乱砍滥伐现象严重，森林资源遭到破坏，群众植树造林、护林积极性严重受挫。在这种形势下，中共中央于1960年11月下达了《关于人民公社政策问题的紧急指示》，同年林业部提出贯彻“以林为主，林粮并举，综合利用，多种经营”的国营林场办场方针。1961年颁布了《关于确定林权、保护山林和发展林业的若干政策规定》，1962年颁布了《农村人民公社工作条例(修正草案)》纠正了“左”倾错误，指出集体所有的山林、水面和草原，凡是归生产队所有比较有利的，归生产队所有。生产队可以把零星的树木，交给社员专责经营，并且订立收益分配的合同，或者划归社员所有。承认农民的“自留山”、“自留滩”、房前屋后的林木所有权，明确规定“农民个人造林归农民个人所有”。

这一时期，林业投资以中央投资为主，平均95%以上，投资波动较大，年均波动系数在0.5以上；该时期林业总产值占GDP比重0.04；森林覆盖率大约12.2%，人均有林地蓄积大约18立方米，同期森林面积占世界森林面积比例大约3.6%。

（二）林业发展波动阶段（1963～1977）

从1963年开始国家经济建设进入了“三年调整时期”，为了恢复林业生产，使森林资源能够永续利用，1964年中央提出了“以营林为基础，采育结合、造管并举、综合利用、多种经营”的林业建设方针，通过贯彻中央方针政策，林业经营上采育失调的情况有了明显好转，但是此后的“文化大革命”使林业经营受到巨大冲击，林地大面积减少，这项具有科学发展思想萌芽的林业发展战略没有得到有效执行，在当时国内政治背景下也被迫让位于现实的破坏性的木材生产需求。从国民经济调整到“文化大革命”，经济建设的需求和社会的动荡对林业建设产生了巨大影响，这段时期既存在森林资源的严重破坏，也存在大规模的造林运动，虽然此段时期在认识上强调“保护森林，并有计划地发展林业”，实际上却不得不以木材生产为中心，担负起为国家建设和人民生活提供木材的任务。

这一时期，林业投资中央投资比重有所减少，平均大约74%，投资波动大幅下降，年均波动系数大约0.14；该时期林业总产值占GDP比重大约0.03；森林覆盖率大约12.3%，人均有林地蓄积大约12.8立方米，同期森林面积占世界森林面积比例大约2.6%。

（三）林业发展改革阶段（1978～1990）

自中国共产党十一届三中全会以来，党中央、国务院十分重视和关心林业，将造林绿化定为基本国策，并做出了一系列重大决策，使林业建设进入了一个新的发展阶段。改革开放和农村承包责任制的实施，落实了农民的经营权和收益权，解放了农村生产力，但同时毁林造田和乱砍滥伐的现象也愈演愈烈，1979年国务院发布《关于保护森林，制止乱砍滥伐的布告》，制定了维护森林所有权、严禁乱砍滥伐、严禁毁林开荒、加强木材市场管理、健全护林防火组织和制度、大力提倡植树造林等10条规定；另一方面，三北防护林建设工程（1978年）的实施，标志着生态建设开始成为我国林业建设的主要任务之一，也标志着林业建设走向商品林业和生态林业并举的时代。1979年，第五届全国人大常委会第六次会议原则通过《中华人民共和国森林法（试行）》；同时，根据国务院的提议，决定3月12日为全国的植树节。1980年，中共中央、国务院又发出《关于大力开展植树造林的指示》，提出了一系列发展林业的措施。

农村改革初期（1978～1980），林业投资中央投资比重持续下降，平均62%，投资波动有所上升，年均波动系数0.38；该时期林业总产值占GDP比重0.03；森林覆盖率大约12%，人均有林地蓄积大约9.1立方米，同期森林面积占世界森林面积比例大约2.6%。

1981年第五届全国人大第四次会议通过《关于开展全民义务植树运动的决议》；1983年林业部印发《关于建立和完善林业生产责任制的意见》；1984年3月中共中央、国务院《关于深入扎实地开展绿化祖国运动的指示》；1985年《中华人民共和国森林法》的修订颁布标志着我国林业建设开始了重大的转折；1989年国家启动了长江中上游防护林体系建设工程；1990 年启动了太行山绿化工程。

农村改革深化期（1981～1990），林业总投资中央投资比重继续下降，平均大约 42%；林业投资波动系数 0.10，达到历史最低点；该时期林业总产值占 GDP 比重大约 0.7；森林资源方面森林覆盖率大约 12.98%，人均有林地蓄积大约 8.4 立方米，达到了历史最低点，同期森林面积占世界森林面积比例大约 3.2%。

（四）林业发展调整阶段（1991～1997）

1991 年，林业部印发《关于进一步加强林地管理的通知》，就切实加强林地管理，坚决制止随意侵占林地提出了具体要求。同年启动了沿海防护林体系建设工程；1992 年国务院批准《中华人民共和国陆生野生动物保护实施条例》，同年我国加入《关于特别是作为水禽栖息地的国际重要湿地公约》，1993 年国务院发出《关于进一步加强造林绿化工作的通知》，提出坚持全社会办林业、全民搞绿化，增加造林绿化投入，抓好重点工程。同年启动了平原绿化工程和速生丰产林基地建设工程；1996 年林业部发出《关于开展林业分类经营改革试点工作的通知》，提出分类经营的思想，要求坚持统筹规划、分类指导、稳步推进的原则，大胆实践，勇于探索，为我国林业的加速发展奠定了理论基础，为林业绿色新政的实施积累了物质基础和实践依据。

这一时期，林业投资中的中央投资比重降至历史最低点，大约 36%，投资波动又开始上升，年波动系数大约 0.43，其中林业重点工程中央投资比重大约 31%；该时期林业总产值占 GDP 比重大约 2.7；森林覆盖率大约 15.2%，人均有林地蓄积大约 8.9 立方米，同期森林面积占世界森林面积比例大约 4.1%。

（五）第一次林业新政阶段（1998～2008）

林业新政第一个时期是从 1998～2008 年，主要是完成了以木材生产为主向以生态建设为主的历史性转变，实现了由传统林业向现代林业的跨越式发展。

20 世纪 90 年代后期，我国的生态环境恶化速度在加快，全国水土流失面积已达 367 万平方千米，占国土面积的 38 %，且以每年 1 万平方千米的速度在增长；每年新增荒漠化面积达 3 436 平方千米，相当于吞噬一个中等规模面积的县，全国有近 4 亿人口生活在受荒漠化影响的地区；沙尘暴的发生频率呈上升趋势；有 15 % ～ 20 % 的动植物物种濒临灭绝，高于世界 10 % 的平均水平。毁林开垦、陡坡种植、围湖造田等人为活动破坏了生态环境，加重了自然灾害造成的损失。生态环境的恶化，严重影响了我国经济和社会的可持续发展。①

1998 年的大洪水是罕见的全国范围、全流域的大洪水，洪水持续时间之长，洪峰水位之高均为历史罕见，专家建言与生态环境的破坏不无关系，这更坚定了中央领导人对生态保护与建设的决心。林业建设是生态建设的重要组成部分，1998 年天然林资源保护

① 周生贤：《中国林业的可持续发展》，中国林业出版社，2002 年 12 月。

工程和1999年退耕还林工程的实施，是第一次绿色新政的标志性工程，2003年《中共中央国务院关于加快林业发展的决定》确立以生态建设为主的林业可持续发展道路，建立以森林植被为主体、林草结合的国土生态安全体系，建设山川秀美的生态文明社会，大力保护、培育和合理利用森林资源，实现林业跨越式发展，使林业更好地为国民经济和社会发展服务。提出抓好重点工程，推动生态建设；优化林业结构，促进产业发展；深化林业体制改革，增强林业发展活力等重要策略。2008年，为进一步解放和发展林业生产力，发展现代林业，增加农民收入，建设生态文明，出台了《中共中央国务院关于全面推进集体林权制度改革的意见》，明确了集体林权制度改革指导思想、基本原则和总体目标，主要任务和政策措施。

这一时期，林业投资中的中央投资比重开始逐步提高，平均大约62%，基本恢复到了第三阶段(1978~1990年)的水平，而投资波动却有所下降，年均波动系数大约0.28，其中林业重点工程中央投资比重大约72%，可见林业投资逐渐向林业重点公共工程集中；该时期林业总产值占GDP比重大约4.4；森林覆盖率大约19.3%，人均森林蓄积大约9.8立方米，同期森林面积占世界森林面积比例大约4.8%。

这一时期，全国及各省份森林资源发展迅速，全国森林覆盖率提高大约4%，森林蓄积量增长率大约22%。各省份森林覆盖率增长速度有较大差异，增长幅度小于3的有天津、吉林、山西、福建、新疆，增长幅度大于7的有内蒙古、宁夏、河南、陕西、贵州、四川、北京、云南、广西，具体增长情况及排序见表6。

表6 第五、七次全国各省份森林清查森林覆盖率变化

	森林覆盖率(R)增加量(%)			
	1<R<3	3≤R<5	5≤R<7	R≥7
省份(按顺序排列)	天津 吉林 山西 福建 新疆	安徽 广东 黑龙江 山东 青海 辽宁 河北 江西	湖北 甘肃 上海 湖南 江苏 西藏 浙江	内蒙古 宁夏 河南 陕西 贵州 四川 北京 云南 广西

该时期也是林业各大工程快速推进的时期，以天保工程为例，1998年实施天保工程以来，累计减少森林蓄积消耗量4.26亿立方米，按全国林分单位面积蓄积量，相当于少砍7542万亩森林面积。工程区森林面积净增815.7万公顷，森林蓄积净增4.6亿立方米，占全国森林蓄积增长量的43%以上，实现了森林面积和森林蓄积同步快速增长。增加的森林蓄积折合木材2.76亿立方米，按每立方米木材500元计算，折合人民币1380

亿元，相当于国家已投入工程建设资金的2倍，随着时间的推移，效益将更加显著。[①] 随着森林资源的增长，工程区内生物多样性明显增加，生态环境得到大幅提升，2007年，40个野生动植物监测样本保护区共保护着国家一级野生动物70种，二级231种；截至2007年年底，165个监测样本水土流失面积比1997年下降14.48%，沙化面积下降7.41%。2008年与1997年相比，44个天保县天保工程区有林地面积增加102.74万公顷，森林蓄积增加5976万立方米，71个天保森工林场森林面积增加13.29%，蓄积增加17.34%。[②]

总之，第一次林业新政大大地促进我国森林资产大幅度增长、生态状况明显好转，进入到"森林盈余"的黄金时期，正如国务院常务会议所评价的：自2000年长江上游、黄河上中游地区和东北、内蒙古等重点国有林区全面实施天然林资源保护工程以来，取得明显成效。森林资源持续增长，累计少砍木材2.2亿立方米，森林面积净增加1.5亿亩，森林覆盖率增加3.7个百分点，森林蓄积净增加约7.25亿立方米。生态状况明显好转，水土流失减轻，输入长江、黄河泥沙量明显减少，生物多样性得到有效保护。国有林区管理体制改革积极推进，林区民生有效改善。[③]

（六）绿色林业新政阶段（2009～　　）

以人为本、全面、协调、可持续发展的科学发展观是当今世界典型的绿色新政理念，林业绿色新政正是在科学发展观基础上确立的人与自然和谐相处，以生态建设为主，经济效益、社会效益和生态效益密切结合，以市场机制为基础，市场与政府机制相配套，充分利用国际和国内两个市场，调动中央与地方两个积极性的全新发展理念。

绿色林业新政阶段从2009年开始，并以林业转型为主题，将跨越"十二五"时期和"十三五"时期，以2009年中央林业工作会议的召开及林权改革的深化为标志，国家林业局出台了《关于促进农民林业专业合作社发展的指导意见》，《关于改革和完善集体林采伐管理的意见》，联合财政部印发《国家级公益林区划界定办法》的通知，《关于切实加强集体林权流转管理工作的意见》，《林业产业振兴规划（2010～2012年）》，《全国林地保护利用规划纲要》等一系列政策和规划。特别是2010年12月29日国务院常务会议做出决定，2011～2020年，实施天然林资源保护二期工程，实施范围在原有基础上增加丹江口库区的11个县（市、区）。力争经过10年努力，新增森林面积7800万亩，森林蓄积净增加11亿立方米，森林碳汇增加4.16亿吨，生态状况与林区民生进一步改善。[④] 林业两次绿色新政背景、定位、目标、重点都有所不同，形成了世界最大规模的林业投资、

① 陈蓬："深入实施天保工程，积极推进国有林区的改革与发展"，参见国家林业局经济研究中心《中国国有林产权制度改革理论与探索》，中国大地出版社，p28。

② 参见2009国家林业重点工程社会经济效益监测报告。

③ 新华社2010年12月29日北京电。

④ 新华社2010年12月29日北京电。

林业发展、林业就业以及绿色发展(表7和表8)。

表7 两次林业新政定性比较①

		第一次林业新政(1998～2008年)	第二次绿色林业新政(2009～2020年)
相同		以生态建设为主，发展现代林业；积极增加林业投入，提高森林覆盖率	
不同	国际背景	世界经济全球化加深，亚洲金融危机影响尚未消除	国际金融危机，气候变化成为焦点
	国内背景	国内生态环境恶化显现，投资、消费需求不足，为了刺激经济，国家实施积极财政政策，扩大内需	国内生态环境局部得到改善，就业、收入分配等问题进一步扩大，经济、社会转型、扩大内需任务迫切
	定位	以生态功能为主，综合林业三大效益，实行分类经营	林业四大定位，四大使命，五大功能
	目标	森林净数量持续增长，生态环境恶化得到遏制	机制改变：如林权制度改革；内涵改变：森林数量增长和质量提高并重，绿色生态空间不断增加，创造就业
	重点	以大工程带动大发展	绿色就业、绿色碳汇交易、绿色生物质能源、绿色生态保护

表8 两次林业新政指标比较②

	第一次林业新政(1998～2008年)		第二次绿色林业新政(2009～2020年)	
	第一阶段(1998～2003年)	第二阶段(2004～2008年)	第一阶段(2009～2015年)	第二阶段(2016～2020年)
森林面积(万公顷)	17490.92	19545.22	20650.00	23545.00*
森林覆盖率(%)	18.21	20.36	21.51	24.50*
森林蓄积量(亿立方米)	124.56	137.21	143	150*
公顷森林蓄积量(立方米)	86.06	85.88	100	131
累积吸收CO_2(亿吨)	227.95	251.09	261.69	274.50
林业总产值(万亿元)		1.44	3	5
就业规模(万人)		4500	5500	6000

林业新政第二个阶段，我们称之为更具广泛意义的更加深化的“绿色新政”。主要是林业发展充分发挥自身优势，全面向绿色发展转型，适应新时期的国际和国内背景，把林业转型紧紧和国家经济社会转型结合起来，用国家发展规划统领林业发展规划，使得林业多功能性更加凸显，不仅仅在应对国际金融危机、扩大内需和增加就业等方面发挥应有作用，而且在应对全球气候变化、生态危机、生物多样性保护等方面发挥特殊作用。

① 此表系课题组根据两次新政的不同特点整理而得。

② 此表由课题组根据森林清查结果及计算、估测整理而得，第二次绿色新政第一阶段森林覆盖率、蓄积量由林业“十二五”规划拟定，森林面积由覆盖率推出；第二阶段标注*的森林面积、蓄积量依据胡锦涛主席在联合国气候变化峰会上承诺得出，覆盖率由森林面积推出。公顷森林蓄积量为2010年世界平均水平；其他数值由趋势外推法计算而得。

该次新政重点是要结合国家整体规划，进行林业发展转型。

新中国成立以来，林业发展虽然几经曲折，但总体上呈现波动发展；改革开放以来，林业发展与时俱进，逐步开展林业十大工程，实现了历史性的“五大转变”[①]，发挥了显著的经济、社会和生态效益，为全社会提供了重要的公共产品；新世纪围绕现代林业，《国家“十一五”规划纲要》[②]、国家林业局相继提出了《林业发展“十一五”和中长期规划》及《林业产业振兴规划(2010～2012 年)》等一批重大规划，特别是林业绿色新政的实施，开始了以生态建设为中心的林业发展战略，实现了林业思想发展的又一次重大转变，为林业发展注入了新的活力，使得林业发展不仅与国家经济、社会发展息息相关，而且在国际舞台上有了更大的发展空间，我国林业迈入了发展现代林业、建设生态文明、促进科学发展的新阶段。[③]

三、林业发展转型

(一)林业发展转型国际背景

联合国秘书长潘基文2008 年在为联合国气候变化大会高级别会议致开幕词时积极赞扬[④]：中国等国积极应对气候变化，做出了示范性作用。他同时还提出“绿色新政”(Green New Deal)概念，呼吁全球领导人在投资方面，转向能够创造更多工作机会的环境项目，在应对气候变化方面进行投资，促进绿色经济增长和就业，以修复支撑全球经济的自然生态系统。绿色经济是一种以维护人类生存环境、合理保护资源与能源、有益于人体健康为特征的经济，是一种平衡式经济，包括开发清洁能源和清洁技术、开发包括生物物质在内的农村能源、发展包括有机农业在内的可持续农业、建设生态系统基础设施以及通过发展节能交通工具和节能建筑促进城市的可持续发展等。当前，世界范围内的“绿色新政”正在蓬勃开展，韩国总统李明博主持2009 年第一次国务会议，通过了庞大的“绿色工程”计划[⑤]，该计划将在未来 4 年内投资 50 万亿韩元(约 380 亿美元)开发 36 个生态工程，并因此创造大约 96 万个工作岗位，用以拉动国内经济，并为韩国未来的发展提供新的增长动力。根据联合国的一份报告，德国每年 240 亿欧元的可再生能源产业，已经雇用了 25 万人，到2020 年，可再生能源产业提供的就业机会，将超过汽车业——

① 由以木材生产为主向以生态建设为主的转变，由以采伐天然林为主向以采伐人工林为主转变，由毁林开荒向退耕还林转变，由无偿使用森林生态效益向有偿使用森林生态效益转变，由部门办林业向全社会办林业转变。

② 《国家“十一五”规划纲要》中第二十三章所提出的十项生态保护重点工程，有八项林业及相关项目。

③ 贾治邦，“坚持走中国特色的生态文明发展之路(写在纪念改革开放 30 周年之际)”，第 1～3 页，《生态文明之旅》，中国言实出版社，2008 年 12 月。

④ http：//www. un. org/chinese/sg/2008/poznan. shtml

⑤ http：//www. yangtse. com/gj/200802/t20080226_ 41327

这是德国目前提供最多就业机会的制造业。美国总统奥巴马也声称[①]，美国未来10年斥资1500亿美元以提高能源使用效率，将帮助创造500万个就业岗位。中国有可能成为世界最大的碳交易市场，最大的环保节能市场，最大的低碳商品生产基地和最大的低碳制品出口国。中国作为一个愿意"为人类做出更大贡献"的负责任大国，在这一过程中理应扮演先行者、领头羊的角色，积极推动有中国特色的绿色新政。林业部门率先在全国推行绿色新政，引领并顺应世界"绿色新政"潮流，必将为人类以及中国新时期经济转型及绿色发展做出更大贡献。[②]

(二)林业转型的国内背景[③]

发展必然引起转型，转型也是发展。从1949年之后，中国进入到现代经济增长时期，即人均收入或人均GDP年平均增长率持续超过1%，由此中国伴随着前所未有的巨大规模的多重转型。[④]从历史的角度来看，中国发展最快的时期也正是转型最快的时期，而转型成功的时期也正是发展成功的时期。中国在发展中转型，在转型中发展，发展带动了转型，转型促进了发展。从相互的关系来看，由经济发展引起、带动了其他方面的发展，而其他方面的发展又进一步促进了经济的发展。转型是发展的结果，也是发展的手段，还是发展的途径。

当今中国社会主题已经是"转型是硬道理"，已经从"加快发展速度"转向"加快发展方式转变"。

我国正处于经济结构(注重数量—质量；黑色—绿色)转变的关键期；能源资源紧缺，环境资源危机，资源节约和环境友好型社会理念不断深化；正在筹划优化生态系统格局，构建"两屏三带"为主体的生态安全战略格局，以国家限制开发的生态地区为重要支撑，以点状分布的国家禁止开发区域为重要组成部分。[⑤]

(三)林业发展转型总体思路与施政重点

向绿色发展转型是"十二五"规划的主题，绿色发展指标也将成为今后一段时期我国经济发展的重要衡量指标，[⑥] 这为我国林业发展迎来了重要的"黄金发展期"，特别是林业在就业和碳汇方面的作用将会得到凸显，将为我国经济转型做出重大贡献。林业部门在国家"十二五"规划前已率先提出了由传统林业向现代林业的转型，也率先在各产业中

---

① http: // chinese. wsj. com/gb/20081107/fea161136. asp。

② 胡鞍钢："利用扩大内需、加快林业建设，实现绿色新政"，《国情报告》，2009年1月。

③ 胡鞍钢："关于中国经济社会转型——兼谈国家'十二五'规划的基本思路"，《国情报告》，2010年2月10日。

④ 包括：一是从以农业为主向工业、服务业为主的产业转型；二是以农村人口为主的传统社会向以城市人口为主的现代社会转型；三是从中央集权的计划经济体制向社会主义市场经济体制转型；四是从封闭、半封闭社会向开放、全面开放社会转型；五是从封闭、落后的文化向开放、先进的中华文化转型。

⑤ 参见全国主体功能区规划(2009～2020)。

⑥ 我国"八五"时期绿色发展指标占指标总数的7.7%；"九五"时期占11.8%；"十五"时期占20%；"十一五"时期占30%；"十二五"时期预计将超过三分之一。

进行了前瞻性的实践。

总体思路：以科学发展为主线，以经济结构调整为主攻方向，以绿色发展为基本要求，以中央林业工作会议精神和发展现代林业、建设生态文明内容为指导；以胡锦涛总书记的“一个目标，三个依靠”，温家宝总理的“四大定位”，回良玉副总理的“四大使命”为战略定位，彰显林业系统五大功能的生态功能作用，应给予林业全球化功能(如应对气候变化)以清晰的定位，提升我国林业的国际地位。

施政重点：国家“十二五”规划将绿色发展列为重要原则之一，在国家24个关键指标提出了“森林蓄积量增加6亿立方米”，在规划中还首次提出“增强固碳能力”，包括“新增森林面积1250万公顷、森林覆盖率提高到21.66%”两个量化指标。林业是中国最大的绿色产业，将在“十二五”时期得到更大的发展，即绿色发展，这包括绿色就业，绿色碳汇交易，绿色生物质能源，绿色生态保护四方面。

1. 林业绿色就业

就业是世界性难题，特别是在当前金融危机蔓延的国际背景和扩大内需的中国国情下，就业问题就愈显重要，也是今后一段时期我国经济工作优先考虑的领域，林业在增加就业方面做出了很大贡献，仍然还存在着很大潜力空间。据全球森林资源评估数据：1990年中国森林初级产品及服务的林业就业人数为251.5万人，占同期亚洲林业就业人数的913.9万人的27.52%，世界林业就业人数1099.8万人的22.87%；到2000年中国林业就业人数为201.7万人，相比(1990年)减少了49.8万人，占同期亚洲林业就业人数830.8万人的24.28%，世界林业就业人数1101.1万人的18.32%。据北京林业大学研究[①]表明：2008年林业三大产业吸纳的总就业人数为4579.2万人，其中第一产业共吸纳就业2361万人，占52%；第二产业共吸纳社会就业1809万人，占40%；第三产业共吸纳409.2万人，占8%。从而做出初步判断，林业第一产业依然是吸纳就业人员的主体，而二、三产业吸纳就业的潜力巨大。随着经济的发展，林业及其相关产业每年可以创造50万~120万人的就业岗位，占全国每年新增劳动力1/10。

2. 林业绿色碳汇交易

气候变化是当今世界的重要议题，国家非常重视林业在应对气候变化中具有的特殊地位，森林碳汇可以有效地捕捉大气中的二氧化碳，降低温室效应，改善气候。发展林业碳汇，可以使我国在世界经济发展舞台具有更多的话语权和主动权，为中国引领以绿色发展为基础的第四次工业革命做出贡献。“十二五”时期中国不仅继续参与国际碳排放交易市场[②]，还将逐步建立世界最大的国内碳排放交易市场。应突出林业碳汇的重要性和

---

① 北京林业大学课题组：《中国林业发展对就业的贡献研究》，2010年4月26日。

② 世界银行碳基金的一份报告显示：2005年，国际碳市场的总交易额超过100亿美元，而2006年达到了250亿~300亿美元。截至2004年5月，国际碳市场已经成功交易1125个项目，其中京都市场128个，非京都市场997个。

战略地位，并独立于森林蓄积量作为约束性指标(指标体系应分为约束性指标和预期性指标)纳入林业发展目标体系(不仅仅是森林植物本身的碳汇能力，包括森林立地环境；也不只是第一产业意义的碳汇，包括碳汇市场交易)。

森林作为陆地生态系统的主体，以其巨大的生物量储存着大量的碳，森林植物中的碳含量约占生物量干重的50%。全球森林生物量碳储量达282.7GtC，平均每公顷森林的生物量碳贮量71.5tC，如果加上土壤、粗木质残体和枯落物中的碳，每公顷森林碳贮量达161.1tC。[①] 可见，森林生态系统是陆地生态系统中最大的碳库，其增加或减少都将对大气 CO_2 产生重要影响。

采用蓄积-生物量扩展系数(BEF)的方法，计算的森林植被碳密度在31.04～45.75 tC公顷，根据全国第七次森林资源清查数据，计算得到的我国森林植被碳贮量总量为6.06～8.94 GtC。[②] 为减缓全球气候变化，保护人类生存环境，1992年在巴西里约热内卢召开的联合国环境与发展大会上，各国签署了《联合国气候变化框架公约》(UNFCCC)。1997年通过的《京都议定书》首次为41个工业化国家(附件I国家)规定了具有法律约束力的 CO_2 减排目标[③]，中国人均 CO_2 排放量远远低于发达国家，相当于世界平均水平的66%，但1997年 CO_2 总排放量约为 8.17×10^8～8.53×10^8 吨，占全球的13.7%，仅次于美国。因此未来数年我国将面临着很大的减排压力，同时也存在着巨大的森林碳汇市场机遇，即国家间间接碳汇市场和CDM碳汇项目市场。

国内碳汇交易可以尝试先在国内十大温室气体排放企业(主要能源企业)与国家林业局整体交易，具体交易框架和交易方式应灵活多样，项目要设计合理，先试点再逐渐推开，必要时可设立森林碳基金等其他配套方式；国际交易方面，我国也在森林碳贸易方面做了一些有益的尝试，[④] 应不断探索，争取在国际交易与标准制定方面争得先机。

3. 林业绿色生物质能源

中国自1993年开始由石油出口国变为石油进口国，从此能源问题开始成为影响和制约我国经济建设和长远发展的一个突出问题。“七五”时期国家已经提出开发生物质能

① 据IPCC估计，全球陆地生态系统碳贮量约2477GtC，其中植被碳贮量约占20%，土壤碳约占80%。占全球土地面积约30%的森林，其森林植被的碳贮量约占全球植被的77%，林土壤的碳贮量约占全球土壤的39%。单位面积森林生态系统碳贮量(碳密度)是农地的1.9～5倍。

② 据李海奎、雷渊才《中国森林植被生物量和碳储量评估》，中国林业出版社，p42，中国森林植被碳储量总量为781146.08万吨。

③ 即在2008～2012年期间，工业化国家的温室气体排放量要在1990年的基础上平均削减5%。《京都议定书》不但规定了工业化国家的温室气体减排指标，还引入了联合履约(JI)、排放贸易(ET)和清洁发展机制(CDM)(统称为京都机制)。排放贸易指已经达到减排目标的国家把温室气体的排放权出卖给他国的“排出权贸易”，限于发达国家之间；联合履约和清洁发展机制另是指两个或多个国家之间项目级合作的履约机制，其中联合履约主要针对附件1国家共同实现减排目标而制定；清清洁发展机制是指发达国家把帮助发展中国家削减的排放量算作本国的削减量，是针对发达国家与发展中国家的JJ履约机制。

④ 如广西珠江流域治理再造林项目，内蒙古敖汉旗防治荒漠化造林项目，云南腾冲小规模再造林景观恢复项目等。

源，近年来更是认识到生物质能源的重要性，2007年《生物产业发展"十一五"规划》将生物产业作为国民经济和社会发展的重要战略产业进行整体规划部署，规划要求到2010年生物产业增加值达到5000亿元以上，2020年突破2万亿元，生物质发电总装机容量达到3000万千瓦，生物燃料乙醇年利用量达到1000万吨，生物柴油年利用量达到200万吨，生物质成型燃料达到1000万吨。"十一五"期间，全国每年可收集的林业剩余物约有2亿~3亿吨，折合标煤2亿多吨。我国现有木本油料树种总面积超过600万公顷，果实产量在400万吨以上。除少量开发食用和工业用途外，大都处于荒废状态，如能加以集约化利用，可转化可观的生物燃料油，我国尚有林荒地5400多万公顷，部分荒山荒地可发展高效专用能源林，如果考虑盐碱地、沙地、矿山、油田复垦地等，则前景更为广阔。① "十二五"规划把绿色发展作为基调，强调生态建设、节能减耗、环境友好型社会，林业生物质能源作为重要的生物质能源做大做强更有现实和时代意义。我国现有林业生物质能源总量丰富而且培育潜力大，预计到2015年和2020年，木质能源林面积将超过1000万公顷，森林剩余物和能源林年可利用量将超过10亿吨和20亿吨，预测到2050年可利用量将超过30亿吨。② 根据规划，从现在起到2020年，定向培育能源林1333.3万公顷，全部成林后，可满足600万吨生物柴油和装机容量1500万千瓦发电原料供应。③ 合理开发利用林业生物质能源是林业生态建设的重要组成部分，利用宜林荒山荒地发展能源林，把林业"三剩物"转化为可再生能源不仅在一定程度上能缓解我国能源危机问题，而且实现了产业与生态共赢，提高了农民收入。

4. 林业绿色生态保护

改革开放以来，我国实施了一系列生态保护与建设重点工程，其中：三北防护林体系建设工程造林3053.73万公顷；天然林资源保护工程有效保护天然林1.04亿公顷；退耕还林工程造林2508.66万公顷；全国沙化土地面积由20世纪末的年均扩展3436平方千米变为年缩减1283平方千米，总体上实现了沙化面积的净减少；建立了自然保护区2012处，约占国土面积的12.8%，全国80%以上国家重点野生动物群处于稳定或稳中有升的状况；建立湿地自然保护区550多处，国家湿地公园100处，已有49.6%自然湿地受到有效保护。通过对生态脆弱、生态区位重要地区的集中治理，已经呈现出森林植被增加、局部生态改善的良好势头。下一阶段的重点是如何使已有成果持续化和扩大化，找出一条生态保护与开发相结合的好路子。

森林旅游是人类社会进入工业化后发展起来的新兴旅游业，是现代社会高度城市化导致人类追求自然，返璞归真，寻根求源，是21世纪新时尚产业，是现代林业不可缺少

① 祝列克："我国林业生物质能源发展现状、目标与对策"，绿色中国，2006年第24期，10~15。

② 张希良，吕文等：《中国森林能源》，中国农业出版社，2008年7月。

③ 赵江红："中国林业生物质能源开发利用的调查思考"林业经济，2009年第3期，13~15。

的重要内容。[1][2] 森林旅游资源的保护和市场适度开发应该适度结合，我国森林类型旅游区超过95%地处农区、山区、林区，近50%处在贫困地区、生态脆弱地区，森林旅游发展与我国农村发展和农民收入息息相关。[3]

当一个国家的人均GDP达到1000美元时，国内旅游就会兴旺起来；达到3000美元时，就会出现到周边国家旅游的热潮；达到5000美元时，人们就会更多地追求周游世界。我国目前人均GDP已经超过3000美元，而由于经济发展的不平衡，有些地区的人均GDP已经达到超过5000美元，所以，我国森林旅游业的发展已经具备了一定的经济基础。目前世界发达国家年人均旅游为5~7人次/年，其中美国每年参加户外旅游的人数为20亿人次，是其总人口的10倍，法国参加森林旅游的人数达每年6亿人次，德国每年森林旅游人数达10亿人次，英国也达到1亿人次，而我国年人均仅为1人次/年，假如我们每年人均也为5~7人次/年，那么我们每年旅游人次将达到60亿~80亿人次，这将是一个巨大的市场。预计到2010年底，全国各类森林公园总数达到2807处，总面积3945万公顷。基本可以满足我国参加森林游憩活动人数5亿人次左右的要求，到时森林旅游业社会综合产值将达到5000亿元。到2020年，全国各类森林公园约4000处，总面积约5600万公顷。发展生态旅游，潜力巨大，实施中应因地制宜，立足地方特色，根据市场需求进行项目开发。

四、林业发展转型四大保障

林业发展的成功转型，需要国家层面的推动，更需要林业部门的创新和开放的姿态，同时要加强制度建设，引入发展长效机制。

(一)林业绿色投资

林业绿色投资能产生巨大的经济、社会和生态效益，已有投资的投资回报率经专家初步估计达到了数倍甚至数十倍，而且投资本身还可以扩大内需和增加就业，使林业在气候变化方面发挥特殊作用，提升我国国际形象。以国家财政购买国家重要生态公共产品的投入原则不能变，投入机制要制度化，长期保持下去。在国家和政府投资的基础上，发挥财政资金的引导和激励作用，积极吸引多种社会投资形式，逐步形成以国家投入为导向、地方投入为启动、社会投资为主体的多元投资格局。并在实施环节上遵循“中央政府支持，省级政府负总责，市(县)政府实施”的模式。国务院常务会议已经决定天然林

---

① 江泽慧:《中国森林资源与可持续发展》，科学出版社，2007，p373。

② 截至2007年年底，全国已建立各级森林公园2151多处，总面积1597.47万公顷，全国森林公园共拥有旅游车船1.88万台(艘)，接待床位48万张，餐位76万个，旅游道路4万多千米，森林公园内从事管理和服务的人员11万人；“十五”期间，全国森林公园旅游人数达6.4亿人次，平均每年实现的社会综合产值达800亿元，直接和间接提供的就业机会达400万个(2008中国林业年鉴，国家林业局，中国林业出版社，2008，p204)。

③ 国家林业局:《生态文明之旅》，中国言实出版社，2008年12月，第112页。

资源保护二期工程中央投入 2195 亿元。这就需要具体落实主要补助政策：继续实施森林管护补助，完善社会保险补助政策，完善政策性社会性支出补助政策，继续实行公益林建设投资补助，增加森林培育经营补助政策。那么，中央的投入将带动地方和社会几倍乃至十倍的投入。

（二）林业绿色创新

林业绿色创新主要是指绿色技术创新，即加大林业生物技术、信息技术、测量技术、能源技术等领域的科技创新力度，以科技创新引领绿色发展。进入 21 世纪后，中国的科技实力不断增强，先后超过了德国和英国，成为世界上真正的新的科技中心，成为继美国和日本之后的第三大科技实力强国。节约资源、生态安全是中国的核心国家利益之一，也是中国长期发展的基本国策，① 林业发展应抓住当前国家倡导绿色发展的黄金机遇，找到新的突破口，以实现林业科技的飞跃和林业发展的由量变到质变的腾飞。

（三）林业绿色改革

党的十七届三中全会《推进农村改革发展若干重大问题的决定》和中央林业工作会议的召开，明确了全面推进集体林权制度改革，扩大国有林场和重点国有林区林权制度改革试点的重要性和必要性，新一轮林权改革具有重要的先行性、示范性意义，林权改革为现代林业发展提供了制度保障和内在激励机制，可以增加农民收入、解决农村富余劳动力就业，进而实现扩大内需、缓解农民工返流问题，缓解当前由于“生态问题”引发的危机、促进林业生态文明建设。

（四）林业绿色合作

全球化和信息化缩短了我国同世界各国经济发展的距离，生态退化和全球气候变化更是把林业推向了国际社会关注的焦点，积极推动我国与世界各国和政府间国际组织、国际公约、国际非政府组织在林业领域的合作与交流，不仅能使我们采取后发优势学习发达国家长期的技术积累和管理经验，吸引外资，而且能让世界了解我国林业为世界发展做出的不凡贡献，为我国林业发展营造了良好的国际环境。新时期以更加开放的姿态加强国际林业绿色合作，特别是加强气候变化②、森林碳汇、生物多样性等热点问题的合作，能提升我国的国际形象，也会为我国林业事业增添亮点和带来喝彩。

五、主要结论

新中国成立以来，中国林业的基本国情是人均森林资源不足且社区居民对森林的依

---

① 胡鞍钢、鄢一龙：《中国：走向 2015》，浙江人民出版社，2010 年 2 月。

② 胡锦涛总书记 2007 年 9 月 8 日在澳大利亚悉尼“亚太经合组织第十五次领导人非正式会议上的讲话”中指出：在应对气候变化上，亚太地区既面临严峻挑战，也拥有独特优势。亚太地区有很强的互补性，既有在适应和减缓气候变化方面技术先进、资金充裕的成员，也有亟需提高应对气候变化能力和水平的成员。

赖性强，森林质量有待提高且营造林规划及技术滞后，森林三大效益不均衡且木材供需压力一直存在。由于对森林的基本国情和森林的多功能性认识不足，多年来我国林业发展之路并非是一条笔直大道，根据历史记忆变迁、林业发展战略变迁、林业公共投资及总产值比较、森林资源变动、国际视野比较5个维度，结合森林三大效益的变化，林业发展大致可以划分为3个时期、6个阶段。3个时期分别为林业体系初步形成、开发利用、可持续发展时期；6个阶段分别是林业发展恢复、林业发展波动、林业发展加速、林业发展调整、第一次林业新政、第二次绿色林业新政。总体上是从林粮并举、毁林开荒，到采育结合、永续利用，再到生态建设、绿色发展。中国林业发展的关键时期，是从1998年开始的林业新政。林业新政第一阶段(1998～2008)，完成了以木材生产为主向以生态建设为主的历史性转变，实现了由传统林业向现代林业的跨越式发展；林业新政第二个阶段(2009～　)，我们称之为更具广泛意义的更加深化的"绿色新政"，林业更注重发挥自身特点和优势，全面向绿色发展转型。林业绿色新政是林业思想发展的又一次重大转变，是一场全新的具有现实意义的革命。

经过第一次林业新政(1998～2008)，森林面积增加了大约23%，森林覆盖率提高了大约4%，森林蓄积量增加了大约22%，森林资源碳汇能力净增碳当量大约12亿吨；这一时期林业总产值增长率明显高于GDP增长率，林业总产值占GDP的比重提高了大约2%；从1990年到2010年，世界森林面积的增长率为－3.25%，中国为31.64%，中国对世界森林增长的贡献率为1.36%。这一时期中国的森林面积、森林蓄积量和碳汇能力有了大幅提高，林业产业成为了世界上最大的产业，森林生态效益持续快速增长，经济、社会效益同步增长并趋于稳定。

当前中国经济社会转型进入了关键时期，林业发展更是迎来了黄金机遇期，我们称之为第二次绿色林业新政时期(2009～　)。林业转型的总体思路是：以中央林业工作会议精神和发展现代林业、建设生态文明思想为指导，以胡锦涛总书记的"一个目标，三个依靠"，温家宝总理的"四大定位"，回良玉副总理的"四大使命"为战略定位，彰显林业系统五大功能的生态功能作用，给予林业全球化功能(如应对气候变化)以清晰的定位，提升我国林业的国际地位。

林业部门在国家"十二五"规划前已率先提出了由传统林业向现代林业的转型，也率先在各产业中进行了前瞻性的实践，新时期"林业发展和'十一五'中长期规划"、"林业产业振兴规划"等的制定是及时和现实的。

在新的时期，林业发展战略应继续与国家发展方向息息相关，在全球化背景下也要与世界经济发展紧密相连，把绿色发展和绿色创新作为林业发展的主要原则，推行四大施政重点。一是绿色就业，这是在当前金融危机蔓延的国际背景和扩大内需的中国国情下，今后一段时期我国经济工作优先考虑的领域，林业在增加就业方面做出了很大贡献，但仍然还存在着很大潜力空间。二是绿色碳汇交易，这是为了应对气候变化这一当今世界重要议题，国家非常重视林业在应对气候变化中具有的特殊地位，发展林业碳汇，可以使我国在世界经济发展舞台具有更多的话语权和主动权，为中国引领以绿色发展为基础的第四次工业革命做出贡献。三是绿色生物质能源，这是通过合理种植能源树木和开发利用林业“三剩物”使之转化为可再生能源，在一定程度上能缓解我国能源危机问题，还能实现产业与生态共赢，提高农民收入。发展林业生物质能源是对国家“十二五”规划把绿色发展作为基调，强调生态建设、节能减耗、环境友好型社会的积极响应。四是绿色生态保护，这是我国林业绿色新政以来林业发展的施政重点，是林业生态文明建设的重要组成部分，打破条条框框，划定适当试点区域，将森林旅游资源的保护和市场适度开发适度结合，因地制宜，立足地方特色，根据市场需求进行生态旅游项目开发，是在当前扩大内需背景下林业生态建设的现实选择，是现代林业不可缺少的重要内容。

林业发展的成功转型，需要国家层面的推动，更需要林业部门的创新和开放的姿态，引入长效机制，强化四大制度保障。一是绿色投资，绿色投资能产生巨大的经济、社会和生态效益，投资回报率高，投资本身还可以扩大内需和增加就业，以国家财政购买国家重要生态公共产品的投入原则不能变，投入机制要制度化，长期保持下去，持续发挥财政资金的引导作用；二是绿色创新，主要是绿色技术创新，即加大林业生物技术、信息技术、测量技术、能源技术等领域的科技创新力度，以科技创新引领绿色发展；三是绿色改革，就是要继续全面推进林权制度改革，为现代林业发展提供制度保障和内在激励，可以增加农民收入、解决农村富余劳动力就业，还可以实现扩大内需、促进农村和谐稳定、加速林业生态建设步伐；四是绿色合作，就是积极推动我国与世界各国和政府间国际组织、国际公约、国际非政府组织在林业领域的合作与交流，能使我们利用后发优势，学习发达国家长期的技术积累和管理经验，吸引外资，能让世界了解我国林业为世界发展做出的不凡贡献，为我国林业发展营造良好的国际环境，提升我国的国际形象。

林业发展转型与林业绿色新政，不仅使林业发展与国家经济、社会发展息息相关，而且使中国林业在国际舞台上有了更大的施展空间和话语权，将引领中国林业逐步走出一条世界领先的、中国特色的、绿色发展之路。

调 研 单 位：清华大学国情研究中心

调研组成员：胡鞍钢　刘　珉

集体林权制度改革

集体林权制度改革对林区农村基本经营制度稳定的影响研究

【摘　要】本文从制度变迁的视角分析集体林权制度改革对林区农村基本经营制度稳定的影响。集体林权制度改革以促进林地流转、大力发展林业合作经济组织和创新林区农村公共产品供给机制为着力点去促进林区农村基本经营制度稳定。林地流转和林业合作经济组织主要通过改进林业经营效率对林区农村基本经营制度稳定产生影响，而创新林区农村公共产品供给机制则通过增强社会保障功能发挥作用。

一、引　言

我国的农村基本经营制度以家庭承包经营为基础。在集体林区，土地家庭承包经营表现为林地确权到户的承包经营方式。林地确权到户多采用林地均分的做法，强调了林地的社会保障功能，却有可能因林地细碎化而损失了部分林业经营效率，进而对林区农村基本经营制度的稳定产生负面影响。制度的稳定依赖于制度的自我完善。完善林区农村基本经营制度的落脚点应在维持林地社会保障功能的基础上进一步改进林业经营效率。2008 年 6 月，中央政府出台了《中共中央国务院关于全面推进集体林权制度改革的意见》，随后，集体林权制度配套改革在全国的集体林区渐次推进，改革内容涉及加快林地流转、促进林业合作经济组织发展和保障林区农村公共产品供给等。实践也表明，扩大林业经营规模、引入科技和资金等稀缺林业生产要素及创新林业生产组织方式能有效改进林业经营效率。在当前以稳定为前提的国家经济社会发展环境建设过程中，国家通过集体林权制度改革的方式去促进林区农村基本经营制度稳定有着非常重大的意义。

制度的诱致性变迁对制度稳定发挥着自动稳定器的作用。当前的集体林权制度改革是一个诱致性变迁过程，并且集体林权制度应是农村基本经营制度的一个子集。本文试图回答的问题是：集体林权制度改革是怎样促进林区农村基本经营制度稳定的？本文的结构安排如下：第 2 节将从制度变迁的视角提出本文的基本分析框架；第 3 节着重从林地流转、林业合作经济组织建设和林区农村公共产品供给三方面讨论集体林权制度改革对稳定林区农村基本经营制度的影响；第 4 节是简要结论和对策建议。

二、林区农村基本经营制度稳定的分析框架：基于制度变迁的视角

在集体林权制度主体改革中，林地确权到户的改革确实提高了林农的营林积极性，并在改革初期因林农营林热情高涨而提升了林业经营效率。但随着市场竞争愈益激烈，林地均分确权开始呈现出两种改革效果：一是开始出现一些不利于改进林农林业经营效

率的问题，如林地细碎化、分散经营难以预防自然灾害、个体市场竞争能力不强等；二是在社会保障水平过低的林区农村，林地承载着最基本的生活保障功能。这两种改革效果构成了当前林区农村基本经营制度的两难冲突。促进林区农村基本经营制度稳定的过程就是消解该制度两难冲突的过程。因此，本文提出一种分析思路：通过集体林权制度深化改革的“子制度”变迁去推动林区农村基本经营制度的“母制度”变迁，最终实现“母制度”的完善与稳定。

制度变迁是制度的替代、转换与交易过程。农村基本经营制度变迁的过程就是该制度稳定和逐步完善的过程。制度变迁可以被理解为一种效益更高的制度（即所谓“目标模式”）对另一种制度（即所谓“起点模式”）的替代过程（卢现祥，1996）。制度变迁一般可以分为诱致性制度变迁和强制性制度变迁，前者是“一群（个）人在响应由制度不均衡引致的获利机会时所进行的自发性变迁”，后者是“由政府法令引起的变迁”。在我国，农村基本经营制度稳定与完善是属于强制性和诱致性相结合的制度变迁，首先通过政策等强制性制度变迁使农地、林地在产权方面出现变化，并同时改变资产专用性、不确定性和交易频率，进而改变整个广义的交易成本，在经济社会环境发生变化后辅之以相应配套改革，进一步产生制度完善的诱致性变迁。目前，我国林区农村基本经营制度正处于诱致性变迁过程中。为便于分析，假设林区中有林农、林业合作经济组织、村集体和政府四类主体，且林农是林区农村系统的基本单位。林区农村基本经营制度的稳定是四类主体相互博弈的结果，其实质是让林农的生活和生产需求得到满足。也就是说，给予林农收入增长和公共产品消费的机会与权利是林区农村基本经营制度稳定与完善的真正内涵。

在对浙江、福建、辽宁、甘肃和内蒙古集体林区调研分析的基础上，本文构建出林区农村基本经营制度因素“需求－供给稳定”的逻辑关系图（图1）。

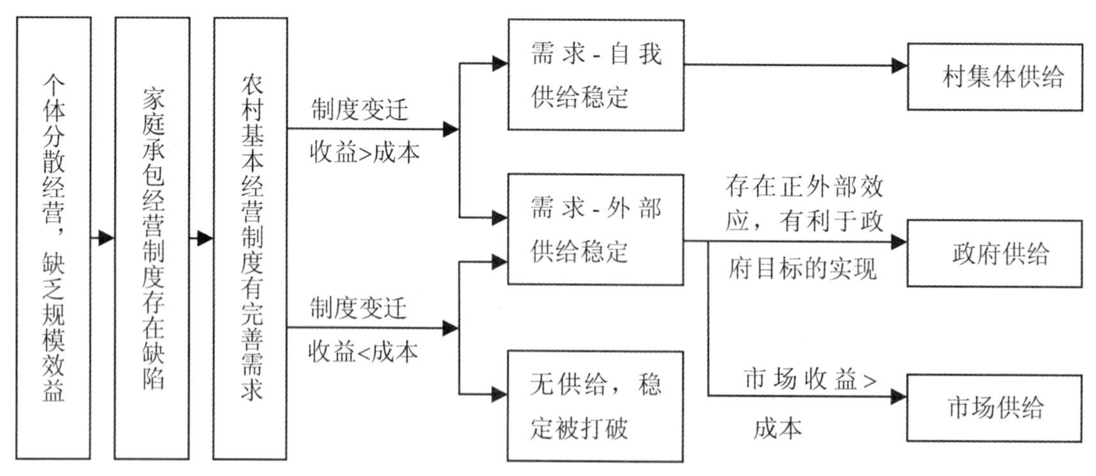

图1　诱致性变迁制度要素“需求－供给稳定”图示

林区农村系统中某类主体在市场竞争中受到制度要素的约束时，便对这种制度要素产生强烈的完善需求。他们可以通过市场和政府途径获得所需要的制度要素，这种方式可称为“需求 - 外部供给稳定”。但有时这种要素在市场或政府中无法获得或成本太高，此时主体可能会采取变卖资产或负债方式来获得这种制度要素，则称这种方式为“需求 - 自我供给稳定”。制度要素的“需求 - 供给稳定”是稳定林区农村基本经营制度的必要条件。也就是说，林区农村基本经营制度稳定必然存在制度要素的“需求 - 供给稳定”关系，但还需要其他条件来支撑。当制度变迁收益大于成本时，村集体可能通过提供农村公共产品的方式去实现农村基本经营制度的“需求 - 自我供给稳定”，当然，这需要依赖于村集体的经济实力。当制度变迁成本大于收益，而该制度要素的供给又具有正的外部效应并有利于实现政府工作目标时，政府也会提供农村公共产品(包括对政策、法律、法规的修改)去促进原有制度的稳定，常见的如政府农业部门向农业经营主体提供市场信息和生产技术支持。如不考虑制度变迁的成本收益比较，仅从市场成本收益看，当市场收益大于成本时，制度要素的市场供给主体就会出现，如出现林业合作经济组织。

林区农村基本经营制度有稳定和完善需求是不够的，还需要有必要的供给激励。这种供给激励对村集体和市场供给主体而言都是必不可少。而深化集体林权制度改革的配套措施恰好提供了这种激励，如林地流转制度约束的放开增加了村集体收入，让村集体有能力提供更多农村公共产品；农村金融体制创新及财税扶持为林业合作经济组织的生存发展拓宽了空间等。深化集体林权制度改革为林区农村基本经营制度稳定提供了三种制度要素供给激励：林地流转、林业合作经济组织发展和公共产品供给(图2)。林地流

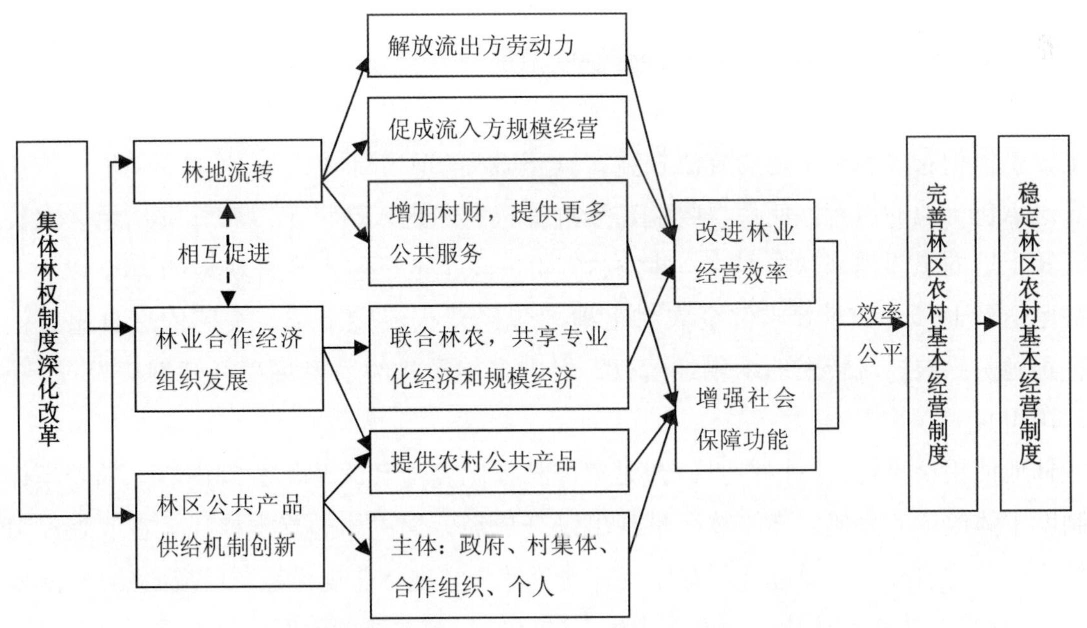

图2 集体林权制度改革对林区农村基本经营制度稳定的制度要素供给激励

转一方面解放了林地流出方的林业劳动力，让这部分劳动力有机会从事二、三产业；另一方面增加了林地流入方林业规模经营的可能性。林地流转通过重新配置林地资源和劳动力资源的方式，提高了林区劳动力的劳动生产率，改进了林业经营效率。林业合作经济组织也是稳定林区农村基本经营制度的一种重要力量。一方面，林业合作经济组织联合林农共同经营而拥有规模经济优势，并让林农参与分享合作经济效益，增加林农收入；另一方面，林业合作经济组织为组织内成员提供某些农村公共产品，既增强了合作经济组织的成员凝聚力又方便了林农生产生活，扩大了林区农村公共产品供给的范围，增加了林区农村公共产品供给的数量。集体林权制度深化改革同时也要求创新林区公共产品供给机制，充分发挥政府、市场和第三部门供给主体各自具有的农村公共产品供给优势，努力实现城乡公共服务均等化的目标。因此，林区农村公共产品供给机制创新提高了林区人民的社会保障水平。总体来说，在集体林权制度改革的三种制度要素供给激励中，林地流转和林业合作经济组织发展主要是从改进林业经营效率方面作用于林区农村基本经营制度稳定，而公共产品供给是从增强社会保障方面发挥作用的。

三、集体林权制度改革对林区农村基本经营制度稳定的影响

加快林地流转、促进林业合作经济组织发展和保障林区农村公共产品供给是新一轮集体林权制度配套改革的重要举措。本节将通过调研案例分别从这三项措施去探讨集体林权制度改革是怎样促进林区农村基本经营制度稳定的，并指出这三项措施在实践中存在的问题。

（一）林地流转与林区农村基本经营制度稳定

农村基本经营制度的稳定是个动态概念。20 世纪 80 ~ 90 年代，基本经营制度的稳定主要是保护农民承包土地的合法权益，真正做到“15 年不变”和“30 年不变”，依法保障农民承包土地的占有、使用、收益、处置等权利。进入新世纪以来，发达地区农民要求流转土地的愿望越来越强烈，一些发达省份流转土地已经占全部耕地的 10% 以上，有的甚至达到 15%。这就要求健全农村土地承包经营权流转市场，按照依法自愿有偿原则，正确引导农户流转土地承包经营权，促进多种形式的适度规模经营健康发展（孔祥智，2010）。

林地使用权流转（简称林地流转）是集体林权制度配套改革的关键内容。随着集体林权制度主体改革的完成，集体林区呈现出以分户经营为主体的基本格局，在明晰经营主体林业产权的前提下，通过合理有序的林地流转，实现林业规模经营已成必然趋势（罗攀柱等，2010）。林地流转从三个方面为稳定林区农村基本经营制度发挥着重要作用。

第一，具有林地承包经营权的一般林农是林地流出主体，他们主要通过转包、出租、股份合作等方式将林地流转出去，既实现了对所承包林地的收益权，又把自家劳动力从

林业经营中解放出来去从事其他行业。从调研情况看，林权改革之前，由于营林效益较低，很多地区的林农以转包和出租方式把林地流转给种植大户或林场，且这部分林农的利益并没有随着营林效益增加而提升，在合同约束下只能眼看着自己受损失。如湖南省某林农于 1991 年将林地一次性出租给某国有林场，手写合同的转让年限是竹林和乔木林各为 20 年和 30 年，规范合同时改为 30 年和 50 年，仅 1800 多元就让他失去了经营林业的权利；另一林农将 30 多亩责任山出租给国有林场，租期从 1993 年至 2007 年，14 年间全部出租收益仅 530 元。林权改革之后，随着林业经营效益的提高，以林地承包经营权入股成立林业专业合作社的流转方式开始显现，并逐渐成为深受广大林农欢迎的流转方式。如辽宁省抚顺县某林农把 57 亩用材林交给林业合作社管理，合同期限是 20 年；林农负责山上所有种植物的管理，而合作社负责所有投入的出资和产品销售；2010 年合作社付给林农 2000 元人民币，2010 年以后山上的所有种植产物的销售金额各按 50% 分配。调研中还发现不少林农与林业合作社在流转林地的合作收益上采用了"四六分成"、"三七分成"方式。

第二，对林地流入主体(包括林业经营大户、林场、林业合作经济组织和林业企业)而言，林地流转削弱了营林主体的林地要素约束，为其进行成片经营以获取规模效益创造了机会。围绕农地流转的研究较多，比较一致的观点是农地流转在一定程度上能够改善资源配置效率(吕萍，2009；钱忠好，2005；姚洋，2004)。林地作为农地中的一种，有其特殊性，虽然学界对林地流转的研究并不多，但在明晰产权的前提下，通过公正和合理有序的林地流转，实现林业规模经营已成共识(冉光念等，2007；黄和亮，2006；周新玲，2005)。调研发现，林地流入主体主要从一般林农和村集体流入林地。以村集体向林业合作社流转林地为例，2009 年辽宁省抚顺县某林业合作社从村集体流转林地 1465 亩，其中村集体以林地入股合作社，让合作社托管林地，合同期限为 20 年；双方利益采用"二八分成"互惠方式，即销售纯利润(以当年山野菜的市场价格为准)的 80% 分配给合作社，20% 分配给村集体；合同到期后，合作社在山上的所有建筑物和种植物都归村集体所有。从这一案例可以发现，对不适宜家庭承包经营的林地，村集体通过林地流转方式实现这部分林地的收益，再将所获利益均分到户，实现货币形式的"耕者有其林"。林业经营大户通过集约经营让流转的林地产生了很好的经济效益，如浙江省安吉县报福镇某林业经营大户于 2005 年承包了 1000 亩毛竹林，通过修建林道并对竹林进行低产林改造，仅仅 4 年时间便使毛竹产量增加 50 万斤[①]，到 2010 年年底增加到了 130 万斤，每度毛竹生产成本节省 22 万元，用 4 年时间(两度毛竹)就收回了投入山林的 100 万元。类似的案例还有很多，如浙江安吉县天林竹笋专业合作社专门将一些产量低、管理难度大、林农生产投资积极性不高的毛竹林从相应农户手中"承包"过来，形成合作社面积约 7000

① 质量(重量)的法定计量单位是"千克(公斤)"。1 斤 =0.5 千克(公斤)——编者注。

亩的竹林基地，直接扩大了合作社的林业经营规模，形成规模经济效益。

第三，林地流转增加了村集体收入，为村级公共产品供给提供了财力保障。这在福建省永安市尤为突出。在2003 年新一轮林权改革之后，福建省永安市村集体的收入来源主要是林地使用费和承包费，一方面，这种收入来源方式具有理论基础，即所有者应该具有一定的收益权；另一方面，这使村集体拥有了一个稳定的资金收入，基本上不受市场上木材销售收入的影响。村集体收入来源主要是林地使用费和林地承包费，如洪田村在2003 年后每年的木材销售收入分成和林地使用费在30 万～40 万元之间，林业收入占村集体收入的60%～70%；领头村的林地使用费和招标收入、林木利润分成等每年稳定在30 万元左右；虎山村转让一片1328 亩用材林，中标价达200.2 万元，平均每亩1507.5 元。村集体收取林地使用费和林地承包费的做法并非仅福建永安市一个个案。2005 年内蒙古敖汉旗牛古吐乡浩雅日哈达村采取拍卖、竞价承包、租赁等形式将1753 亩林地划分到户经营后，村集体仅收取的林地使用费和承包费就达45 万元，使集体有能力开展打井、修路等公益事业，改善生产生活条件，也改善村容村貌。尽管集体林权主体改革要求均山确权到户，但因历史遗留问题和部分林地不适宜承包到户，村集体仍然保有部分林地经营使用权，并通过林地流转方式去实现林地收益权。可以说，集体林权制度深化改革后，村集体利用其拥有的山林所有权获得相应收入，财政实力得以增强，为农村公共产品供给提供了资金保障，减轻了农村公共产品供给不足的状况，巩固和加强了村级自治组织的地位。

林地是发展林业的基础，林地流转是市场经济条件下实现林地资源有效配置的重要方式。林地流转有利于克服林地分山到户后林业经营的不足，实现林业规模化经营，提高林地经营效益。许多地方都已相继出台政策积极推进林地流转。调研发现，2008 年年底，浙江省安吉县通过不同形式进行流转的山林面积达15.79 万亩，占山林总面积的7.6%；其中统管山面积12.89 万亩，责任山面积1.97 万亩，自留山面积8875 亩，涉及流转农户4403 户，集体147 个；在已流转的山林中90%以上的林地是通过转包、租赁形式流转，由承包大户一次性或按一定基数每年付给林农或村集体租金。

但是，目前的林地市场化流转方式也存在着固有的弊端：许多林农通过流转林地获得了一定收入，并使劳动力从林地中解放出来去从事二、三产业，虽然推动了农村劳动力转移和促进了农民收入增加，但大量林农在“失地”的情况下对自己的林地也长期“失权”，他们从林地上得到的一次性收入或每年的收入只是一个较低的基数；广大“失地”林农将在一个较长的时间内享受不到政府对林地的优惠政策；村集体招标流转山林后，只能在短期内大幅度增加集体收入，却失去了经营山林持续壮大集体经济的机会。换言之，当前的林地流转方式仍然难以实现林地流出方和流入方双方持续获益的双赢目标。

（二）林业合作经济组织发展与林区农村基本经营制度稳定

我国的农村基本经营制度设计暗含着林地在村组里面平均分配的含义，而这种制度设计导致了较高的林地细碎化程度，也增加了林地连片流转集中经营的难度。然而，不断涌现的林业合作经济组织却为实现林业规模经营开辟了另一条现实道路。实践表明，农户在小规模经营状态下通过接受农业社会化服务和开展合作是能够显著改进经营效率的。

1. 我国林业合作经济组织的主要类型及其利益互惠方式

从调研情况看，目前我国林业合作经济组织主要有五种类型：家庭合作林场、股份合作制林场、林业专业合作社、林业贷款担保组织和林业行业协会。从地域分布看，合作林场和林业贷款担保组织多出现在南方集体林区，而林业专业合作社和林业行业协会则在全国范围内都比较普遍。从组织性质看，林业合作经济组织分为松散型和紧密型两大类，其中松散型组织以林业行业协会为代表，紧密型组织以两类合作林场和发展较好的林业专业合作社为代表。

(1)家庭合作林场

家庭合作林场有两种模式，即集体经营式家庭合作林场和股份经营式家庭合作林场。集体经营式家庭合作林场，是指在林改过程中，由于山权、林权具有不易细分的特点，部分山林无法按户细分确权而按村民小组承包形成的合作林场。这种模式是由农户承包地的山界不明晰造成的，若强行细分势必给农户的生产经营带来诸多不便。集体经营式家庭合作林场的参与户数较多，且户均林场面积小，在经营上采取集体化经营方式，在利益分配上按成员投入的山场评估折价和资金比例参与分红，目的在于保护和增进每一个成员的利益。如福建永安市小陶镇大陶口村家庭合作林场于2004年7月成立，林场共涉及12个村民小组，所有股东均为大陶口村村民，每个小组均持有一股。股东代表大会由村主任和12位村民小组组长组成，组长代表小组成员行使股东权利。入股山林面积1639亩，评估价为80万元。村民以评估后的山林入股，同时各股东按所持股权的20%追加现金入股，构成合作林场的周转资金。在经营管理上按照“有偿入股、共同管理、保障收益、获利分红”的原则，对所有入股山林实行保护、利用。在利益分配上，经股东会同意，分红比例为股利的40%，其余30%用于扩大再生产，30%作为其他项目支出。集体经营式家庭合作林场的产生机理以自愿、互利为前提，它与林改前的集体所有制林场有着本质上的区别。

股份经营式家庭合作林场，是指农户以分山到户的林场折价入股或配以资金入股方式形成的合作林场。如福建永安市贡川镇红安家庭合作林场由七户林农组成，没有吸收其他成员，山林总面积为840亩，折价入股的山林股份为80%，另外股东现金入股10万元作为林场启动资金，占总股份的20%。林场设有理事会、监事会，并由七位股东投票决定林场的重大事项。在收益分配上按4∶3∶3的比例进行分配，即提取总利润的40%作为股东分红，股东按所持股份比例获取收益；30%的资金作为扩大再生产资金；剩下的30%作为办公经费使用。这类合作林场以经营大户间的联合居多，参与户数少、户均林场面积大、林场总体规模大，经营及利益分配方式类似于股份合作制林场，二者的区别主要在于山林的获取方式不同，前者的山林是分山到户的，而后者多是通过购并获得。

(2)股份合作制林场

林改后，农户将手中的林地、林木产权经资产评估折成现值，由具有实力的股份合作公司按一定比例进行收购(通常是10%～70%)，引导林农跨村、跨乡镇、跨县区开展股份合作经营，并由股份合作制林场负责采伐销售，委托原林权持有林农负责管护，采伐收益按双方持股比例进行分配。根据三明市林业合作经济组织建设的考核标准及条件要求，股份制合作林场需到工商行政管理部门登记注册，取得法人资格，设立理事会、监事会，定期召开董事会成员代表大会等，经营管理方式相当于股份制企业。这种经营模式不仅扩大股份合作制林场的经营规模，同时转让林权(或部分林权)的林农成为林场的股东，避免了“失山失林”现象。例如，从事森林经营的民营企业森发技贸有限公司与近300户林农合作后，企业自身得到迅速发展，现已拥有森林经营面积5.3万余亩，年均实现合作林农收益100多万元，每年支付林农劳务工资70多万元。通过股份合作制林场这种发展模式，林农转让部分林权后仍有山可耕，还是山林的管护主体，有稳定的工资收入，同时按持股比例参与林场的利益分配，林场和林农实现了双赢发展。

(3)林业专业合作社

林业专业合作社是指某些林(副)产品或在林业经营具体环节上有共同需求而出现的，包括技术服务型、销售服务型等业务单一的专业合作社，也包括集产、供、销、服务为一体的综合性合作社。林业专业合作社与社员联系比较紧密，对内为社员提供产前、产中、产后服务，对外从事经营性业务。合作社在生产环节上以家庭为单位，为社员提供生产资料采购、产品储藏、运输等有偿或无偿服务(仅收取服务费用)，在销售环节上以合作社为单位，采取统一品牌、统一销售的方式，在管理上实行一人一票制。合作社以稍高于市场价的价格向社员收购林产品，有条件的对林产品进行初级加工后再对外销售，部分合作社建立了利润返还机制，社员可按其与合作社的交易额(交易量)获得利润返还。如丽水市庆元县宏源农副产品专业合作社以高于市场价0.05～0.2元/斤的价格向社员收购锥栗产品，在10月份至春节期间，合作社招募社员对锥栗进行去壳、包装等初级加工，不仅增加产品的附加值，还提高社员的收入水平。此外，社员可凭社员证参与利润返还，据合作社负责人反映，当年合作社实现盈余的，经社员大会讨论通过，最高可将盈余的50%返还给社员。

(4)林业贷款担保组织

为缓解林农的融资困境，一批依托地方政府或村级组织设立、以为林农提供信贷担保服务为主的合作组织应运而生。从角色定位来看，这些贷款担保组织扎根农村基层，利用其信息搜集优势有效降低了融资供需双方有效对接的交易成本，起到了连接农村信用社、农业银行和林农的中介作用。林业贷款担保组织多集中在南方集体林区，在北方林区并不多见。这可能跟地方经济环境、生产投资文化、金融机构发育状况有关。林业贷款担保组织的功能在于缓解林农的资金短缺困境，并不会和林农的生产经营活动直接挂钩。如福建省屏南县甘棠乡的信用促进会，该促进会由政府牵头成立，以开展林权抵押反担保贷款为主要业务，致力于缓解林农贷款约束。具体来说，促进会为林农提供贷款担保，而林农以林权证抵押方式为促进会提供贷款反担保。促进会向农村信用社贷款的利率为8.49‰(正常的农户个人贷款利率为9.3‰)，为林农发放贷款时收取大约1‰的担保费用(包括聘请林业部门对林木资源进行评估的费用)，此外，促进会还能享受林业部门的贷款贴息补助政策(2.5‰/月)。因此，林农通过促进会贷款，不仅提高了贷款可得性，还能获得2.31‰/月的贷款利率优惠[9.3‰ - (8.49‰ + 1‰ - 2.5‰) = 2.31‰]。从全国情况看，目前林业贷款担保组织仍处于起步阶段。

(5)林业行业协会

林业是一个集经济、社会和生态环境三种效益于一体的产业。林业生产中与林业的社会、生态环境相对应的服务因其外部效应而带有浓厚的公共产品色彩。从节约社会资源的角度出发，集体林区出现了许多在具有广泛共性要求基础上形成的林业行业协会，如各地成立的护林防火协会、病虫害防治协会、联防协会、速生林协会等。这些行业协会主要由乡镇政府牵头或推动、林农积极参与而形成，以提供技术和信息服务、开展维权和自律活动为主，不直接从事营业活动，主要在民政部门登记，注册为社团法人。以邵武市吴家塘镇森林防火协会为例，吴家塘林业站在2005年决定成立森林防火协会，会员是国有林场、大户、村和村民个人，国有单位成员要交防火费0.5元/亩，其他会员不用交费。防火费用于购买防火器械、组织巡山、消防培训等。尽管防火效果显著，但由于协会是非营利性组织，政府补贴也比较少，主要靠会费支撑运作，存在资金缺口。

2. 我国林业合作经济组织发展的特点

结合近几年的调研情况，对林业合作经济组织发展呈现出的特点进行归纳，发现南北方林业合作经济组织在发展过程中既表现出共性，又表现出差异性。南北方林业合作经济组织的共性：一是集体林权制度改革后各地的林业合作经济组织发展迅速，但区域内分布不平衡，如2006年福建省各种林业合作经济组织有2426个，比2002年增加了952个，增长65%，而辽宁省的林业合作经济组织则由林改前的68个增加到2010年的1115个；二是合作模式多元且服务种类多样，表现为南北方都涌现出家庭合作林场、股份合作制林场、公司+基地+农户、林业行业协会、林业专业合作社等多元化林业合作模式，各地依据地方特色，选择了不同的合作模式；三是生产组织方式和利益联结方式以松散型为主，如调研发现超过60%的林业合作经济组织都是采取松散型组织方式；四是覆盖范围多局限于本乡镇且融资困难；五是地方政府扶持力度大但扶持方式有待完善。南北方林业合作经济组织发展也呈现出差异性：一是南方以用材林合作组织为主，北方则以林下经济作物类合作经济组织居多；二是南方合作模式自主创新相对活跃，发展新一代合作社倾向更明显；三是南方林权抵押贷款担保服务风行，而北方合作经济组织有此服务的不多；四是部分北方林业合作经济组织的运作带有较强季节性和时令性，如辽宁省的山野菜专业合作社多在春节至五月份（山野菜上市时期）发挥作用，其他时间很少与社员的生产经营活动相联系。

3. 我国林业合作经济组织发展暴露出的问题

集体林权制度改革后，我国林业合作经济组织得到了政府的大力支持，发展势头良好，不同程度地发挥了"统"的作用。但是，在快速发展的同时，也暴露出一些问题，有的甚至会影响将来林业合作经济组织的发展方向。一是部分村干部对林业合作经济组织"不闻不问"，部分经济组织领导人立社却"不作为"，例如部分村干部认为合作经济组织发展是农民自己的事，集体不宜插手干预；有的林业合作经济组织成立动机不是为民服务，而是骗取政府奖助金。二是发展能力普遍不强，经营规模较小。林业合作经济组织的社员规模、资金状况、办公条件等从侧面反映了合作经济组织的自身实力不强，发展能力欠佳。例如甘肃的果品专业合作社缺少自身的专业生产基地，设备几乎空白，社员数相对偏少，资金实力不够雄厚，经营业务仅仅停留在初级农产品的简单销售阶段。三是松散型合作较多，成员间易共享利益而难共担风险。例如林业合作经济组织与成员较少签订正式契约，双方的产销衔接不够紧密，违约现象屡见不鲜。四是部分林业合作经济组织的机构设置流于形式，内部运作不规范。例如有的林业合作经济组织虽然设置了成员（代表）大会、理事会、监事会等机构，但各机构并不发挥作用。五是辐射范围较窄。多数林业合作经济组织的辐射范围仅局限于本村，而且局限于周边的几十户经营同一产品的农户，覆盖跨地区农户的合作经济组织还很少，能将产业链不同环节的农户联结起来的就更少了。

（三）公共产品供给与林区农村基本经营制度稳定

针对集体林权制度改革后，林区农村公共产品供给出现总量性失衡和结构性失衡并存的问题，政府应引导林区农村公共产品供给机制创新，加强林区农村公共产品供给与保障，切实稳定林区农村基本经营制度。

1. 集体林区农村公共产品供给主体分析

在集体林区，由于农村公共产品具有外部溢出性、非竞争性和非排他性，所以农村公共产品的供给主要由公共支出来保障。林区农村公共产品供给主体主要包括四类：政府、村集体、林业合作经济组织和个人。

（1）集体林区农村公共产品供给的政府主体

政府尤其是林区当地政府，是林区农村公共产品最重要、最关键的供给主体。加强林区农村基础设施建设，促进林区经济发展，提高林区村民的社会福利，增加林农收入，是林区当地政府的重要职责。当地政府应将林区农村公共产品供给支出纳入地方财政预算。当地林业部门有责任、有义务，加强林区农村公共产品供给，保障林区农村公共产品供给的必要资金支出，合理使用中央及省级林区农村公共产品供给的下拨资金。经济条件越好，经济发展速度越快，经济越发达的林区，当地政府农村公共产品供给的保障力度就越大。政府处于林区农村公共产品供给的主导地位。

(2)集体林区农村公共产品供给的村集体主体

在集体林区，村集体仍承担着农村公共产品供给主体的责任。村集体是农村基层组织的代表，具有权威性和领导力，能够代表林区村民争取政府农村公共产品支持资金。越是集体经济发展较好的村集体，越能与地方政府处理好关系，也就越能争取到当地政府部门的农村公共产品支持资金、资助和贷款，越能促进村集体的公共产品供给。同时，村集体通过发展本村林产品实业，投资高回报项目，建立林业加工项目，发展林业集体经济，积累起大量的村集体公共财产，壮大村集体经济实力，可为本村公共产品的支出和建设提供有力保障。村集体是农村利益的合法代表，是基层最强有力的合法组织，可以发挥组织优势，加强村集体内部的组织协调，加强村民及其代表的内部沟通，增强村民团结，降低农村公共产品供给的协调成本和组织成本，提高村集体公共福利。

(3)集体林区农村公共产品供给的林业合作经济组织主体

在集体林区，林业生产技术、市场信息、森林防火防盗、森林病虫害防治等服务具有正的外部效应，而政府以林业合作经济组织为载体去提供这些服务就有着较高的供给效率。例如，各地的联防协会、速生林培育技术协会等组织，都是政府技术扩散的一个中介。这种协会在政府与林农双向沟通中产生、发展，能够适应当地林农的实际需求，真正起到作用。另外，林业合作经济组织对当地森林资源的保护起到了十分重要的作用。在合作林场中，严格的轮流巡山制度提高了林农防火防盗、抵御灾害的能力，促进了森林资源的保护。例如，在永安市贡川镇红安家庭合作林场，股东会制定了按月轮值的护林联防制度，合作林场几乎没有发生过林木被盗现象。

(4)集体林区农村公共产品供给的个人主体

集体林区农村公共产品是普惠型的集体公共福利，在一定条件下，个人主体仍有可能成为农村公共产品的供给主体。经营大户、村中的名人、村内外出的创业者都是林区农村公共产品的潜在供给主体。出于对村庄的回馈和回报，经济实力较强的个人有可能发扬捐助精神，以个人名义投资或捐助农村公益事业。这种类似于慈善行为的个人出资可能更具公共产品供给的有效性，可以直接贴近村民的生产和生活，促进村内和谐与生产发展，增强村内社会规范，增进农村繁荣。

2. 集体林区农村公共产品供给存在的问题

家庭承包制的实施极大地促进了农村私人产品的供给，却带来了农村公共产品供给方面的问题。目前，我国农村公共产品供给已出现总量性失衡和结构性失衡并存的问题（林万龙，2007）。由于林业生产经营的特殊性，集体林区的公共产品供给除一般性问题之外，还暴露出林区公共产品供给特有的问题。一是林地分配不均使得部分林农不能公平地享受村内的林业生产类公共产品。在林权制度改革初期，部分林农不愿意交纳林地承包费，也不愿意承包管护林地，村集体便以较低的使用费和承包费发包给大户大量优质山林。随着林木成材，林地的经济产出增加，部分少地的林农对村集体意见较大，认为自身的林地承包权受到侵犯，没有公平地享受到村内的公共产品。二是林业生产基础设施建设不足，林业技术指导和培训存在滞后性，严重限制了家庭林业的长期发展。三是林区农村所需公共产品数量众多，面对生产、生活、保障、环境等多方面的公共产品需求，但有限的村级财力不能完全满足林农家庭承包经营对乡村公共产品的需求。四是林权制度改革诱导林农日益重视家庭承包经营，漠视集体公共利益和产生搭便车心理，导致财力不强的村集体出现开会难、议事难、筹资难、决议难等难题，难以达成共识，无法有效提供村级公共产品，降低了村集体的福利水平，不利于林区经济的长期发展。

四、结论与对策建议

(一)结　论

我国农村基本经营制度以家庭承包经营为基础，而家庭承包经营在实际操作中引起农地细碎化、插花地等不利于农业生产经营效率提高的问题逐渐显现。在集体林区，家庭承包经营表现为林地(含地上的林木)以“均”、“分”的确权到户方式。林地均分方式增强了林地对林农的社会保障功能，但同时也兼具损失林业经营效率的不足，如林地细碎化、插花山等问题。

集体林权制度改革是从三个方面促进林区农村基本经营制度稳定的。随着集体林权制度配套改革在全国集体林区的渐次推进，尤其是林地流转这一制度约束的放开，集体林区中强调社会保障功能和弱化林业经营效率的两难冲突得到了缓解，并且是从制度层面上获得了支撑。各级政府积极扶持林业合作经济组织发展也是稳定林区农村基本经营制度的一种重要方式。林业合作经济组织的贡献至少有个：一是联合林农生产经营并进入市场，让个体林农参与分享规模经济效益，有利于林农增收，从经济利益层面促进林区农村稳定；二是林业合作经济组织也会提供一些公共产品，一定程度上弥补了公共产品供给中出现的政府失灵和村集体失灵。政府、村集体、林业合作经济组织和个人在林区农村公共产品供给上各具优势。这 4 类主体联合供给多层次的林区农村公共产品，不仅满足了林区群众的公共产品消费需求，还增强了林区农村的社会保障功能，从社会保障方面促进林区农村稳定。

(二)稳定林区农村基本经营制度的建议

为进一步稳定林区农村基本经营制度，政府必须有效地推进集体林权制度深化改革。上述分析可知，集体林权制度改革是以林地流转、林业合作经济组织发展和农村公共产品供给为着力点去促进林区农村基本经营制度稳定的。但是，这三个着力点还存在着不少问题，急需改进和完善。

(1)政府应为促进林地流转提供良好的制度环境。由于林地流转同时涉及林业经济效益二次分配和国家生态安全改善两大问题，国家应当进行适当的引导和规范，充分发挥市场的基本调节功能和政府的宏观调控功能，建立健康有序的林地流转秩序。推动和规范林地流转必须做好以下几项工作：第一，必须首先按照十七届三中全会的要求，把林地承包经营权保持稳定并长久不变落到实处，抓好林地确权、登记、发证工作，为林地流转管理提供科学依据；第二，加强对林地流转的管理和服务，实施流转合同制和备案制为重点，全面建立健全林地流转规范管理工作制度、工作机制和工作规程，确保流转规范有序；第三，建立健全林地流转纠纷解决机制，如建立矛盾预防机制，妥善解决林地遗留问题，及时处理流转矛盾纠纷，加快农村林地承包经营权纠纷仲裁机构建设；第四，积极探索发展土地股份合作社，促进林地承包经营权在农民合作的基础上进行流转。

(2)大力发展林区林业合作经济组织，从财政、税收、信贷方面给予支持，同时鼓励各地积极探索符合地区比较优势的适用模式，并引导林业合作经济组织开展自身建设以增强生存发展能力。第一，加大各级政府对林业合作经济组织的政策支持力度。在财政方面要对各级示范组织给予补助，使其更好地发挥示范带动作用，整合对林业的专项投资资金、财政支农资金和农业综合开发有偿资金，要重点支持合作经济组织开展的林产品生产基地基础设施建设、科研开发能力、技术服务水平、质量检验检测水平和信息网络体系建设；在税收方面，除对林业合作经济组织为其成员提供林业生产经营服务免征营业税外，还可以利用税收政策引导合作经济组织的发展方向；在信贷方面，国家政策性金融机构和商业性金融机构应当采取多种形式，为合作经济组织提供多渠道的资金支持和金融服务。第二，逐步建立农村合作金融体系，拓宽林业合作经济组织的筹资渠道。调研发现，部分林业合作经济组织内部已经在尝试着资金合作业务，关键是如何进行正确引导，使其不偏离合作的性质。建立农村合作金融体系，既能够解决林农资金难题，又能帮助林农解决富余资金出路问题，所得利润还可以用于林业合作经济组织的发展，如农业技术推广、农民培训等。第三，加强和规范林业合作经济组织的自身建设。这需要健全林业合作经济组织的组织机构和规章制度，增强社会资本和林业合作经济组织的凝聚力，在林业合作经济组织中建立健全民主决策制度，严格实施民主决策、民主管理原则。

(3)千方百计促进林区农村公共产品的有效供给，改革公共产品城市偏向型供给弊病，加快推进体制机制创新，努力实现城乡基本公共服务均等化的目标。第一，合理划分事权，实现政府对林区农村公共产品有效供给。集体林区各级政府应是农村公共产品的主要供给责任主体，需要针对纯公共产品切实负担起责任。对一些纯公共产品如林业生产基础设施建设、道路、农村义务教育、计划生育、民兵训练、医疗卫生、养老保障等，政府应承担主要责任，增加中央财政支付比例。第二，改进议事制度，在积极增加村级财力的基础上，努力争取县乡政府对村级公共产品的财政支持，将“一事一议”措施变为切实解决村民所需公共产品的会议，努力把村级公共积累花在刀刃上。第三，大力发展林业合作经济组织，增强林农公共产品需求表达话语权。

调研单位：中国人民大学
执　　笔：孔祥智　何安华

我国政策性森林保险试点情况调研报告

【摘　要】本文是在采用抽样调查和典型调查2种方式，运用座谈会、调查问卷、参与式访谈等调查方法对我国首批政策性森林保险试点省份福建、江西和湖南进行调研的基础上形成的。文章阐述了福建、江西和湖南三省开展政策性森林保险的现状、特点及问题，对三省政策性森林保险开展中的森林保险经营模式、费率厘定、政府财政补贴、巨灾风险分散和政府统筹模式等五方面问题作了理论结合实践的分析，并提出了完善我国政策性森林保险体系的对策与建议。

森林保险作为林业管理风险的重要手段，1982年我国开始进行森林保险理论与方法的探讨，并在1984年进行森林保险试点工作，至今，只有短短20多年的时间。进入21世纪以来，随着我国生态文明建设和集体林权制度改革的不断推进，人们对发展森林保险的必要性有了更加深刻的认识，这在2009年中央林业工作会议和2010年中央1号文件中均有体现。2009年3月，财政部按照集体林权制度改革的深入程度，地方政府对森林保险工作的重视程度以及各省份林地面积、森林覆盖率的比重程度这3个选择标准，将福建、江西和湖南省列为中央财政保费补贴试点省份(财金〔2009〕25号)。2010年5月，财政部在现有3个试点省份的基础上又增加了浙江、辽宁和云南省，加大了中央财政对森林保险工作的扶持力度(财金〔2010〕49号)。这种由中央和各级财政对保费进行补贴的森林保险，称之为政策性森林保险。因此，通过对试点省份政策性森林保险实施现状的调查，总结开展政策性森林保险成功经验，并对存在的问题和原因进行分析，为下一步我国不同地区开展政策性森林保险、避免政府支持森林保险的随意性、提高林业抵御风险能力、保证林业生产者的稳定经营以及增加林农收入等方面具有重大的理论与现实意义。2010年7月，根据国家林业局2010年重大林业问题调研项目的部署，我们组成调研组，采用典型调查方式选取了福建、江西和湖南三省，对这三省的政策性森林保险开展情况进行了调查研究。

一、试点省份调研概况

调研组在确定省、县、村3层调查对象和调查内容的前提下，采用抽样调查和典型调查2种调查方式，运用座谈会、调查问卷、参与式访谈和二手资料收集4种调查方法，深入了解了福建、江西和湖南三省开展政策性森林保险的现状及特点，讨论和总结了三省存在的问题，并分别形成了福建、江西和湖南省政策性森林保险开展情况调研报告。三省政策性森林保险调研情况可简要概括为 3 方面的内容(具体调研内容见三省分报告，本书略)。

(一)三省基本情况介绍

福建、江西和湖南三省均是我国南方重点林区，森林资源较为丰富，森林覆盖率分别达到 62.96%、60.05% 和 55.86%，位居全国各省份的前 3 位，林业用地面积分别占三省国土总面积的 71.6%、63.7% 和 61.05%，其中集体林地面积分别占三省林业用地面积的 92.6%、87.2% 和 92.7%，有 60% 以上的农村人口生活在林区。因此，集体林业是广大农民脱贫致富奔小康的重要途径，而集体林权制度改革则是三省解决“三农”问题的重中之重。另外，就总体经济实力来讲，福建和湖南省相近，在全国各省份属中等偏上水平，基本具备了工业反哺农林业的可能性，而江西省则较弱。三省份其他方面的基本情况见表 1。

表 1　调研省份基本情况概要

调研省份	全省范围的最主要灾害	森林保险开展历程	集体林权主体改革完成时间
福建省	火灾	1986 年开始试点探索，2006 年开展政府财政补贴下的森林保险	2005 年
江西省	火灾、病虫害	1985 年开始试点探索，2007 年开展政府财政补贴下的森林保险	2007 年
湖南省	火灾	1984 年开始试点探索，2009 年开展政府财政补贴下的森林保险	2010 年(计划)

福建、江西和湖南三省均属于自然灾害频发的省份，森林在抗灾减灾中发挥了重要作用，但同时本身也承受着灾害的巨大威胁。近 10 年来，三省主要的森林灾害类型包括火灾、病虫害等常规性灾害和冰雪、风灾、滑坡等偶发性灾害，就发生次数和损失程度而言是以火灾为主。另外，病虫害也是江西省分布面积较广、影响程度较深的灾害类型。福建和江西两省是我国集体林权制度改革的先行省份，两省分别在 2003 和 2004 年启动了以实现“资源增长、农民增收、生态良好、林区和谐”为目标的新一轮集体林权制度改革，目前福建和江西省正处于林改的深化阶段。湖南省则是在 2007 年开始集体林权改革试点工作，计划 2010 年底基本完成集体林权主体改革。福建、江西和湖南三省的森林保险试点工作起步较早，均具有 20 多年的实践历程，积累了一定的开办经验。在三省集体林权制度改革之前，由于森林保险业务的复杂性、林业产权的不明晰以及缺乏政策扶持等原因，森林保险始终存在业务规模小、发展缓慢等问题，以致三省森林保险业务几乎处于停办状态。鉴于森林灾害的多发频发，并以集体林权制度改革为契机，福建、江西和湖南三省的政府和林业主管部门提高了对森林保险工作的重视程度，森林保险业务相

继重新开展起来，并实行了政府财政补贴下的政策性森林保险经营模式。

（二）三省政策性森林保险工作的特点

目前，福建、江西和湖南三省政策性森林保险工作均按照“低保额、保成本、广覆盖”的原则，以生态公益林和商品林为保险标的，在中央和地方政府的高度重视下，通过林业部门和保险公司的密切配合，森林保险工作不断探索前进，取得了较为显著的成绩，森林保险承保面积逐步扩大，灾后理赔方式也得到不断创新。其中，福建和江西省已在全省范围内开展森林保险业务，而湖南省则是在16个林权改革试点县（其中有怀化13个县、长沙的浏阳市、益阳的安化县和邵阳的绥宁县）进行政策性森林保险试点工作。在政策制定方面，三省均由林业部门、保险公司等单位建立了森林保险联席会议等制度，及时总结和解决森林保险开展过程中存在的问题，并负责制定和实施本地区的森林保险方案。在保险责任方面，三省森林保险的责任范围逐步扩大，均由单一的火灾险发展到综合险，综合保险责任范围包括火灾、暴雨、暴风、洪水、泥石流、霜冻、暴雪、台风和病虫害等，并且三省均在保证受灾林地的及时更新、造林成活和林分郁闭的基础上设定了保额，其中江西省的商品林保险设置了以800元/亩为上限的保额区间。在投保方式方面，三省的生态公益林一般是在不同行政区域内实行统保；对于商品林，福建省实行自愿投保的方式，而江西和湖南省一般是以县或乡镇为单位进行统保。在保费补贴方面，三省均按照投保则补、不保不补的原则，由政府财政对生态公益林和商品林实施保费补贴，保费补贴比例逐渐以中央和省级财政为主，加大了政府对森林保险的财政投入。在巨灾风险分散方面，三省均采用不同措施建立了巨灾风险准备金，其中福建省主要是以省级财政投入的方式建立森林综合保险风险补偿金，而江西和湖南省则是通过保险公司计提一定比例保费收入的方式建立森林巨灾风险准备金。

（三）三省调研的启示

在三省调研过程中，调研组获得的启示有两方面，一方面是森林保险作为林业管理风险的重要手段和巩固集体林权制度改革成果的重要举措，在维护生态平衡、保证森林资源再生产、扩大林业融资渠道、促进林业产业发展和减轻农民负担等多方面确实发挥了重要的基础保障作用；另一方面是三省森林保险工作存在的突出问题，如宣传不到位、行政色彩较浓、县级财政配套保费补贴迟滞、商品林承保面偏低、中小林农参保率低、保险公司业务开展积极性不高和费率厘定欠科学等，这些问题在本质上可归纳为森林保险经营模式、费率厘定、政府财政补贴、巨灾风险分散和政府统筹模式这5大方面的问题。调研组认为这5方面的问题必须从理论结合实践进行分析，只有在深入讨论的基础上，才能有效地提出完善我国政策性森林保险体系的对策与建议。

二、需要深入讨论的几个问题

（一）森林保险的经营模式

森林保险作为林业管理风险的重要手段，在有效发挥森林资源的生态效益、社会效益和经济效益方面起到了较为重要的基础保障作用，其效用可以为社会所共享，但同时森林保险产品又具有购买价格，因此它属于非竞争性且排他性的准公共产品。这类准公共产品理论上可以由政府部门提供，也可以通过市场机制由私人部门提供。但是，我国林业产业的弱质性、森林灾害的复杂性和森林资源的效益外溢性等特性，决定了要发挥森林保险对林业可持续发展的基础保障作用，就必须以政府介入的森林保险模式为主导，这也是国外森林保险实践经验的总结。在我国森林保险实践历程中主要出现过4种经营模式，其中3种有政府介入，即商业保险公司主办并由林业部门配合的协保模式（公私合营）、林业部门与商业保险公司共保模式（公私合营）、林业部门自保模式（政府部门提供）和农村林木保险合作组织的共济模式。这4种经营模式的特点见表2。

表2　4种经营模式的特点概要

经营模式	主要特点	主要优点	主要缺点
协保模式	市场化运作，政府给予一定的财政补贴	能够发挥林业部门在查勘定损方面的技术优势	商业保险公司以赢利为目的，追求利益最大化
共保模式	林业部门承保，保费收入和赔付支出由保险公司和林业部门按比例分配	能够有效降低保险公司的经营风险，发挥林业部门的技术优势	受区域限制，风险难以分散，政府财政压力大
自保模式	行政色彩浓厚	能够发挥林业部门在行政和技术方面的优势	受区域限制，风险难以分散，政府财政压力大
共济模式	政府引导建立，自主经营、自负盈亏、风险共担	险种设计因地制宜，能够有效防范道德风险和逆向选择现象	受区域和资金限制，风险难以分散，技术薄弱

政策性保险和商业性保险的关键区别是政府财政补贴和经营目标不同，而其共同特点都是由专门机构通过法定合同向被保险人提供保险计划的一种经济保障制度。从表2可以看出，前三种经营模式均属于政策性森林保险经营模式，而共济模式则属于农村非正式保险活动的范畴。由于行政干预程度成为了森林保险业务开展好坏的关键因素，同时受行政区域限制、地方政府财政实力强弱、林业部门业务运营体系不健全等问题的制约，共保模式和和自保模式很难有大的发展。而共济模式由于其保障能力的不可靠性和不稳定性，特别是应付大灾的能力极其有限，因此共济模式在森林灾害保障体系中只能处于一种辅助性或补充性的地位。

在我国政策性农业保险的实践历程中，比如上海市是通过政府财政补贴，鼓励商业保险公司从事农业保险，同时建立了专业化的政策性农业保险公司——上海安信农业保险股份有限公司(政府部门提供)。政府组建政策性保险公司能够有效避免商业性保险与政策性保险经营目标之间的矛盾，其主要障碍是政府在人、财、物方面的投入太大，这对于经济实力较弱的省份即使在较长时间内也很难做到。浙江省则是在政府提供的制度框架下，由人保财险、中华联合财保等10家商业保险公司组成农业保险共保体作为市场经营的主体(公私合营)，其优点是能够有效分散保险公司的经营风险，其缺点是由于保险公司之间的经营管理技术水平参差不齐，这就需要政府全方位地协调与监督，一旦政府监管不力，就会出现保险公司之间的恶性竞争，直接损害被保险人的利益。

目前福建、江西和湖南三省的森林保险经营模式属于协保模式，是由政府提供统一的制度框架，在林业部门的大力配合下，由政府允许的一个或两个(湖南)商业保险分公司开展森林保险业务，同时政府对规定的森林保险产品给予被保险人一定的保费补贴，其主要特点是政府主导。经调研分析，三省目前的经营模式可能会出现政府干预多，森林保险开展得较好，一旦改革热潮退去、缺乏有效监督和信息不对称的情况下，森林保险业务就可能停滞不前，甚至出现萎缩的情况。调研组通过三省林农问卷调查发现，广大基层林农对协保模式还是比较赞同的。林农对森林保险经营模式的意愿调查情况如图1。

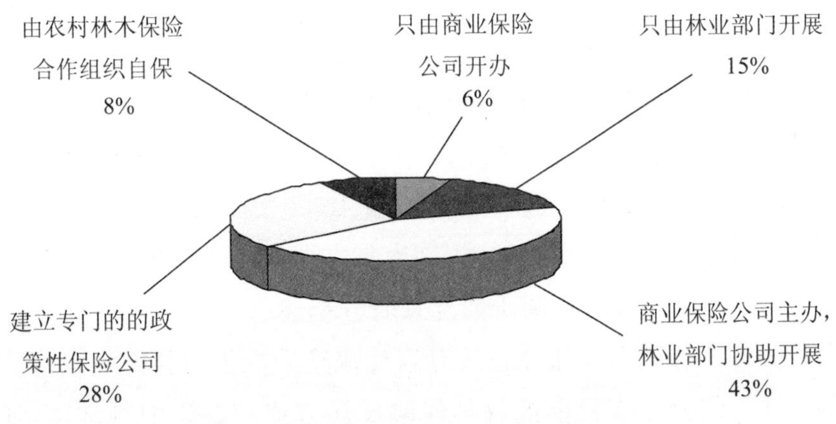

图1 森林保险经营模式林农意愿调查情况

通过以上理论与实践分析，本文认为在有效防范市场失灵的同时，也要防范政府失灵，因此真正建立以政府引导，商业保险公司为市场经营主体的森林保险经营模式，同时积极探索政策性保险公司等形式的运作体制，是我国森林保险可持续发展的关键。

(二)森林保险的费率厘定

森林保险产品的费率厘定不仅直接关系到商业保险公司业务经营的稳定性，也关系到政府财政保费补贴的支出程度，同时与林农自身对森林保险产品的有效需求和保费支出情况有关。森林保险费率厘定问题是森林保险业务顺利开展的核心问题，也是区分政府引导还是政府主导的关键问题。2009年3月财政部下发的《中央财政森林保险保费补贴试点方案》中明确规定“保险费率应综合保险责任、林木多年平均损失情况、地区风险水平等多种因素科学厘定”。中国人保财险总公司按照政策性森林保险的有关要求，采用风险保费法对森林保险产品进行了毛费率的厘定。毛费率厘定主要涉及纯费率、安全费率、营业费率和利润率4方面的内容。在依据历史损失数据直接测算纯费率的基础上，人保财险总公司考虑到各种风险不确定性因素，从而在纯费率的基础上设置了安全费率，同时还考虑到各项经营费用和期望利润水平，从而设定了附加费率。人保财险总公司根据全国区域间的风险差异水平，将森林火灾保险划分为4个区域，综合保险划分为5个区域，并按照不同区域设计了差异化的费率区间，人保财险总公司对调研三省的费率厘定情况见表3。

表3　三省森林保险费率厘定情况

省份	火灾险费率	综合险费率	优惠火灾险费率	优惠综合险费率
福建省	3.0‰~5.0‰	6.0‰~11.0‰	2.4‰~4.0‰(按省级投保)	4.8‰~8.8‰(按省级投保)
			2.7‰~4.5‰(按地区级投保)	5.4‰~9.9‰(按地区级投保)
江西省	5.0‰~7.0‰	8.0‰~15‰	4.0‰~5.6‰(按省级投保)	6.4‰~12.0‰(按省级投保)
			4.5‰~6.3‰（按地区级投保)	7.2‰~13.5‰(按地区级投保)
湖南省	5.0‰~7.0‰	8.0‰~15‰	4.0‰~5.6‰(按省级投保)	6.4‰~12.0‰(按省级投保)
			4.5‰~6.3‰(按地区级投保)	7.2‰~13.5‰(按地区级投保)

注：以上数据是由人保财险总公司政策性森林保险费率表数据整理所得。

据调研，福建省目前开展的森林保险的险种是综合保险，对省级以上生态公益林实行以县为单位统一投保的方式，费率为2.0‰，商品林实行自愿投保的政策，费率为3.0‰；江西省全省统保公益林火灾险，费率为1.0‰，而商品林保险包括火灾险和综合险两个险种，费率分别为1.5‰和4.0‰；湖南省主要是在16个林权改革试点县开展森林综合保险，费率为4‰。就三省调研情况来看，福建省基本未发现商品林综合保险统一投保的现象，而江西和湖南省部分地区对森林保险采取了由县或乡政府统一收取保费并统一投保的方式。结合三省目前的森林保险投保方式和表3中科学厘定的费率区间。将3省实行费率与科学厘定费率之间进行对比，比较情况见表4。

表4　三省实行费率与科学厘定费率的比较

省份	实行火灾险费率	实行综合险费率
福建省		公益林2.0‰(5.4‰~9.9‰)
		商品林3.0‰(6.0‰~11.0‰)
江西省	公益林1‰(4.0‰~5.6‰)	商品林4‰(7.2‰~13.5‰)
	商品林1.5‰(4.5‰~6.3‰)	
湖南省		4‰(7.2‰~13.5‰)

注：括号内数据均来源于表3。

从表4中可以看出，目前三省实行的森林保险费率均没有达到科学厘定费率区间的最低水平，确实存在费率偏低的问题。通过三省调研，目前三省省级层面均在不同程度上对森林保险费率问题进行了行政干预，比如江西省现行的森林保险费率受其财政承受能力的影响较大。当然，由于我国森林灾害统计工作不够健全，在统计口径和计算方法方面存在一定误差，对于历年的森林火灾统计数据还较为完备，但对过火面积小于1公顷的森林火灾统计数据也存在不足，而其他灾害则缺乏完备而可靠的统计资料，地区风险水平难以较为准确地测定，同时由于我国森林保险经营经验的不足，以致中国人保财产总公司所厘定费率的准确性还较为欠缺，这只能在实践中不断摸索和改进。但是，人保财产总公司所厘定的费率毕竟遵循了财产保险费率厘定的原则与方法，其厘定依据具有一定科学性，因此应当尊重人保财险公司的费率厘定结果。

总之，森林保险产品的费率厘定除了要考虑政策性森林保险的性质外，也要遵循商业性财产保险产品的共同特点，这样才能够有效地调动商业保险公司开展政策性森林保险业务的积极性，才能较好体现政府引导，商业保险公司为市场经营主体的森林保险经营模式。

（三）森林保险的政府财政补贴

政府对森林保险的财政补贴是一种转移性支出，其职能就是纠正森林保险产品的正外部效应以及维护森林保险市场运营的有效性，以发挥森林保险在保证森林覆盖率、减轻农民负担和促进我国林业产业振兴等方面的基础保障作用。通过调研总结，政策性森林保险在政府财政支出的成本效益方面比灾后政府救助更具有优势。一方面是森林保险具有放大效应，在政府财政保费补贴下，广大基层林农在投保时只需支付少量的保费，而一旦保险标的发生灾害，就能获得数百倍，甚至数千倍于保费支出的赔付；另一方面是森林保险能够完善我国的防灾救灾体系，比如福建省2010年1季度，省、市、县三级人保财险公司共投入防火宣传和隐患排查资金约270万元，取得了良好的社会效果，同时通过保险公司健全的业务运作体系，能够较好发挥灾后经济补偿的及时性和有效性。因此，政府对森林保险进行财政补贴，这对于保证灾后政府财政收支平衡和完善我国的防灾救灾体系都具有较大的现实作用。

从政府财政补贴形式来看，目前三省的财政补贴形式主要是采用有条件不封顶配套补助方式对森林保险保费进行补贴（价格补贴），同时福建省省财政还建立了对人保财险公司的巨灾风险准备金（企业亏损补贴）。除此之外，政府还可以通过费用补贴、免税、减税和退税等方式对保险公司进行企业亏损补贴。从多级政府财政保费补贴程度来看，目前中央财政对森林保险的保费补贴力度较为欠缺，保费补贴比例总体较农业保险还是偏低。政府财政对农业保险和森林保险保费补贴比例见表5。

表 5 农业保险与森林保险政府财政保费补贴比例

农业保险项目	种植业保险	天然橡胶林保险	能繁母猪保险	奶牛保险
中央财政补贴	40%（沿海六省 35%）	40%	50%	30%
地方财政补贴	25%	25%	30%	30%
森林保险项目	生态公益林保险		商品林保险	
中央财政补贴	50%		30%	
地方财政补贴	至少 40%		至少 25%	

从表 5 可以看出，中央财政对森林保险的保费补贴存在两个问题：一是商品林保险的保费补贴比例较农业保险还有一定的差距；二是中央财政没有将生态公益林进行细分。从三省调研情况来看，生态公益林是以国家级和省级生态公益林为主，并且地方还拥有少量的市县级生态公益林，而林农经营公益林除了微薄的生态补偿金（多数林农还不能全额领取），基本是没有其他收益的。依据我国林业分类经营战略和多级政府财政职能划分理论分析，国家级生态公益林是为了保证整个国家的生态安全而设立的，属于如国防性质的国家级公共产品，因此对于国家级生态公益林保险的保费支出，应由中央财政全额承担。而省级及省级以下公益林是地方为了维护生态平衡，保证生态安全而建立的，属于地方性公共产品。由于地方性公共产品的正外部效应和市县级财政在资源配置方面的职能日趋弱化，故省级及省级以下公益林保险的保费支出应由中央和省级财政共同承担。商品林主要是发挥经济效益，满足社会对林业有形产品的需要，同时商品林也发挥了较大的生态效益，特别是在被调研省份，调研组了解到，有些地方政府为了保证森林覆盖率，故对商品林设置了严格的采伐指标限制，在某种意义上来说商品林发挥的生态效益比经济效益还大。因此对于商品用材林的保费支出应以中央和省级财政补贴为主。

通过以上理论和实践分析，可见中央财政保费补贴力度对于森林保险的顺利开展起到了关键性的作用，同时也应根据实践情况积极探索针对保险公司因开展森林保险而导致经营亏损的财政补贴形式，这对于我国政策性森林保险的稳健发展具有重要的现实作用。

（四）森林保险的巨灾风险分散

政策性森林保险作为林业管理风险的重要手段和巩固集体林权制度改革成果的重要措施之一，得到了中央及地方政府的高度重视，其规模呈现出快速扩张的态势。但由于森林巨灾/大灾具有突发性、偶然性和风险系统性等特点，这不仅破坏了正常的生产与生活秩序，还会造成严重的生态环境恶化和巨大的经济损失。比如 2008 年年初，江西省遭受了 50 年一遇的低温雨雪冰冻灾害，全省森林受灾林地面积达 460.19 万公顷，占全省林地总面积的 43.4%，森林资源经济损失估计达 92.2 亿元。因此，政策性森林保险更应当关注防范风险，建立巨灾/大灾风险分散机制，使得风险能在时间和空间上得到有效分散。

从三省调研的情况来看，福建省是由省财政建立了 2000 万元的巨灾风险准备金，突出了政府财政在巨灾风险分散方面的作用。这一措施既增强了保险公司抵御巨灾风险的能力，又有效分担了保险公司的后顾之忧，提高了保险公司开展政策性森林保险的积极性，但在真正的巨灾/大灾面前风险准备金也是杯水车薪，根本上还不能解决巨灾风险分散的问题。而江西和湖南省是由保险公司在保费收入里按相应比例计提巨灾风险准备金，突出了保险公司在巨灾风险分散市场化方面的作用，但就两省调研情况来看，目前保险公司的森林保险业务经营稳定性较差，纯粹依靠保险公司自身来抵御巨灾风险的难度太大。依据国际经验，单纯依靠政府财政支出和社会捐助根本无法弥补巨灾造成的损失，单纯依靠保险公司也无法满足巨灾风险的补偿需求，有效的巨灾分散机制应由政府、公众、保险机构、再保险机构等多方参与，减缓巨灾风险损失的压力。在我国政策性农业保险的实践历程中，比如上海市是由政府财政建立巨灾保险基金，一旦保险基金被击穿，由政府部门对保险公司进行财政补助；北京市则更加接近国际经验做法，其特点是在规定赔付率以内，由保险公司赔付，而超赔部分由政府承担赔付责任，政府采用直接购买再保险和计提巨灾风险准备金（按上年农业增加值的1‰提取）两种方式分散巨灾风险。但上海和北京市的农业巨灾风险分散机制，其重要条件是地方政府必须有较强的经济实力。就我国森林资源分布特点来说，林业大省往往是经济实力较弱的省份，同时由于森林巨灾/大灾能够导致严重的社会经济损失和严重的生态环境恶化等问题，存在巨灾保险市场失灵现象，因此中央财政的介入是有效分散森林巨灾/大灾风险的关键因素。

通过以上理论与实践总结，提出两种森林巨灾/大灾风险分散机制以供参考。一种机制是由中央财政建立专项森林巨灾保险基金，并将再保险的责任交给中国再保险公司，由其为商业保险总公司提供森林保险再保险服务，具体操作流程如图2。

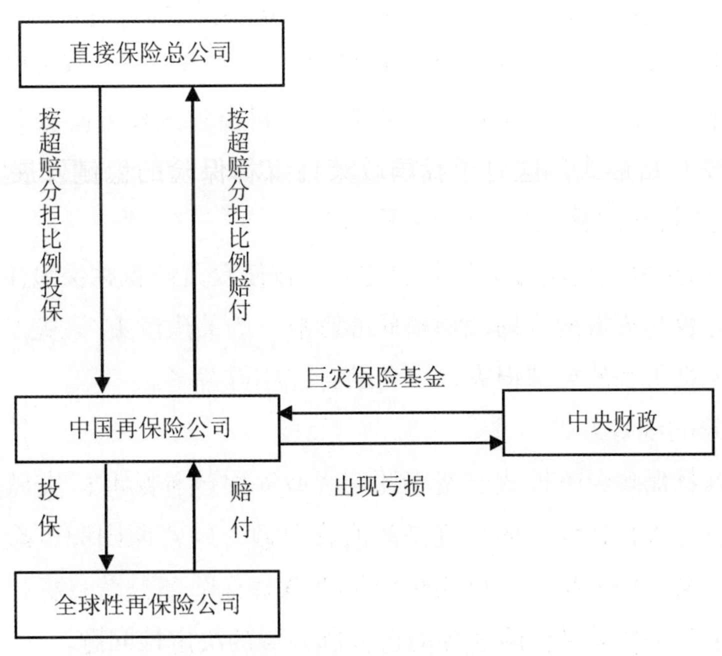

图2　森林巨灾/大灾风险分散流程

另一种森林巨灾/大灾风险分散机制是由中央财政建立专项巨灾风险准备金，对商业保险总公司实行专项使用、亏损补充、盈余滚存的运作模式。巨灾风险准备金的主要资金来源渠道是中央财政的转移性支出和保险总公司在丰年、平年时按一定比例计提的保费收入，当然也可以考虑对准备金的资本化运作或者以森林生态补偿为突破口，利用税收杠杆向社会公众征收生态环境保护税或使用税等方式来解决。其中对于向公众征税的问题，调研组在对公众(不包括林地经营者)的问卷调查中，有50%的被调查人赞同向社会全体人员征收生态环境保护税或使用税，并且公众对生态环境保护的责任主体也有了较为理性的认识。公众对生态环境保护责任主体的认知调查情况如图3。

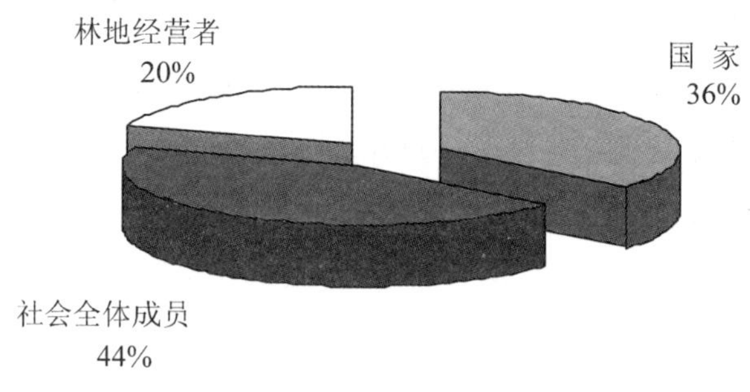

图3　公众对生态环境保护责任主体的认知调查情况

根据政策性森林保险开展的实际情况，采用上述第二种森林巨灾/大灾风险分散机制较符合现实。对有经济实力的省份也可借鉴福建省的做法，由省级财政建立巨灾风险准备金，以提供对巨灾风险的分层保障，这样可以有效降低省级保险公司的赔付率，有利于减轻保险公司的经营压力，也有利于减轻中央巨灾风险准备金的负担。福建省分散森林巨灾/大灾风险的具体做法是由省级财政建立2000万元的森林综合保险风险补偿金，上年度结余接转下年度使用，年度总额保持2000万元，当年全省森林综合保险赔付率超过90%时，启动省级森林综合保险风险补偿金，赔付由省人保财险公司与省级森林综合保险风险补偿金按1∶1比例承担，省级风险补偿金以2000万元为限，超过部分由福建省人保财险公司全额承担(闽林综〔2010〕13号)。

总之，森林巨灾/大灾风险分散机制的建立，将使政策性森林保险体制得到扶助与完善，这样可以区分森林灾害的全局影响和局部影响，既关注巨灾/大灾发生带来的全局损失，又关注森林灾害带来的局部损失，二者结合，相得益彰。

(五)森林保险的统筹方式

通过本文对森林保险经营模式、费率厘定、政府财政补贴和巨灾风险分散问题的深入讨论可知，政府介入森林保险的关键是政府在财政、经营原则和风险分散等方面给予保险公司一定的政策支持和指导，以实现政策性森林保险的经营目标。因此，政府统筹森林保险的方式是政策性森林保险业务能否顺利开展的决定性问题。

按照统筹层次，政府对森林保险的统筹方式可分为国家统筹、省级统筹、市级统筹和县级统筹。就目前中国行政体制改革的趋势来讲，市级的行政职能正在趋于弱化，省直管县已成为趋势，比如湖南省已经开始了省直管县的行政运作机制，因此市级层面统筹其意义并不大。而县级层面统筹森林保险的优点是可以切实了解林农的需求，能够因地制宜地制定符合实际情况且操作性较强的森林保险政策。但由于县级财政资金有限，尤其是在经济欠发达的县域，森林面积越广，需要的保费补贴资金就越多，这会给县级财政造成沉重的压力，并且由于森林巨灾/大灾具有突发性、偶然性、风险系统性和损失严重性等特点，县级统筹森林保险的覆盖面太小，不利于巨灾/大灾风险在时间和空间上的有效分散。因此，县级层面统筹基本不符合我国森林保险发展的实际需要。国家统筹和省级统筹均能够较好避免县级统筹的弊端，只要统筹运作机制合理也能够有效满足林农对森林保险的需求。如果从大数法则来看，统筹层次越高越有利于分散风险，抵御森林巨灾/大灾风险的能力也就越强，那么国家统筹是最好的统筹方式。如果从资金的充足程度来看，国家统筹肯定比省级统筹的优势更大；如果从资金的使用效率来看，国家统筹可以兼顾森林保险财政政策的总体平衡性，能够根据不同省份实行差异化的保费补贴政策，充分发挥经济强省、林业小省，支持经济弱省、林业大省的宏观调控作用。但是，我国林地面积分散、各省份森林资源状况不同、集体林权制度改革进程不一，国家统筹难以监管森林保险业务开展的具体情况和难以满足各地区对森林保险的差异化需求。由此可见，国家和省级统筹各有利弊，难以取舍。但从政府财政补贴和巨灾/大灾风险分散两个主要问题的讨论情况来看，中央财政在政策性森林保险的运作体系当中起到了关键性的作用，并且从保险公司的运营体制来看，商业保险公司的技术力量主要是集中在总公司，而省级保险分公司主要是承担省域内的营销服务工作。因此，基于对福建、江西和湖南省的调研情况，森林保险可采取倾向于国家统筹方式。

三、完善政策性森林保险体系的对策与建议

(一)构建“政府引导、市场运作、协同推进”的运作模式

如图4所示，政策性森林保险的运作模式是一个动态环形系统，其实质就是制度供给模式的问题。政策和技术文件的制定、下发、执行与政策实施效果的评价反馈同步进行，只要中间有一个环节出现问题，就会影响整个政策性森林保险体系的有效运行，具体实施建议主要包括以下5个方面：

(1)由国家林业局牵头建立森林保险联席会议制度。建议每一个季度召开一次联席会议，主要是听取国家森林保险项目办公室(以下简称“国家项目办”)的工作情况汇报，考核国家项目办的工作绩效，并根据中央有关文件精神，指导和协调国家项目办的工作。森林保险联席会议参加单位主要是国家财政部、国家林业局、保监会、银监会和中国人民银行等部门，参加人员包括国家项目办主要成员和相关部委领导及部门负责人。

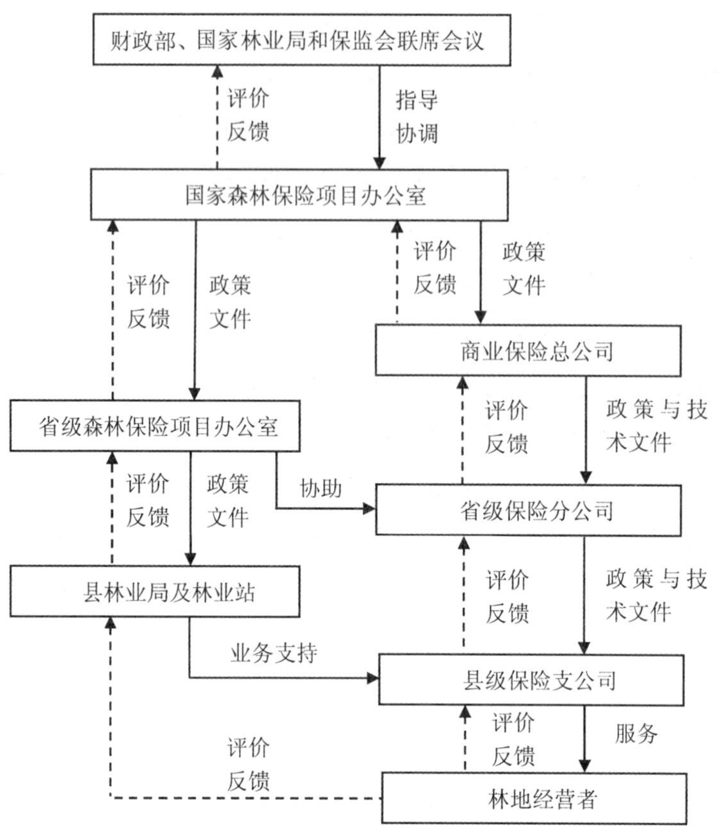

图4　政策性森林保险运作模式框架

(2)由财政部、国家林业局和保监会抽调相关人员组建国家森林保险项目办公室，建议挂靠国家财政部，主要负责制定我国森林保险的发展规划和政策实施方案，协调国家各相关部门开展森林保险工作。政策方案的制订内容主要包括工作思路、财政补贴范围及措施和保险公司经营原则等。另外，国家项目办还应协调、指导和考核省级森林保险项目办公室的工作，及时总结和解决森林保险工作中存在的问题。国家项目办对于商业保险总公司的政策文件由保监会下发，对于省级项目办的政策文件可由三部门联合下发，但要保证文件内容的一致性。

(3)省级森林保险项目办公室由省财政厅、林业厅(局)和保监局抽调相关人员组建，建议挂靠省财政厅，其主要职责就是依据国家项目办的政策文件和保险总公司的技术文件，协助省保险分公司制定本省的政策与技术措施，同时做好上传下达和协调省相关部门的森林保险工作。国家和省级森林保险项目办公室在较长时期内应确定为常设机构，在我国森林保险运作体系较成熟和制度化以后，可逐渐过渡为联席会议模式。

(4)建议国家项目办采用公开招标或评估的方式对经营森林保险业务的保险公司进行遴选，选取营销服务网络覆盖广、信用好和资质强的商业保险公司进行分省经营。分省经营的好处就是能够有效避免由单一保险公司垄断而带来的负面效应。但不建议由两个以上保险公司分县经营(湖南)，主要原因是在科学厘定保险费率的原则下，难以协调多家保险公司的费率厘定差异，容易导致“同城不同待遇”现象的发生，这会打击林地经营者的投保积极性，并且由于森林巨灾/大灾具有覆盖面积广、社会经济损失严重的特点，而县域面积较小，容易出现灾后理赔的“扯皮”现象。

（5）商业保险总公司的主要职责是：根据政策文件并结合各省份对森林保险的险种差异化需求，合理设计森林保险产品，根据全国区域间的风险差异水平，针对不同的产品，科学厘定费率区间，负责拟定森林保险灾害损失现场查勘定损大纲等。商业保险分公司的主要职责是：根据总公司的政策技术文件，并在省级项目办的协助下，确定本省需要的森林保险产品，在总公司厘定的保险费率区间内确定具体费率，同时在实事求是、便于操作的原则下，制定符合本省实际的森林保险灾害损失现场查勘定损规程，要对现场查勘定损的申请、受理、查勘方法及争议调处做详细规定。而县级保险支公司的主要职责就是：执行省分公司的政策技术文件，在县林业部门的业务支持下切实做好对林地经营者的森林保险服务。另外，保险总公司在有效防范道德风险的基础上应科学设置免赔率，建议每次事故免赔率设置为林农损失面积的10%，但最高不超过10亩。保险公司的森林保险业务运营除了由保监会和省保监局全程监管外，也必须要求商业保险公司本身进行分级监管。

总之，在“政府引导、市场运作、协同推进”的运作模式当中，政府引导其实质是政府在财政、经营原则和风险分散等方面给予商业保险公司一定的政策支持和指导，以构筑政策性森林保险业务顺利开展的外部环境；市场运作其实质是以商业保险公司为市场经营主体，利用其健全的业务运营体系，并发挥商业保险公司在产品设计、费率厘定等方面的技术优势，以构筑政策性森林保险业务顺利开展的内部环境；协同推进其实质是在政府有效的统筹机制下，加强相关部门的配合，使得内外部环境有机结合，相互影响和补充，以实现政策性森林保险的经营目标，即为维护生态平衡和巩固集体林权制度改革成果提供基础保障，从而促进社会和谐稳定地发展。

（二）坚持“低保额、保成本、广覆盖”的经营政策

政策制定的根本出发点主要是兼顾效率和公平。政策性森林保险的目标是为了保证森林覆盖率，维护生态平衡（生态效率角度），还是为了保障林业产业振兴，满足社会对林业有形产品的需求（经济效率角度），或是为了减轻农民负担，提高农民收益（公平角度）。从“低保额、保成本、广覆盖”的经营政策可以看出，目前我国对森林保险政策的制定突出了效率与公平的兼顾，这是一种提高社会总体福利水平的有效途径，它是符合我国林业产业发展、集体林权制度改革和保证森林覆盖率实际需要的。因此必须坚持“低保额、保成本、广覆盖”的经营政策，在这一经营原则下来发展我国的森林保险事业。因此，建议以保证受灾林地的及时更新、造林成活和林分郁闭为基础，视树种树龄情况设置保额区间，保额最高不超过800元/亩，以有效防范道德风险。

（三）加大中央财政补贴力度

1. 加大中央财政保费补贴力度

国家级生态公益林的保费支出由中央财政全部承担，省级及省级以下生态公益林的保费支出由中央和省级财政共同承担，商品林的保费支出由中央、省财政和林地经营者共同承担，并且建议取消全部市县级财政配套保费补贴比例要求。国家级生态公益林的保费支出由中央财政统一预算，省、县两级财政负责核算；省级及省级以下生态公益林和商品林的保费补贴资金由中央和省财政分级预算，县级财政负责核算。同时，中央财政应积极发挥对省级及省级以下生态公益林和商品林保费补贴的宏观调控作用。对于经济实力较弱的林业大省，比如江西省，中央财政应加大保费补贴资金的投入，中央财政对江西省省级及省级以下生态公益林的保费补贴比例至少占70%，而商品林保费补贴比例至少占60%；对于经济实力较强一些的省份，比如福建和湖南省，中央财政对省级及省级以下生态公益林的保费补贴比例至少占60%，商品林保费补贴比例至少占50%。另外，对于商品林保费补贴措施的制定也应适当考虑林农对商品林保费支付的意愿。在商品林综合保险每亩保额600元的前提下，调研组对三省林农每年每亩的保费支付意愿进行了问卷调查，其调查情况如图5。

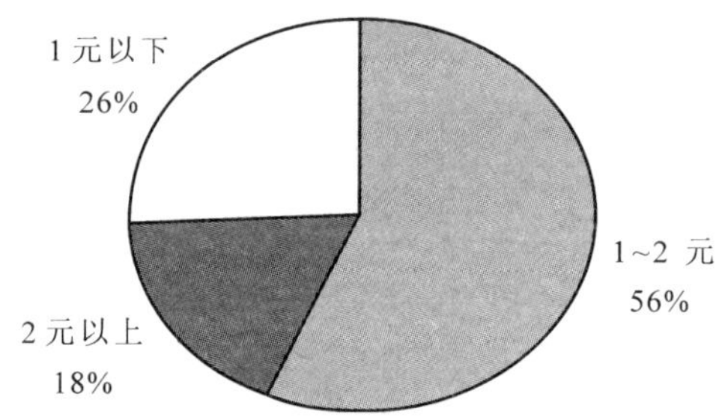

图5 林农对商品林综合保险的保费支付意愿调查情况

由图5可知，林农对于商品林综合保险每年每亩的保费支付意愿主要分布在1~2元之间，这样可以大致推测出林农的保费支付意愿为1.5元左右。因此建议按照森林保险的险种、费率厘定和保额设定情况，在适当考虑林农对商品林保费支付意愿的基础上，再进行中央和省级财政保费补贴措施的制定，这样能够较好发挥事半功倍的效果。

2. 加大中央财政对企业亏损补贴力度

建议由中央财政注资建立森林巨灾风险准备金，对商业保险总公司实行专项使用、亏损补充、盈余滚存的运作模式。巨灾风险准备金设立额度下限，如果准备金低于额度下限，则由中央财政预算拨付补足。如果当年赔付率超过85%时，保险总公司申请启动巨灾风险准备金，一旦巨灾风险准备金被击穿，由中央财政兜底。巨灾风险准备金的主要资金来源渠道是中央财政的转移性支出和保险总公司在丰年、平年时按一定比例计提的保费收入。巨灾风险准备金的使用情况由国家保监会负责监管。同时建议中央财政按一定比例采取退税的方式给予经营森林保险业务的商业保险公司一定的财政扶持。但是，以上针对保险公司亏损的补贴形式其前提条件是商业保险公司必须对政策性森林保险业务进行分账管理、单独核算，必须采取以专业和理赔效果为核心的绩效分级考核管理办法。

（四）合理设计森林保险的险种

保险公司对于森林保险的险种设计应当在考虑林地经营者需求的基础上，结合森林灾害特点，科学设计森林保险产品。调研组对林农的险种需求进行了问卷调查，调查统计情况分别如图6 和图7。

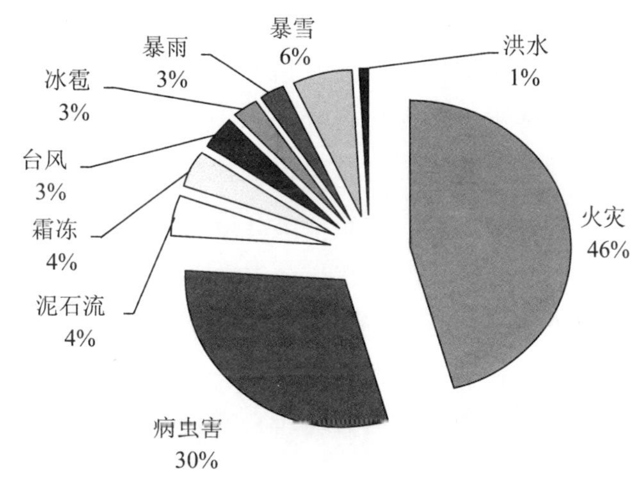

图6　林农对森林灾害发生情况的认知调查情况

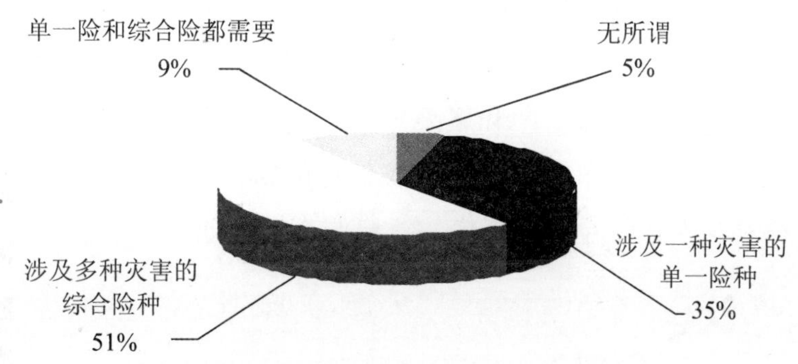

图7　林农对森林保险的险种意愿调查情况

通过图6 和图7 可知，调研三省林农最需要参加森林保险的灾害是火灾和病虫害，并且林农最需要的森林保险的险种分别是涉及多种灾害责任的保险和涉及单一灾害责任的保险。就目前中国人保财险总公司设计的森林保险的险种来说，基本是符合广大林农需求的。从我国森林灾害的特点来看，火灾险是森林保险的首选险种，因为它责任单一、发生最多、损失最严重，它的承保是林业生产者最为迫切，也是稳定林业生产的最大保障；暴风、冰雹、台风、霜冻和洪水等意外天气灾害，它们各具偶然性和地域性；病、虫害则灾情复杂、危害界定模糊、估测困难。因此结合林农需求和森林灾害特点，建议在坚持开展森林综合保险的前提下，尝试设计以火灾险或病虫害险为主险，意外天气灾害险为附加险的森林保险的险种，以丰富我国森林保险产品种类。“主险＋附加险”的森林保险产品其优点是既能降低费率，也能满足林农需求。

(五)加大森林保险的宣传工作

1. 加大对保险公司的宣传工作

在三省调研过程中了解到，多数基层保险公司欠缺林业和森林灾害的基础知识，并且对政策性森林保险的目的和意义也认识不足，这为森林保险业务的顺利开展设置了较大障碍。福建省永泰县人保财险支公司的叶贤标总经理以前曾有过在林业局和乡镇工作的经历，他对林业知识、森林灾害特点以及政策性森林保险的重要意义就有较深的认识和体会，在开展森林保险业务当中的积极性较高。因此，各级政府部门应通过座谈会和培训等方式加强对保险公司的宣传工作，这是面向广大基层林农开展森林保险业务的准备工作。另外，商业保险公司本身也应在企业文化和经营理念等方面体现经营政策性保险的重要意义，加大对公司内部员工的教育和宣传力度。

2. 加大对林农的宣传工作

对保险公司来说，林农是森林保险业务的终端客户；对政府部门来说，林农是森林保险政策制定的出发点和归宿点，所以对林农进行宣传工作是顺利开展政策性森林保险业务的首要环节。但现实是由于宣传不到位，林农欠缺对森林保险作用的正确认识，在不同程度上直接影响了森林保险的开展。在三省林农的问卷调查中有60%的林农根本没有听说过森林保险，而听说过森林保险的林农主要是集中在湖南省由中华联合财保开展业务的县域。因此加大宣传力度，将森林保险的重要作用和国家政策传达到广大基层林农当中，以提高林农的森林资源资产和风险意识，这是目前开展森林保险业务的当务之急。为此建议对林农的宣传工作应以获取林农信任的宣传渠道为基础，这样才能发挥良好的宣传效果。林农对森林保险宣传渠道的意愿调查情况如图8。

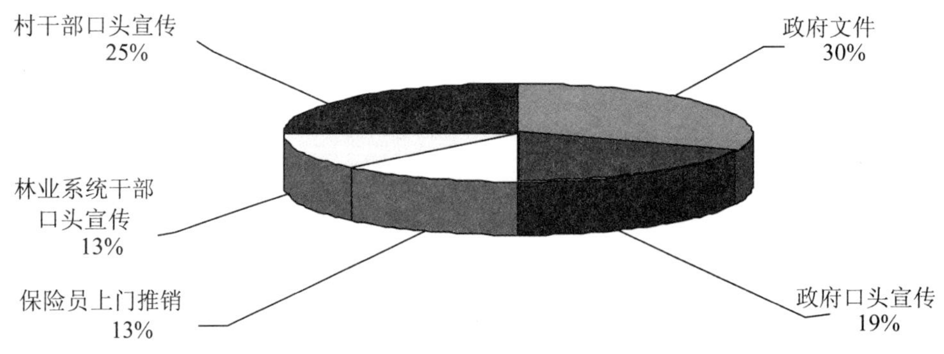

图8　林农对森林保险宣传渠道的意愿调查情况

从图8可知，林农最信任的森林保险宣传渠道是政府文件，其次是村干部的宣传。根据调查情况，森林保险宣传工作可由县林业局或乡镇林业站协助保险公司展业人员下乡，采取分发政府文件和张贴宣传画报、标语等形式，加快森林保险知识和政策的传播，而对于商品林还应由村委会组织村民代表与保险公司及林业部门进行森林保险知识和政策的座谈，加强对森林保险产品和条例的宣传与推介。同时基层保险公司应通过及时、认真理赔等措施，树立良好的形象，取信于民，以提高林农对森林保险的认识。建议对林农的宣传展业费用由保险公司支出。

（六）加强基层市场化运作的措施

如果单纯由基层保险公司按照图 9 所示的运作流程开展森林保险业务，势必大大增加基层保险公司的人、财、物投入，尤其是在专业、保费收缴和理赔方面，这与商业保险公司以赢利为目的的经营目标背离太远，会严重打击保险公司开展森林保险业务的积极性。如果基层政府过多参与森林保险业务的市场运营，势必会造成政府干预正常的费率厘定、强制林农统一投保和基层林业部门业务压力过大等问题的出现。因此在前述的宣传专业建议基础上，再提出以下 4 方面的措施：

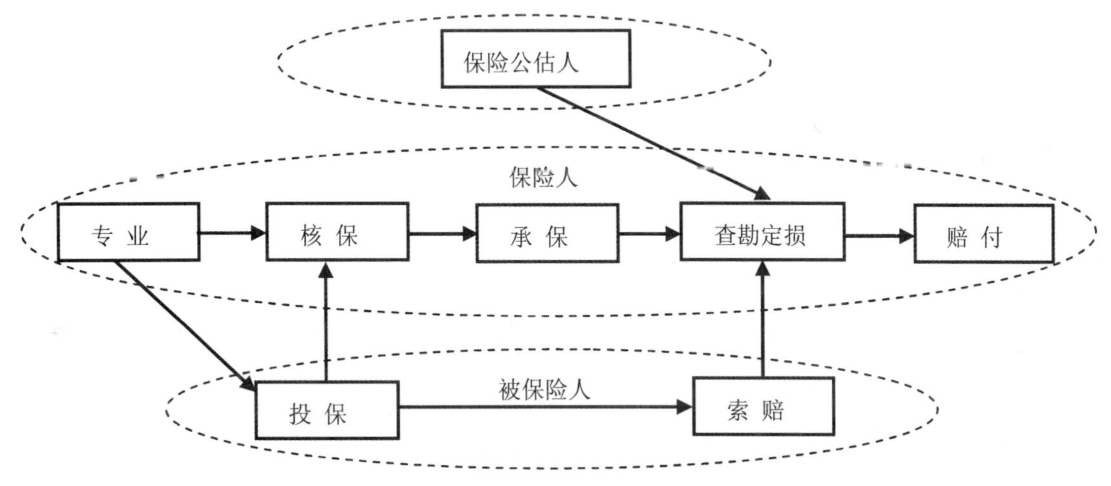

图 9　森林保险市场化运作的流程概要

1. 改进投保方式

调研组在对林农森林保险投保意愿的调查中发现，大部分林农是有投保意愿的，甚至经营生态公益林的部分林农也有投保意愿，并且从林农的投保方式意愿调查中得知，多数林农希望采用以村为单位进行投保的方式。调研组对林农投保意愿和投保方式的调查情况如图 10 和图 11。

结合图 10 和图 11 的调查情况，建议在“承保到户”和“理赔到户”的经营原则下，国家和省级及省级以下的生态公益林以县为单位进行统一投保，这样既能减轻基层保险公司在产业和保费收缴方面的压力，较好实现大数法则，也能调动基层政府开展森林保险的积极性。而商品林则坚持“林农自愿”的原则，由村干部组织林农以村为单位进行投保。

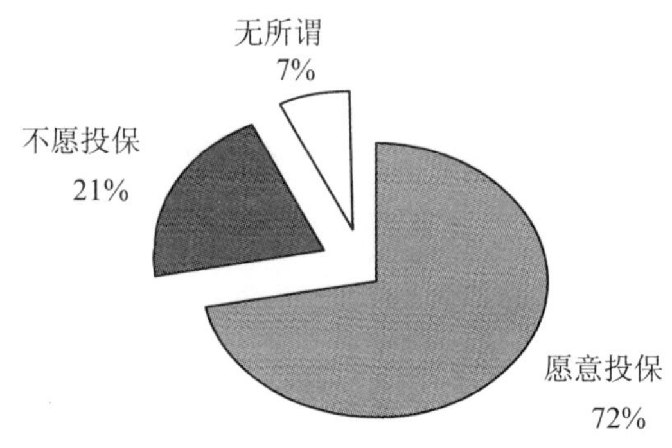

图 10　林农投保意愿调查情况

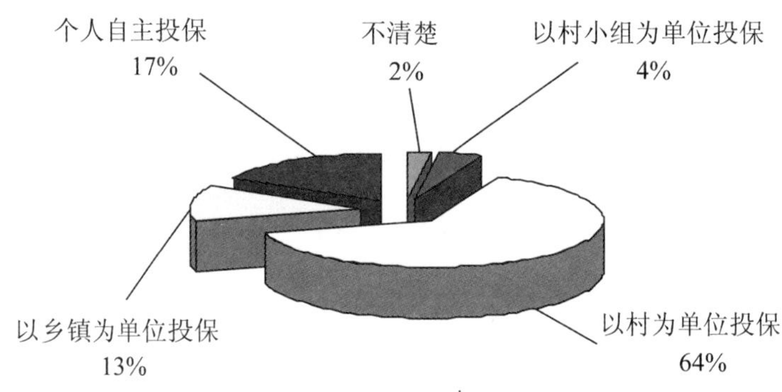

图 11　林农对投保方式的意愿调查情况

2. 创新查勘定损方式

基层保险公司应在林业部门的配合下，严格按照省分公司制定的森林保险灾害损失现场查勘定损规程，做好对被保险人的查勘定损工作。建议森林资产评估机构估损，采取有偿服务的方式介入到查勘定损工作当中。比如福建省南平市就解决了林业部门与保险公司之间的查勘定损经费问题，极大地促进了理赔工作的开展。

3. 改进灾后赔付方式

为了有效防范道德风险，保障森林覆盖率的不下降，建议在保单条款上应明确规定：灾后赔付金必须专项用于造林，由林业部门出台造林规划，并在林业部门的监督下，被保险人按照规划标准造林。对于商品林的灾后赔付金应通过一卡通账户或其他方式由保险公司一次性全额赔付给被保险人。而生态公益林的 50% 灾后赔偿金应先由森林灾害发生地县级林业主管部门代管，在当年或次年完成迹地更新造林，并经验收合格后，再将剩余赔偿金给付给林木所有权人。对于有权属争议的森林、林木，灾后赔偿金暂由当地林权争议调解部门设立财政专户代管，待林权归属明晰，再按公益林和商品林的赔付方式处理。

4. 满足差异化需求

对于造林大户、林业企业也可采用纯商业化的运作模式，在双方协商的基础上，运用林木市场价格法确定保额，并科学厘定费率，以满足不同投保主体的差异化需求。

（七）建立健全森林保险法律法规

我国除了1982年颁布的《森林保险条款》对森林保险有简单规定外，有关森林保险的具体法律和行政法规至今尚未出台，这使得我国森林保险的目标、保障范围、组织体系、基金管理和林木资产评估等缺乏法律规范，严重制约了我国森林保险的发展。目前我国森林保险立法条件已基本具备，建议在注意立法目标、组织制度和利益诱导机制这3方面问题的基础上，从我国林业和农村经济发展的实际出发，科学界定森林保险的业务范围、操作办法、机构建制、基金管理和保障水平等，并以法律的形式进行规范，以便在实际操作中有章可循。同时应根据森林保险的特殊性，对保险法暂未涉及的管理空白给予规范，比如规定保险公司须提取巨灾风险准备金等。

（八）深化集体林权改革，促进森林保险发展

开展政策性森林保险是巩固集体林权制度改革成果的配套措施之一，因此集体林权制度改革的进程和深化程度是森林保险制度完善的关键。结合三省调研情况，提出4方面深化集体林权制度改革的建议，以加快我国森林保险事业的发展。

1. 进一步明晰产权

森林保险作为财产保险的一个种类，明晰林地使用权和林木所有权是顺利开展森林保险的基础。因此林业部门应严格执行林改技术规程，划清各家各户的地块边界，发放内容齐全、数据准确的林权证，把林地使用权和林木所有权落实到农户。同时按照档案管理办法和规定，林业部门应认真做好历史记录、痕迹档案工作，不能让档案脱节，使多年后仍有据可查，以便灾后理赔工作的顺利开展。

2. 规范流转和建立健全林权交易平台

在有法可依的前提下，政府应通过设立交易平台，如林业要素市场、林权交易中心等，使得林农对林地经营权和林木所有权能够进行转包、出租、转让、入股、抵押或作为出资、合作的条件，并享有相关收益。同时，政府应降低社会资金进入林业的门槛，大力发展非公有制林业，鼓励多种形式的经营主体，以实现林地规模化和集约化的经营目标。只有在规范流转和建立健全林权交易平台的基础上，实现林业经营的规模化和产业化，使林业成为林地经营者的重要收入来源，这才能从根本上调动林地经营者对森林保险的投保积极性。

3. 加大对林权改革配套设施的投入

政府应充分发挥财政资金的使用效益，打破部门限制，把国土、水利、扶贫办和农业综合开发办等部门目标相同、用途相近的资金有效整合起来，大幅增加对林业基础设施建设、林业科技推广和林业信息化等方面的投入，以加快集体林权改革的进程。尤其是加快林业信息化建设的步伐，这对于防灾救灾、灾后理赔和灾害统计等工作的开展具有重大的推动作用。

4. 改善林业融资环境，巩固林权改革成果

政府应在林业知识、森林灾害特点以及集体林权制度改革重要意义等方面加大对银行部门的宣传工作，同时在融资担保、延长贷款期限和完善简化林权抵押贷款手续等方面大胆创新，加大信贷对林改的支持力度，以解决林权抵押贷款难的问题。同时林业部门还应办好林权的抵押和解押手续，使得林权抵押和林地再流转等工作能够顺利进行。只有在改善林业融资环境的基础上，再实行“贷款+保险”的信贷方式才是加快森林保险发展的重要手段。

总之，在中央财政补贴下的森林保险其推广速度不宜太快，应选择集体林权主体改革基本完成的地区，在继续深化集体林权制度改革的基础上，采用逐步摸索并积累经验的做法，循序渐进地开展森林保险工作，这对于我国森林保险的可持续发展具有重大的现实意义。

调研单位：华南农业大学
执　　笔：高　岚　张长达　李　怡
成　　员：高　岚　景彦勤　邹　帆　李　怡　张长达

自然保护区集体林问题调研报告

——以浙江、湖南、广西三省(自治区)为例

【摘 要】集体林区在生物多样性保护方面发挥了重要作用。但是，由于集体林在划入自然保护区后，集体经济组织和农民的生产生活受到了较大影响，也增加了自然保护区的管理难度。随着集体林权制度改革的全面推进，迫切需要建立和完善相关的管理措施。如何按照中央10号文件提出的既维护自然保护区的稳定，又要维护集体经济组织和农民的合法权益，成为一项重要课题。浙江、湖南、广西三省(自治区)为此做了初步探索，采取租赁、赎买、生态移民等措施，不同程度解决了区内居民生存和发展面临的难题，缓解了保护区与周边居民之间的矛盾，维护了社会稳定。调研组在深入自然保护区调研的基础上，比较各种做法利弊，就解决此问题提出了政策建议。

为了认真贯彻落实《中共中央 国务院关于全面推进集体林权制度改革的意见》，研究解决自然保护区集体林问题，维护自然保护区经营管理区的稳定和集体林权权利人的合法权益，国家林业局保护司、经研中心、林改司组成联合调研组，分赴浙江、湖南、广西三省(自治区)，对百山祖、凤阳山、古田山、天目山、都庞岭、阳明山、东安舜皇山、花坪、九万山、雅长、木论11个自然保护区的有关情况进行了专题调研。通过实地考察，召开座谈会，了解了浙江、湖南、广西三省(自治区)所做的先行探索，他们的一些做法和经验可以为下一步解决全国自然保护区集体林问题提供借鉴。

一、三省(自治区)自然保护区集体林基本情况

(一)浙江省

浙江省已建森林和野生动植物类型自然保护区21处，其中，国家级8处，省级4处，县级9处，面积达10万公顷。这些自然保护区总面积虽然仅占浙江省土地面积的1%左右，但它却是浙江省保存最完好的自然生态系统和自然资源。据统计，浙江省列入国家重点保护濒危植物有10种，保护区内分布有9种；列入《中国植物红皮书》第一册的国家级稀有植物有20种，保护区内分布有19种；自然保护区保护的重点野生动物分别占省内分布的国家重点保护野生动物总种数的56%、省重点保护动物总种数的79%，为生态安全和生物多样性保护做出了重要贡献。

浙江省属全国重点集体林区，在8处国家级保护区7.81万公顷的经营范围中，集体

林面积就有5.54万公顷，占总面积的71%。共涉及53个行政村、172个自然村、19618人，其中核心区集体林9580公顷，占核心区总面积的49%，涉及2个行政村、28个自然村、1599人；缓冲区集体林面积8747公顷，占缓冲区总面积的73%，涉及11个行政村、22个自然村、3785人；实验区集体林面积3.71万公顷，占实验区总面积的79%，涉及40个行政村、122个自然村、14234人。

（二）湖南省

湖南省属我国南方重点集体林区，全省林地面积中约有95%为集体林，总面积达1200余万公顷，占全省土地面积的57%左右。湖南省共有自然保护区116处，总面积133.4万公顷，占全省土地面积的6.3%。其中，涉及林地、林权的森林生态系统和野生动物类型的自然保护区有107处，总面积87.7万公顷，包括：国家级15处，面积32.2万公顷；省级22处，面积19.1万公顷；市县级70处，面积36.4万公顷。

在这107处自然保护区中，完全为国有林的仅4处，其余103处均不同程度地含有集体林，集体林总面积达62.4万公顷，占保护区土地总面积的71%。国家级保护区有集体林21.3万公顷，占国家级保护区总面积的66%，其中石门壶瓶山、永顺小溪、绥宁黄桑、沅陵借母溪、安化六步溪、会同鹰嘴界、桃源乌云界7个国家级自然保护区内的森林全部属于集体林；省级自然保护区中有集体林14.2万公顷，占省级保护区总面积的74%；市县级自然保护区中有集体林26.9万公顷，占市县级保护区总面积的74%。

湖南省国家级自然保护区内的集体林中，有7.2万公顷分布在核心区内，有农户2800余户，9800余人。在调研组实地调研和座谈的3个保护区中，东安舜皇山省级自然保护区目前国有林占99%，集体林仅占1%，也多为阔叶林；都庞岭国家级自然保护区总面积20066公顷，其中，集体林724公顷，占3.6%，核心区、缓冲区、实验区中集体林面积分别为164公顷、296公顷、264公顷；阳明山国家级自然保护区总面积12795公顷，其中，集体林8451.1公顷，占66.1%，核心区、缓冲区、实验区中集体林面积分别为1750公顷、3767公顷、2934.1公顷，涉及4个村、3212人，在核心区有19户、87人，在缓冲区有42户、179人。

（三）广西壮族自治区

广西目前已建立林业自然保护区63处，总面积139.2万公顷，其中，集体林地94.4万公顷，占67.8%。在已完成总体规划的自然保护区内有集体林地27.1万公顷，其中核心区8.1万公顷，缓冲区7.5万公顷，实验区11.5万公顷；未编制总体规划的自然保护区内共有集体林地67.3万公顷。集体林地94.4万公顷中，其中，人工林145440公顷，竹林15981.4公顷。

广西63处林业自然保护区中有57处有人居住，共涉及145个乡（镇）、1626个村、4804个自然屯、13.1万户农户、56.6万人口。在调研组实地调研和座谈的4个保护区中，花坪保护区实验区内居住有2个村、8个村民小组、144户、631人。九万山保护区涉及16个村、99个村民小组、1728户、7960人。其中核心区16户、80人，实验区117户、689人，区外1595户、7191人。雅长兰科自然保护区涉及2664人，其中核心区117人，缓冲区275人，实验区2272人。木论自然保护区涉及人口仅在实验区有2个自然屯、68户、286人，涉及保护区周边社区28自然屯、736户、3237人。

二、三省(自治区)自然保护区集体林存在的问题

浙江、湖南、广西三省(自治区)林业自然保护区已初步形成生态功能较为完备、生态效益和社会效益显著的自然保护主体。但由于当地政府在建立或扩建、晋升保护区时，将大量的集体所有或个人承包的林地，包括责任山和自留山，以行政划拨方式划入保护区并长期无偿占有和使用，林权所有者的权益得不到保障，保护与利用的矛盾始终存在。随着经济社会的发展，农村集体经济组织与自然保护区之间的矛盾日益突出。一方面，按现行法律法规要求，自然保护区要统一管理，禁止在保护区内进行砍伐等生产经营活动；另一方面，区内居民要生存要致富，强烈要求经营利用属于自己的林木资源，保护和利用之间的矛盾日益加剧。

(一)主要表现

1. 集体林划入保护区后村民收入大大减少

保护区内的集体林原是当地老百姓的主要生活来源。而当时把集体林划入保护区时，既没有赎买，又没有给予合理补偿，村民利益损失较大。如浙江省小盘村农民孔某，长年在家务农，家在大盘山自然保护区缓冲区地段，有林地2公顷多，划入保护区前种植白术，一年产出550千克白术干，加上出售白术种苗的收入，年总收入7000多元，扣除生产成本，纯收入近6000元。2006年，政府按每公顷150元标准给予补助，每年补助款只有300多元。而现在市场上白术价格已经翻了一番，相比之下，收入差距更大。孔某一家的其他收入主要在农闲期间去村附近的基建工地打工，一年收入在2000~3000元左右，年总收入不及划入保护区前的一半。

2. 村级集体经济来源减少，集体经济薄弱

浙江省凤阳山保护区涉及3个乡镇27个行政村，划入保护区集体林面积占保护区总面积的72%。全村都在保护区内的有6个行政村，村总面积50%以上划入保护区的有13个行政村。村集体林划入保护区以前，长期以木材经济为主要收入来源。根据13个行政村(划入面积占50%以上的)的统计，林业收入占总收入比重为47.6%，通过林木采伐，村集体经济都比较好。全面禁止采伐后，这些村的集体经济收入受到很大的影响，村集体经济积累急剧下降，有些村甚至分文皆无，致使基础设施等村级公益事业不能办，村干部误工补贴发不出。现在集体林如按商品林正常经营，由于林地生产力和森林资源状况差异较大，凤阳山各村提出的亩均年收入多为100~300元，也有认为达到每亩500元

和1000元以上。由于划入保护区的林木不得进行任何形式的采伐，最终的结果必然导致保护区与社区、林农的矛盾和冲突日益尖锐，既影响社会的稳定，也影响保护区事业的健康发展。

3. 自然保护区的管理难度增大

我国自然保护区的建设，特别是南方的自然保护区，大多由国有林场发展而来，建立自然保护区时为了维持保护对象的完整性，将大量集体林划入保护区内，集体林木所有权、林地使用权和经营权无法给集体林权权利人带来实际利益，造成了保护区的依法管理权同社区居民的林木所有权、林地使用和经营权的对立，社区居民的利益得不到适度补偿，经济收入减少，生活遇到困难。在这种情况下，部分居民随意进出保护区的核心区或缓冲区的情况难以制止，给保护区的森林防火、动植物保护工作带来压力，日常管护工作与社区居民利益之间冲突加剧，这已成为保护区在管理方面的最大难题。

（二）产生问题的原因

1. 历史原因导致集体林划入自然保护区

1980年之后，为了保护自然资源和生物多样性，国家采取了抢救式的保护措施，在全国范围内迅速划建起一批自然保护区，到2009年自然保护区已经发展到2541处。为了维持保护对象的完整性，在自然保护区建立之初难以避开集体林地，特别是南方属于传统的集体林区，大多数林地都属于农村集体所有，自然保护区部分甚至全部建立在集体林地之上。林地被划入保护区范围后，出于保护生物多样性的需要，按照《中华人民共和国森林法》、《自然保护区条例》的规定，群众不能申领林木采伐许可证，不能采伐林木，失去了原有的林业收入来源，政府补偿又不到位，区内群众强烈不满，矛盾越来越尖锐。

2. 自然保护区严格管理导致矛盾更加突出

自然保护区依法对土地进行特殊管理和保护，严格限制土地的使用，影响了集体作为土地所有权人、农户作为土地使用权人的使用权、处置权和收益权，不能像原来那样从土地中获得经济利益，必然会导致周边社区居民对自然保护区保护与管理的抵制，甚至冲突。有些地方，自然保护区管理机构根本无法对自然保护区进行有效管理，当地政府也以各种名义对自然保护区进行开发，自然保护区根本无法管理，使得自然保护区的管理目标无法实现。地方政府要发展，社区居民要生存，自然保护区严格管理必然导致自然保护区管理机构与当地政府、社区居民的矛盾和冲突。

3. 居民对自然保护区资源过度依赖

由于我国多数自然保护区处于我国较为贫困的地区，地处偏僻，交通不便，经济发展比较缓慢，许多当地居民主要依靠当地资源生活，群众的生活非常困难。加之，由于受教育程度等各种因素的影响，居民缺乏应有的技能，外出就业难度大，仅靠微薄的种养收入或森林生态效益补偿费维持，大多处在相对贫困状态。据了解，浙江保护区区内居民的收入，大都只有当地农村居民平均收入的60%左右，如九龙山保护区内的农民收入要低于保护区外1000元左右。如广西花坪自然保护区，在实验区内居住有宇海、花坪两个村民委，8个村民小组，144户共有人口631人，人均年收入只有1100元。

4. 社区居民发展受到法律法规的限制

现行法律中关于自然保护区禁止性的规定，如《中华人民共和国自然保护区条例》第二十六条规定，禁止在自然保护区内进行砍伐、放牧、狩猎、捕捞、采药、开垦、开矿、采石、捞沙等活动；第二十七条规定，禁止任何人进入自然保护区的核心区；第二十八条规定，禁止在自然保护区的缓冲区开展旅游和生产经营活动。《中华人民共和国森林法》第三十条第三款规定，自然保护区的森林，严禁采伐。严格的保护区管理法律法规，限制了社区居民权利的行使，限制了周边或区内居民的生产生活。国家出于公共利益的需要，长期无偿占有和使用集体经济组织的财产，这是引发自然保护区与社区发展之间利益冲突的根本原因。

三、三省(自治区)解决保护区集体林问题的主要做法

针对上述问题与矛盾，三省(自治区)保护区主管部门高度重视，结合实际摸索和研究一些有利于减少保护区和老百姓矛盾的经验和做法。

(一)租　赁

为了探索自然保护区内集体林管理模式，以便对保护区更好地实施保护，浙江省省财政厅、省林业厅统一部署，2007年9月在古田山国家级自然保护区开展了核心区集体林租赁试点工作，对保护区核心区内集体林，普遍采取“分利不分林，均股均利”的模式，将70%以上的补偿资金和租赁费直接分配到户。

1. 古田山保护区集体林概况

古田山保护区原有面积1367.67公顷，均为国有林。2000年扩区时，划入了毗邻的苏庄镇横中村等9个行政村以及开化县国有林场苏庄分场的部分山林，扩区后自然保护区总面积达到8107公顷。按林权统计，集体林6336.8公顷，占保护区总面积的78.16%。其中核心区面积2156公顷，集体林就有1073.7公顷，占49.79%。1982年第一轮山林承包时，苏庄镇各村划定了少量的自留山、责任山(用材林)，并将毛竹林以及油茶、茶叶等经济林分给农户经营。1989~1990年完善林业生产责任制时，苏庄镇将原划分的责任山(用材林)全部收回，由村、组集体统管经营；对自留山有的村收回统管，有的继续由农户经营；毛竹林以及油茶、茶叶等经济林继续由农户经营。2004年开展第二轮山林延包时，做了进一步的规范。目前，保护区内的集体林以村委会、村民小组集体统管山为主，占保护区集体林的77%；农户责任山1280公顷，占保护区集体林的20.2%；农户自留山180.2公顷，占保护区集体林的2.84%。对核心区的集体林以均股均利方式将产权落实到农户。

2. 租赁试点基本情况

租赁范围　古田山自然保护区核心区集体林部分，共 1073. 67 公顷。涉及苏庄镇横中、余村、唐头、平坑 4 个行政村。

租赁价格　根据浙江省批复的试点方案，租赁总价为 528 元/公顷。剔除公共管护支出 22. 5 元/公顷、护林人员劳务费 60 元/公顷、租赁后相应增加的管护费用支出 30 元/公顷，2007 年签订的租赁合同约定租赁金每年为 415. 5 元/公顷。2009 年护林人员劳务费降低为 37. 5 元/公顷，因此，实际支付租金 438 元/公顷。

租赁期限　租赁期为 48 年，至 2054 年 12 月 31 日，与山林二轮延包期同步。

具体做法　一是坚持尊重村民意愿，确保村民的知情权、参与权和决策权。在制定资金使用管理办法、租赁合同条款约定及租赁决议等方面，都召开村民代表会议和户主会，并根据绝大多数群众(2/3 以上)的意见办理，同时注意保护少数人的合法权益，做到程序、方法、内容“三公开”。二是坚持依法办事，确保租赁试点规范有序。租赁试点工作严格按照《村民委员会组织法》和《浙江省森林、林木和林地流转管理办法(试行)》的规定操作。为了便于工作开展及档案管理，提倡农户自留山、责任山及村民小组统管山委托村委会统一租赁。在试点开展过程中，少数组、户因为不同意资金分配草案而不委托授权，试点陷入僵局。通过不断地调整资金分配方案，最终达成一致。随后，租赁涉及的农户全部签订了委托租赁书；村民小组召开户主会，分别通过了同意将小组统管山委托村委会租赁的决议书，并由组长签订委托书；村民代表会议通过了同意村集体统管山租赁的决议；最后村委会与古田山自然保护区管理局统一签订了租赁合同。有关租赁的委托书、决议、合同、林权证等资料都整理归档，村、保护区、镇、县分别留存。三是坚持统筹兼顾各方利益，确保农民得实惠、生态受保护。在利益分配上，充分考虑村、组、户的实际情况，处理好林农与集体的利益关系，做到既确保林农利益，让群众得到实惠，充分调动村民参与保护、支持保护的积极性；又兼顾集体利益，保证村集体公益事业建设、护林费用以及村务支出等经费，确保村级组织正常运转。租赁涉及的 4 个村均制订了资金使用管理办法，其中《余村关于生态公益林及古田山保护区核心区集体林租赁金使用管理办法》规定：“农户自留山补助金全额到户，集体统管山 60% 资金用于全村林农平均分配，集体统管山 40% 资金由村委提留，用于办公、防火及公益事业及老年人补助等支出。”

(二)提高森林生态效益补偿标准

因为自然保护区的生态公益林比区外其他生态公益林的地位更重要，管理更严格，区外生态公益林可以适当间伐，而自然保护区是不能采伐的。为了缓解自然保护区保护与发展的矛盾，维护林农的合法权益，浙江省采取了逐步提高省级以上自然保护区集体林生态效益补偿标准的方法。如浙江省凤阳山保护区结合实际对扶持政策进行了完善，主要是对集体林的补助进行了调整。2003 年对被划入保护区核心区、缓冲区的集体林补助资金，提高到375元/公顷，划入实验区的集体林补助标准确定为75元/公顷；2004年，在核心区、缓冲区补偿标准不变的基础上又将实验区部分提高到150元/公顷，2005年提高225元/公顷，2007年提高到300元/公顷，2008年提高到345元/公顷，2009年提高到375元/公顷，实现了三区同价。为此，浙江省龙泉市政府每年安排专项经费300多万元补助给凤阳山保护区的毗邻村。湖南、广西也尽量将保护区范围内的集体林，全部纳入国家或地方生态公益林补偿范围，并将补偿款发放到村组或农户手中。

(三)赎　买

政府赎买自然保护区中的集体林是彻底解决保护与利用这一矛盾的根本办法。据了解，浙江会稽山保护区采取了县政府赎买集体林将其转为国有的方式，以每公顷20.25万~45万元的价格赎买山林1069.3公顷。该县政府之所以能够进行赎买，一是因为会稽山保护区处于经济发达地区，县政府有足够的财力支持；二是自然保护区区内村民有其他收入来源，对山林依赖性不强，容易接受赎买的方式。

(四)下山脱贫，生态移民

为逐步减少对森林资源的依赖程度，采取保护区内村民下山脱贫的方式，既有效解决了保护区内集体林管护问题，又使区内村民脱贫致富。浙江龙泉市委、市政府在组织人员进行毗邻地区下山脱贫可行性调查的基础上，2003年在城区南大洋建设农民公寓，现凤阳山保护区毗邻村285户农民、1180人入住该公寓。并减免部分子女进城就学插班费，对农民发展养殖业、种植业进行扶持。经过几年的补助和扶持，27个毗邻村的基础设施已有了较大改善，对毗邻村的社会稳定及经济发展都起到很大的作用。浙江省泰顺县、遂昌县政府也开展了保护区村庄下山脱贫工作，进行了生态移民，如对乌岩岭保护区内的黄桥乡实施了整乡搬迁工程，推动社区群众异地脱贫，至今已移民安置265户1085人。浙江省九龙山保护区近年来已搬迁了1100多人，每户补偿6万~10万元不等，并落实了搬迁户的住房和土地等生产生活资料。

(五)积极调整产业结构

湖南、广西积极引导和帮助自然保护区内的群众走生态经济型发展道路，探索发展生态农业、生态林业、生态旅游的路子，在法律法规允许的范围内统筹规划，规范管理，有序经营，提高自然保护区内群众的经济收入，减少对集体林的依赖。如广西雅长国家级自治保护区为了让社区农民尽快致富，从繁育中心拿出30000多丛药用铁皮石斛、钩状石斛苗，扶持社区群众进行野生仿生种植示范，另扶持雅长林场花坪点退休职工搞庭院盆栽种植，帮助保护区群众改善生产、生活条件，拓宽社区群众创收渠道。同时，积极实施能源替代等工程。加大沼气、节柴灶等的资金、技术投入力度，解决群众的能源需求，减少对森林的索取。如广西雅长国家级自然保护区先后为两个行政村10个自然屯400多户解决人畜饮水问题和帮助自然保护区内400多户建沼气池，使居住在自然保护区内的群众实现能源替代，减少了砍柴对保护区的威胁。

（六）确权到村组并坚持严格管理

积极探索保护区内集体林权制度改革方式方法，既要保护好生态环境，又要兼顾社区群众的生产生活和经济利益。目前湖南、广西两省（自治区）对保护区内集体林在林改中均未过多涉及，尽量保持现状。但试点将林权证发给村组，而不发给个人，并且仍禁止采伐。同时，加强保护区森林公安机构等执法队伍建设，依法保护自然保护区资源，加大社区保护教育和公众宣传力度，提高社区群众自然保护意识。

（七）加强社区共管，推进参与式管理

通过构建社会化保护网，实现社区群众从被动保护到主动参与保护，由单一的专业队伍管护向社区共管转变，使社区群众得到一定的经济收入。如浙江省临安市人民政府与天目山保护区管理局、西天目乡政府和有关的鲍家村等9个村共11个单位签订《天目山国家级自然保护区西关实验区联合保护协议》，成立了天目山保护区共管委员会，在社区发展中由保护区拟定，或从社区村庄建设发展规划（限于保护区参与制定的村庄发展规划）中筛选，有重点地选择学校、敬老院、用水、交通等社会福利和基础设施建设项目，保护区每年出资10万~20万元予以资助，收到了良好的效果。在保护区生态旅游方面，尽力给周边村民提供就业和从事三产的机会。由于天目山保护区生态旅游的示范作用，村民从以前的卖木材、卖木炭到卖山货，成了自主经营者，还开起了农家乐，保护区内有农家乐38户，拥有房间520余间，发展形势良好。

四、几种解决方式的分析与思考

三省（自治区）根据各地实际，探索了核心区集体林租赁、提高生态补偿标准、赎买、生态移民等方式来解决保护区内集体林的问题。

租赁——浙江古田山自然保护区核心区集体林租赁试点，形成了“核心区集体林由保护区管理机构租赁经营，自留山补偿费全额到户，村（组）集体统管山补偿费均利到人”的自然保护区集体林权改革模式，明晰产权，确定了经营主体，完善了利益分配机制，增加了集体和林农收入，生态保护意识增强，自然资源得到有效保护，取得了较好的成效。从浙江调研情况来看，租赁这种方式得到了群众的拥护，这是因为租赁标准高于生态公益林补助标准，集体林林权权利人得到了更多的补偿，一定程度地缓解了多年积累的矛盾。但也存在一些不足，一是核心区集体林实施租赁后，缓冲区、实验区的集体林居民也要求租赁。二是核心区集体林租赁金标准与公益林补助标准差距逐渐缩小，群众要求提高租金。三是对核心区居民的管理存在一定的难度。

提高生态效益补偿标准——一方面，集体林林权权利人每年可以获得一定的经济补偿，农民和村集体收入有所增加；另一方面，保护区可以得到暂时或近几年的稳定，保护与利用之间的矛盾会得到一定程度的缓解。即使是补偿标准没有提高，只要将保护区范围内的集体林全部确权到村组或农户，并将森林生态效益补偿资金兑现到村组或农户手中，也能得到集体与农户的理解和支持。但是，如按商品林正常经营，农民的损失与目前获得的补偿差距较大，目前获得的最高补偿也仅相当于农民实际损失的1/3，因而，农民对生态补偿标准会不断提出新的要求。

赎买——可以从根本上解决保护区集体林问题。对自然保护区来说，政府赎买之后，与老百姓的利益关系“一次性了断”，有利于保护管理；对于老百姓来说，盘活了山林资产，得到了一大笔资金，可以摆脱“靠山吃山”困境。但赎买需要大量的资金，如浙江省保护区内的74 万亩集体林需要资金60 多亿元，平均每亩8000 多元。另一方面，通过调研了解到，有些群众担心，一旦失去赖以生存的林地，又没有一技之长，生存将会很难，心存顾虑。

生态移民——既能有效解决保护区内集体林管护问题，又能使区内农民脱贫致富。因各地的相关政策有所不同，涉及搬迁补偿因经济状况不同而有差异。经测算，浙江省现有国家级保护区内的移民费用国家需要投入约12 亿元。生态移民除资金补偿外，还需要相关配套政策，如异地生活用房地基、建房补助、生产资料安排。移民后山林仍为农民所有，每年还要给予生态补偿，如没有安排生产资料的，还要考虑安排就业和养老等一系列问题。

促进社区发展——引导和帮助自然保护区内的群众走生态经济型发展道路，既可以提高自然保护区内群众种植养殖水平，增加其经济收入，也可以减少对集体林传统利用方式的依赖，加大沼气、节柴灶等的资金投入，也可以缓解能源需求对森林的压力。这种措施与租赁、加大生态补偿力度结合起来运用效果更好。

我们认为，在国家尚未出台成熟的规范办法的情况下，浙江等地做好租赁试点的同时，也积极探索各种符合实际的办法，完全符合中央在《关于全面推进集体林权制度改革的意见》中提出的，要明晰权属关系，维护经营管理区的稳定和林权权利人的合法权益的要求，是积极的、值得肯定的。但要从根本上解决问题，还需要政府加大政策指导和资金支持。

五、几点建议

自然保护区集体林地林权问题一直是保护区管理的一个焦点，处理得好与坏直接关系到保护区管理机构与周边当地政府和社区群众的和谐与融合，也直接关系到保护区今后的生存和发展。从调研情况来看，三省(自治区)采取的方式在解决保护区集体林问题方面，都取得了一定的成效，不同程度地缓解了保护区与周边居民之间的矛盾，既有利于保护区的保护和管理，又有利于社区的稳定。我们认为，解决保护区集体林问题，应根据各地实际情况，采取适当多种方式进行。具体建议如下：

（一）维护自然保护区经营管理区的稳定

《中共中央 国务院关于全面推进集体林权制度改革的意见》（中发〔2008〕10 号）明确要求，自然保护区等单位经营管理的集体林地、林木，要明晰权属关系，依法维护经营管理区的稳定和林权权利人的合法权益。自然保护区的建设和发展，对保护典型生态系统和生物多样性、拯救珍稀濒危野生动植物，维护生态安全，促进经济社会可持续发展发挥了重要作用。鉴于自然保护区重要地位，建议各级政府和有关部门在解决自然保护区集体林问题过程中，在维护自然保护区经营管理区稳定的前提条件下，采取有效措施和方法，解决自然保护区集体林问题，同时，确保自然保护区集体林权权利人合法权益，维护社区稳定。

（二）提高保护区内集体生态公益林补偿标准

因为自然保护区的集体林比其他公益林地位更重要，管理更严格，经营利用会受到更多限制，不能进行采伐和经营性更新或大规模人工造林，集体林林权权利人为保护生态环境付出了经济代价，目前保护区内生态公益林补偿标准与区外生态公益林补偿标准相对不够合理。因此，建议根据自然保护区的特殊性，适当提高自然保护区内集体生态公益林的补偿标准。同时考虑到保护区实验区依法可以进行适度经营，而核心区和缓冲区严禁进行任何形式的经营活动，核心区、缓冲区和实验区的生态公益林补偿标准要有所区别。

（三）鼓励地方政府开展林地租赁工作

从调研情况来看，浙江省 2007 年在古田山国家级自然保护区开展了核心区集体林租赁试点工作，对保护区核心区内集体林，采取“分利不分林，均股均利”的模式，将 70% 以上的补偿资金和租赁费直接分配到户，得到了群众的拥护，取得了良好的成效。租赁标准高于生态公益林补助标准，集体林林权权利人得到了更多的补偿，在一定程度上缓解了多年积累的矛盾。但仍存在补偿不到位的问题。随着社会经济的发展，近几年木材等农副产品价格大幅上涨，浙江省森林生态效益补偿金标准也在逐年提高，2006 年测算的山林经济效益标准及保护区核心区集体林租赁标准已不适用，不及时调整，将影响租赁关系的稳定。建议地方政府开展自然保护区集体林租赁工作，并根据国民经济发展和物价上涨幅度，或者国家和省森林生态效益补偿标准的提高幅度，对保护区集体林租赁标准同步进行调整。

（四）科学合理地划定自然保护区区划

我国一些自然保护区在范围、功能区划的界定上缺乏科学的发展规划，由于历史局限，有些地方申报国家级保护区时存在一定的盲目性，保护区面积、范围或功能区划分不尽科学合理。因此，建议要科学合理地划定自然保护区范围和功能区划，对保护区范围和功能区进行科学评估，对那些集体林比重高，生产生活活动频繁，矛盾尖锐，难以进行有效管理的保护区，按照《国家级自然保护区范围调整和功能区调整及更改名称管理规定》，由林业等有关部门组织专项调研，确属不合理需要调整的，按程序和管理权限报批，进行适当调整，避免因自然保护区范围和功能区划不合理引发的矛盾。

（五）完善现有法律法规，适当放宽限制

现行《中华人民共和国自然保护区条例》明确规定，禁止在保护区内进行砍伐等活动。但经过多年实践，我们发现，一方面，保护区要为保护对象提供良好的生存环境，需要对自然保护区、甚至核心区中林木进行改造，否则会降低自然保护区的保护成效，有的甚至还会产生不良后果；另一方面，我国保护区大多建立在有居民生产、生活的地方，如果保护区全部按严格的自然保护区管理，必然影响当地居民生存和发展。因此，建议完善现有法律法规，明确森林和野生动植物类型自然保护区可以根据保护对象对其生态环境要求不同的特点，优化改造保护对象的生境。同时，在对保护对象及其生境不产生大的影响的情况下，允许适当经营利用和采伐实验区的人工林、毛竹林。这样，一方面将有利于自然保护区森林生态系统的恢复和改善；另一方面将为保护区集体林所有者增加部分收入，一定程度上缓和保护与利用的冲突。此项工作可在全国的林业示范保护区中率先开展，在示范保护区实施方案中予以体现，待取得经验后再示范推广。

（六）实施生态移民

实施生态移民已成为一些地方消除区域性贫困和改善生态环境而采取的重要行动。近几年，国家和地方政府相继出台了易地扶贫或生态移民的相关政策。从长远考虑，生活居住在保护区内的居民特别是生活居住在核心区或缓冲区的居民，应当迁出保护区。建议实施生态移民，设立生态移民专项资金，明确迁出保护区的村民享受库区移民政策及待遇，同时，地方政府配套出台相应政策，妥善解决移民涉及的户籍、社会保障、就医、技术培训、子女上学、就业等方面的困难，确保移民“迁得出，稳得住，富起来”。保护区的下山移民安置有其特殊性，考虑到保护区内的村民都是当地最贫困的群体这一特殊性，应适当提高安置费，并确保用地指标、就业渠道和生产资料的落实，彻底解除他们的后顾之忧。

总之，从现实情况看，要解决自然保护区内集体林的保护与发展的矛盾，需要国家政策、资金向保护区倾斜，可以根据各地实际情况，分别或同时采取提高森林生态效益补偿标准、国家租赁、土地置换、发展社区经济、赎买、生态移民、调整保护区范围和功能区、完善相关法律法规适当放宽利用限制等方式，逐步缓解直到消除自然保护区保护与发展的矛盾，确保自然保护区经营管理区的稳定和集体林权权利人的合法权益，促进我国自然保护区事业的健康稳定发展。

调研单位：国家林业局野生动植物保护与自然保护区管理司
国家林业局经济发展研究中心
国家林业局农村林业改革发展司
成　　员：张希武　陈建伟　严　旬　李　忠　夏郁芳
刘德望　安丽丹　宋云民　郑发辉

林权保护管理体系建设初探

【摘　要】当前，我国集体林权制度改革正处在全面深化、整体推进的关键阶段，各地在明晰产权、核发林权证等强化林权管理措施过程中发现，林改在起着正面推动作用的同时，林改也给原有的林业管理模式带来较大的冲击，尤其是广大农民群众对产权保护日益增长的需求与现行粗放、滞后的林权管理模式的冲突，已成为当前林业面临的主要问题之一，成为制约林业发展最薄弱环节之一。建立健全林权保护管理体系不仅是维护农民合法权益的必然要求，也是深化改革、巩固成果的客观需要，更是当前做好农村和林业工作的关键所在。本文从林权法律法规、机构队伍建设、服务平台建设以及中央财政支撑等四个方面提出了政策建议。

在集体林权制度改革全面推进过程中，各地通过明晰产权、核发林权证等强化林权管理措施，有效激发了广大农民和社会各界发展林业的积极性，对林业改革发展和社会主义新农村建设产生了巨大的推动作用。与此同时，林改也给各地原有的林业管理模式带来较大的冲击，尤其是广大农民群众对产权保护日益增长的需求与现行粗放、滞后的林权管理模式的冲突，已成为当前林业面临的主要问题之一，成为制约林业发展最薄弱环节之一。新形势下，建立健全林权保护管理体系直接关系到林改成果的巩固和集体林业的发展，亟需深入研究探索。根据局党组确定的“林权保护管理体系建设”重大调研项目要求，国家林业局农村林业改革发展司成立专题研究工作组，先后赴辽宁、江西、浙江、广东、山西等地实地调研，召开林权管理专题座谈，深入研究探讨。现将调研成果报告如下。

一、加快建立健全林权保护管理体系的必要性

林权是一个包括了所有权、用益物权和担保物权在内的一个涉林物权体系。《中华人民共和国物权法》意义上的林权，是指权利人依法对特定的森林、林木和林地拥有的所有权、用益物权和担保物权。即林权包括林地所有权、林木所有权、林地使用权（承包经营权）、林木使用权、森林、林木和林地抵押权、地役权以及依照法律法规规定的其他权利。林权是财产权利，具有直接支配性、排他性、受益性、优先性等一般物权的特征。当前，我国集体林权制度改革正处在全面深化、整体推进的关键阶段，切实加强集体林权保护管理体系建设，既是维护农民合法权益的必然要求，也是深化改革、巩固成果的

客观需要，已成为新时期做好农村和林业工作的关键所在。

（一）建立健全林权保护管理体系是现代林业产权制度建设的重要内容

林权保护管理工作量大，专业性、原始性、动态性、时效性、政策性强，如不能完整、连贯、系统地运转，势必对今后林权的合法性、权威性、可靠性产生严重影响。通过林权保护管理体系建设，真正把林权登记发证、建档立档、流转管理等工作做实做细，形成日常、动态、科学、系统的林权保护管理体系，是建立"产权归属清晰、经营主体落实、责权划分明确、利益保障严格、流转顺畅规范、监管服务到位"的现代林业产权制度的重要内容，也是完善农村社会主义市场经济体制和体制创新的迫切需要。

（二）建立健全集体林权保护管理体系是切实保障农民合法权益、推进林业管理创新的重要手段

林改前，由于不重视集体林权保护管理体系建设，经常引发山林权属或流转纠纷，严重损害农民合法权益的事件屡有发生。林改后，林地承包经营权的物权性质必然要求与之相应的林权保护管理体系，林业管理服务的对象由集体经济组织变为千家万户的农民群众。农民关心的登记发证、林权流转、抵押、保险、公益林补偿等大量事务，以及由此派生的政策咨询、法律服务、专业合作社或项目建设等都与林权管理相关，传统单一、静态管理模式已明显滞后于现实需求，必须进行林业管理创新改革，切实保障农民合法权益。

（三）建立健全林权保护管理体系是林业发展和林区和谐的重要基础

林权是林业发展和林区稳定的基石和根本。过去，由于缺乏有效的集体林权保护管理体系，集体林业发展与农村社区稳定均受到严重影响。为避免重蹈历史覆辙，需要为广大林权权利人提供长期、稳定、安全、可靠的产权保护，不仅能有效盘活山上资源，而且有利于防止林权过快过频流转和非法集资炒山、炒林投机现象的发生，进而形成集体林业的良性发展机制，实现资源增长、农民增收、生态良好、林区和谐的目标。因此，林权保护管理体系建设不仅是经济领域的课题，在某种程序上它已经成为了政治领域的课题。

二、我国集体林权保护管理现状及问题

新中国成立以来，我国集体林权制度经历了4次较大的调整变革，每次调整初期都组织开展了大规模林权登记发证工作，调解处理了大量山林权属争议，对推进农村和林业发展发挥了重要作用。但受当时的社会经济环境与客观条件制约，至今尚未形成一套完整体系以保证集体林权管理的连续性和稳定性。随着时间的推移，原本明晰的林权变得模糊，尤其是20世纪80年代初期的林业"三定"后，随着农民山林产权需求增强，经常引发山林权属纠纷，集体林权保护管理体系深层次问题日益显现，严重影响了集体林

业发展和农村社区稳定，进而成为引发新一轮集体林权制度改革的重要因素之一。

2003年开始，一些省份相继开展了集体林权制度改革，在资源增长、农民增收、基层民主建设和农村社区稳定方面取得了显著成效，引起了党中央、国务院的高度重视。2008年，中共中央国务院作出了全面推进集体林权制度改革的重大决策，2009年又召开了新中国成立60年来的第一次中央林业工作会议，有力地推动了集体林权制度改革的全面深入开展。截至目前，福建、江西、辽宁等18个省基本完成了明晰产权、承包到户的改革任务，其他省(自治区、直辖市)正在全面推进。全国已完成林改确权面积22.36亿亩，占总面积的81.69%；已发放林权证6419万本，发证面积为18.02亿亩，占总面积的65.84%。有6113万农户拿到了林权证。累计调处林权纠纷67.6万起，调处率为85%，调处争议面积3944万亩，调处率为81%，解决了大量历史遗留问题，消除了不稳定因素。有26个省(自治区、直辖市)成立了851个林权管理服务机构和618个资产评估机构，提供了林权交易、产品价格动态、森林资源资产评估、林权抵押贷款、森林保险、科技政策法规咨询等社会化服务。全国已有26个省(自治区、直辖市)开展了林权抵押贷款工作，抵押贷款面积4208万亩，贷款金额322亿元。

虽然集体林权制度改革取得了巨大成效，各地在林改过程中，通过明晰产权、调解处理大量山林权属争议、核发林权证等措施，有效改善了林权管理状况，但与“归属清晰，权责明确，保护严格，流转顺畅”的现代林业产权制度相比仍然存在非常大的差距，存在很多不规范的地方。由于种种原因，集体林权保护管理体系建设在绝大多数省(自治区、直辖市)甚至在国家层面仍未得到足够的重视，已给未来集体林业及农村发展敲响了警钟。

(一)林业法律制度建设严重滞后

(1)现行林权管理法律制度与林权结构特点不符。《中华人民共和国森林法》及其《中华人民共和国实施条例》以及《林木林地权属争议处理办法》、《林木和林地权属登记管理办法》构成了现行林权管理的基本法律制度，主要特点为传统单一、静态管理模式。随着集体林权制度改革的深入推进，林权结构显现出林权主体多元化、经营主体分散化、林权交易市场化、产权变更经常化的特点，要求林权管理模式向多元、动态管理转变。传统单一的静态管理模式已经对进一步稳定权属、保障交易安全、维护交易秩序、促进林业发展造成严重影响。

(2)现行林权登记管理制度尚未按照《中华人民共和国物权法》的规定修订完善。2007年颁布的《中华人民共和国物权法》规定建立不动产登记簿和异议、预告、更正、抵押登记等多项全新的不动产登记管理制度，并强调了“不动产权属证书与不动产登记簿不一致的，除有证据证明不动产登记簿确有错误外，以不动产登记簿为准”以及“因登记错误给他人造成损害的，登记机构应当承担赔偿责任”等特殊要求。在《中华人民共和国物权法》出台后不久，国土资源部、建设部颁布修订了原有的土地、房屋登记办法。森林、林木和林地登记是我国不动产登记的重要内容，现行林权登记管理制度尚未按照《中华人民共和国物权法》的规定修订完善。

(3)现行林权流转制度及实践与《中华人民共和国农村土地承包法》冲突，亟须研究。《中华人民共和国森林法》第十五条列举了可以依法转让、作价入股及出资的森林、林木、林地使用权种类，没有规定转让条件，而《中华人民共和国农村土地承包法》第四十一条明确规定“出让方必须有稳定的非农职业或者有稳定的收入来源，受让方必须是从事农业生产经营的农户”，法律冲突导致实践中大多数流转难以认定为转让行为，在产权保护上处于两难境地。此外，《中华人民共和国农村土地承包法》关于其他方式承包只适用于荒山、荒沟、荒丘、荒滩等农村土地的规定，导致集体经济组织转让有林地的合法性受到质疑。

林改后，我国林权登记发证数量大量增加，涉及上亿农户几亿农民的切身利益，由此产生的林权流转、抵押、更正、异议、预告、权证补发、权证注销各种登记形式日趋增多，而林业法律制度建设严重滞后致使基层林业部门很多业务工作无据可依、无章可循，给工作带来了极大不便。

(二)缺乏符合林地林木属性的林权保护管理制度

现行农村土地产权保护管理法律法规主要针对耕地、农作物所制定，未考虑林地林木的特殊性，导致许多林权问题至今没有适合的法律依据。

(1)用管理耕地的理念管理林地。受林地、林木不同于耕地、农作物的自然、社会属性影响，两者的法律属性应有所不同。首先，《中华人民共和国担保法》第九十二条明确规定“本法所称不动产是指土地以及房屋、林木等地上定着物”。与农作物是动产抑或不动产争议不同，林木的法律属性明确为不动产，应予登记。其次，生长周期长的林木流转对物权保护的需求远大于农作物；农作物收获不需要审批，而林木采伐时需要凭林权证申请，经审批后才能采伐等。但在产权保护管理中，习惯套用管理耕地的理念管理林地，沿用耕地管理做法，对林地承包经营权转包、出租登记规定不具体，导致各地出现较大争议，一直未能有效解决。

(2)自留山政策适用至今难以统一。自留山是林业“三定”期间划给农民长期使用的山林，也有不少集体林区将集体山林作为自留山进行登记，并发放了自留山证。但在法律层面并没有做出自留山是否属于土地承包经营权以及自留山证法律性质的制度安排，使得目前各地在自留山权利设定、保护、救济方式、有无退出机制及面积确定等问题上存在不同的做法。随着我国户籍管理松动后，自留山动态化趋势越来越明显，其继承、户籍迁出、流转如何处理，既没有相应的法律法规又无政策规定，已经成为法律“空白地”。

(3)林地使用权与林地承包经营权的法律关系难以厘清。《中华人民共和国物权法》明确规定土地承包经营权为用益物权，但对林地使用权未予规定，致使在现实中林地使用权与林地承包经营权的关系难以厘清，有的认为林地使用权与土地承包经营权是两种不同的权利，有的认为林地使用权包括了林地承包经营权，有的认为林地使用权就是林地承包经营权。这些问题由于适用的法规没有及时研究出台，政策上也没有明确的界定，已给林业发展带来了很大的负面影响。

（三）林权保护管理机构不健全

《中共中央 国务院关于全面推进集体林权制度改革的意见》（中发〔2008〕10号）规定："各级林业主管部门应明确专门的林权管理机构，承办同级人民政府交办的林权登记造册、核发证书、档案管理、流转管理、林地承包争议仲裁、林权纠纷调处等工作。"然而，绝大多数地方在林改明晰产权后仍然对林权日常管理工作没有引起足够重视，林权登记发证严重滞后，档案管理不规范，未及时、有效指导和监管林权流转交易，已无法承担林权保护管理日趋社会化、常规化的繁重任务。虽然有的地方成立了行使林权登记和档案管理等行政职能的林业产权交易中心，但其法律地位、功能定位的不确定性和缺乏规范指导致使很多交易中心未能起到保护管理林权应有的作用。

（四）林权保护管理队伍素质整体不高

因为没有专门的机构和人员，自林业"三定"后，林权保护管理一直处于"刀枪入库、马放南山"的长期放任自流局面。集体林权制度改革启动后，不少地方应改革之需临时抽调的人员，由于缺乏系统的培训和指导，对林权管理法律常识缺乏应有的了解。基层不少从事林权登记、流转管理的工作人员，至今还不理解农村林地承包经营权"转包、出租、转让"的区别；对《中华人民共和国物权法》等法律与林权管理密切相关的一些法律用语、要求，如"不动产登记簿"、"抵押登记"、"异议登记"、"预告登记"等非常陌生，有些地方因理解上存在较大偏差已经导致实践中出现了不少走样甚至错误的情况。

三、建立健全集体林权保护管理体系对策建议

为建立健全与改革发展相适应的林权保护管理体系，切实建立林权保护管理长效机制，需要尽快采取以下对策措施。

（一）加快林权法律法规体系建设

加强立法研究，建立起包括林地承包经营、林权登记、林权流转、林权抵押、林权保护救济等五大制度为一体的林权保护管理法律制度体系，以适应集体林权制度改革形成的林权主体多元化、经营主体分散化、林权交易市场化、产权变更经常化的林权结构特点。重点做好以下三个方面的工作。

一是研究适应林改后林权结构特点的林权保护管理模式，争取在《森林法》修改过程中，将"林权保护管理"单列一章进行系统立法。

二是与《中华人民共和国物权法》相关规定相衔接，修订出台《集体林权流转条例》、《森林、林木和林地登记办法》、《林权档案管理办法》等一批林权保护运行规范。

三是系统解决一批困扰林权保护管理多年的问题，如林地使用权与林地承包经营权的法律关系，林地与耕地在流转时是否应区别对待，自留山的属性应如何定性，林地承包经营权转包与出租时如何发放林权证，集体山林流转与其他方式承包的区别等。

(二)明确林权管理机构，强化队伍建设

明确林权管理机构是适应林业主管部门职能转变的必然要求，也是认真贯彻科学发展观的客观需要。建立健全一支政策法律水平高、业务精、力量强的工作队伍，是强化林权管理、保障林权长期稳定的基础。建议按照中央10号文件要求，一是在国家层面理顺管理机构，明确成立林地承包经营、林权登记、林权流转、林权抵押、林权保护救济职责的具体承担机构，充实配备工作人员，切实承担起相应职责，加强管理，必要时成立专门的林权保护管理局，坚决杜绝职能交叉、相互扯皮、长期放任自流的现象。二是督促国家、省、市、县建立和完善各级林权管理机构，推动各地机构建设。三是在全国范围内尽快开展相应的管理队伍建设和能力建设，切实改变林权保护管理薄弱的现状。

(三)开展林权保护管理服务平台建设

积极推动各地林权保护管理服务中心建设，以机构队伍、管理制度、业务规范、服务窗口、基础设施为突破口，明确建设标准：

(1)机构队伍建设。林业主管部门内部要建立健全林权管理服务中心，原则上每10万~20万亩林地配一名工作人员；人员具备与其岗位相适应的专业知识，大专以上学历占50%以上，专业结构合理，配备有林学、法律、经济、财会、档案、计算机及其他相关专业的高、中、初级技术职称人员，并定岗、定员、定责，定期开展业务培训工作。

(2)管理制度建设。对内管理制度健全，实行岗位责任制，建立绩效考核、民主管理、工作纪律、廉洁自律、行政例会等制度。对外服务制度完善，实行首问负责、一次性告知、服务承诺、限时办理、跟踪服务、工作督办等制度。

(3)服务窗口建设。场所干净整洁、宽敞明亮，配有必要的便民设施。各类标识清楚，在醒目位置公布服务内容、办事程序、业务流程、收费标准、承诺时限等。工作人员着装整洁、挂牌上岗，服务热情、用语规范，设置咨询窗口或服务台、征求意见箱，开通咨询电话并能保障畅通。中心屏幕挂牌信息及网上公布信息能实时更新、不间断播放。工作人员清正廉洁，无“吃、拿、卡、要”等违法违纪行为。同时，设置举报箱，公布投诉电话，方便群众监督。

(4)业务规范建设。建立健全各项业务管理制度，积极配合上级林业主管部门升级、开发现有林权管理信息系统，对林权管理服务实施全过程监督和管理，实现权属信息系统化、四至界线矢量化、宗地山场影像化、档案文本扫描化。建立错件责任追究机制，对相关责任人有追究、处罚的程序和办法。建立统计分析制度，能严格按照有关统计报表制度要求，及时、准确填报相关统计报表。

(5)基础设施建设。办公场所按照林权登记区、档案管理区、纠纷调解区、林权交易服务区、合同指导和鉴证区、林权抵押贷款、森林保险办理区、森林资产评估区、农民林业专业合作社建设指导区、政策和科技咨询区、林业科技和优质产品示范区、其他社会化服务区、行政审批区和控制机房等不同业务分区规划，办公设施设备要满足林权管理、信息发布、交易实施、中介服务、金融支持和有关综合服务的需要，具有对外发布信息的大型电子显示屏和提供上门服务的机动交通工具，档案管理区含办公用房、计算机房、查阅室、档案库房，档案库房有移动档案密集架装备和防火、防盗、防潮、防虫等设施。

通过标准化运作，达到以林权为核心，以服务农民为宗旨，以信息化技术为支撑，确立日常化、动态化、系统化的林权管理模式，建立健全林权流转市场，科学规范林权登记、流转监管和林权抵押贷款等服务，构建规范高效的林权管理服务平台。

(四)加大林权保护管理体系建设的支持力度

由于长期以来，林权保护管理基础薄弱、投入严重不足，加之缺乏有效的管理和深入的研究，严重影响了林业改革发展的深入推进。针对当前亟需加强的上述法律法规、机构队伍和服务平台建设，建议国家高度重视，增加投入。

一是在《中华人民共和国森林法》修改调研中，积极与长期从事物权法研究的专家合作，深入研究林地林木权属特点，加强林权保护管理的立法研究。

二是积极争取国家基本建设和中央财政资金支持，启动一批标准化、规范化管理建设项目。用5～10年时间，在完成“明晰产权、承包到户”改革任务的县(市、区)建立起全国的林权管理服务中心网络体系，并达到标准化建设的要求。

三是启动林权保护管理培训工作，对林权保护管理从业人员开展大轮训，提高从业人员专业水平。同时启动相关培训教材编撰及推广工作，逐步形成系统科学的能力培训体系。

四是加强政策法律宣传，及时相应开展普法宣传教育，提高基层干部对林权保护管理的法律意识和责任意识，引导广大农民群众更加关注和依法维护自己的合法权益。

调研单位：国家林业局农村林业改革发展司
组　　长：张　蕾
副 组 长：杨百瑾　李近如　江机生　刘家顺
成　　员：宋云民　缪光平　李岭宏　陈学群　邢　红　齐　联
　　　　　秦　军　华文礼　李向如　李　林　吴柏海　郭宏伟
执　　笔：缪光平　秦　军

林业产业发展

林业产业应对国际贸易壁垒对策研究

【摘　要】中国在国际林产品贸易格局中具有举足轻重的地位，但在金融危机爆发后国际林产品市场大幅萎缩的背景下，贸易壁垒已经成为中国企业拓展国际市场的主要障碍。因此，研究中国林产品贸易壁垒问题的目的在于指导林产品企业积极应对贸易环境恶化的挑战，并为政府相关部门制定科学的应对措施提供依据。

研究通过对中国林产品贸易以及中国林业产业遭受贸易壁垒的现状分析，得出当前林产品贸易壁垒的格局三个主要特点，传统贸易壁垒目前大量存在，技术性贸易壁垒正在逐步增强，绿色贸易壁垒已成为主流。贸易壁垒对林产品贸易的影响具有双重属性。研究以中日人造板贸易为例，实证分析了贸易壁垒对林产品贸易影响的程度。最后，从政府、行业协会、企业三个层面，提出了中国林产品贸易应对贸易壁垒的战略措施，以构建林产品贸易壁垒应对机制。

一、绪　　论

(一)研究背景

2009年中国一跃成为世界出口第一大国，林产品贸易是中国国际贸易的一个部分，尽管比重不大，但是在国际林产品贸易格局中具有举足轻重的地位，主要林产品出口均位居世界前列。从国内市场来看，林产品贸易对国内林产品市场和消费倾向，以及对相关产业和市场的发展，特别是对木材产业本身的发展有着十分重要的影响。

2008年，在由美国次贷经济危机所引发的全球金融海啸的严重冲击下，世界经济发展速度已明显放缓，以美国为代表的欧美国家的市场购买力已大大下降，世界林产品需求量减少，中国林产品出口受到了重创。2009年，中国林产品贸易全面下滑，主要林产品贸易总额为596.60亿美元，同比减少了5.56%，其中，林产品进口额为250.70亿美元，同比减少了7.99%；林产品出口额345.90亿美元，同比减少了3.71%。2009年，中国主要林产品出口均出现了不同程度地下降。2009年，中国共出口各种纸、纸板和纸制品600.34万吨，创汇75.67亿美元，出口量和出口额同比分别下降2.87%和2.3%；木制品出口额为31.18亿美元，同比减少5.84%；人造板中全年共出口胶合板563.48万立方米，纤维板149.77万吨，刨花板8.06万吨，同比分别下降21.58%、20.5%和

35.84%。中国林产品出口受阻，导致林业加工企业利润大幅下降，引起众多企业被迫减产或停产，对林业产业造成了严重的冲击。

在国际林产品市场大幅萎缩的背景下，不仅中国林产品出口受阻，主要林产品生产国的出口均面临较大的困难。面对中国林产品快速扩张的生产规模和日益提高的国际竞争力，同时中国也面临着林产品贸易摩擦呈加剧上升的态势，欧美等各国纷纷建立各种形式的贸易壁垒，以限制中国林产品出口的增长，中国林产品贸易面临严峻的挑战与压力。事实上，在金融危机爆发之前，随着中国林产品贸易的快速增长，中国林产品出口贸易摩擦案件数量逐年增长，涉案总金额逐年提高。据商务部提供的相关数据，2000～2006 年中国林产品出口贸易摩擦案件共发生 28 起，涉案累计金额为 16.37 亿美元。贸易壁垒的方式更加多样，贸易保护的手段更加隐蔽。从反倾销、反补贴等传统贸易壁垒向技术性贸易壁垒、绿色贸易壁垒等新型贸易壁垒转化。一时间，中国的林产工业企业不仅陷入无休止的国际贸易纷争之中，而且经济利益也受到很大损失，更使一些外向型企业的竞争力招致致命打击。

（二）研究目的及意义

出口、投资和消费通常被称为拉动经济增长的三驾马车。随着林产品出口规模的不断扩张，林产品出口在中国林业产业产值中的贡献显著提高，业已成为促进中国林业产业发展不可或缺的重要力量，对提高产业竞争力，消化过剩生产能力起到了至关重要的作用。但是，随着中国林产品国际化进程的加快，中国林产品贸易面临贸易壁垒的压力也陡然增加。林产品贸易壁垒将直接加大林产品企业的出口成本，抵消中国林产品出口的价格优势，严重影响林产品企业在国际市场上的竞争力。因此，贸易壁垒已经成为中国企业进一步拓展国际市场的主要障碍，也制约了国内林业产业的进一步发展。因此，研究中国林产品贸易壁垒问题有利于丰富这一领域的研究内容，有利于指导林产品企业积极应对贸易环境恶化的挑战，有利于政府相关部门制定科学的政策减缓贸易壁垒对林产品贸易的压力。因此，本文具有较高的理论价值和实践意义。

本文的研究目的主要体现在两个方面：一是通过探讨贸易壁垒影响林产品贸易的作用机理，科学评价贸易壁垒制约中国林产品贸易的程度，为这一领域研究的深入提供理论支撑；二是提出中国林产品贸易应对贸易壁垒的战略思考，从政府、行业协会和企业三个层面，构建林产品贸易壁垒预防、预警和应对机制，并为其他产品贸易壁垒问题的解决提供借鉴。

二、国内外研究现状及评述

（一）国外研究现状

国外有关林产品贸易摩擦的分析，主要集中在与环境问题密切相关的绿色贸易壁垒的研究中，并且存在两种对立的观点。Bhagwati(1991)和Rauseher(1992)认为，由于各个国家经济发展水平的不同，在工业化的国家当中完全的贸易自由化会给生态环境造成严重破坏，绿色壁垒是为了保护生态环境和人类健康而采取的绿色贸易措施。Ulph(1996)指出，随着全球生态遭到破坏，环境问题日益严重，保护环境已经成为各主要经济体经济发展过程中亟需解决的重大问题。因此，发达国家对外贸易会以保护环境和人类及动植物生命、健康为由，设置各种各样的绿色贸易壁垒，阻止外国产品进入本国市场。Keith E Masku(2000)认为，绿色壁垒是以环境保护为名而采取的较为隐蔽的贸易保护措施，其实质是发达国家利用自身的技术优势制定严格的技术标准和环境保护标准，限制甚至禁止国外产品的出口，保护本国企业。因此，绿色壁垒将会阻碍自由贸易的开展并对本国的社会福利产生不利影响。在研究方法上，名义保护率、有效保护率和生产者补贴等仍然是三种测定贸易壁垒保护程度最常用的方法。

(二)国内研究现状

1. 针对传统贸易壁垒的研究

传统贸易壁垒是指关税壁垒和反倾销、反补贴等各种形式的非关税壁垒。近年来，美国、欧盟针对中国木质林产品进行了多次反倾销调查，其中木质家具遭受反倾销调查最为严重。这一问题引起了国内学术界的广泛关注。

杨红强，聂影，付春丽(2008)研究指出，美国是对中国林产品实施反倾销调查和采取最终措施的最主要的国家。反倾销强度指数证明，中国木质林产品在美国市场的出口份额强烈地受到美国反倾销行动的影响，美国对华提起反倾销控诉对其他国家具有示范效应，中国应积极谋求WTO剔除非市场经济地位，重视反倾销对称性并积极应诉，通过行业协调和调整林产品出口导向，促使林产品进出口内外均衡与结构合理。

李冉，宋维明(2008)分析了美国对中国木质家具反倾销的原因，认为反倾销会阻碍中国林产品出口，并运用理论模型进一步指出不同程度的反倾销税会导致中国木质家具企业不同程度的市场份额损失，以及反倾销会最终导致整个社会的福利水平下降，提出中国应该建立起企业—政府—行业协会三位一体的机制，积极应对国外的反倾销调查。

沈国兵(2008)探究了美国对中国木制卧室家具反倾销的贸易效应，研究发现：美国对中国木制卧室家具反倾销产生了贸易调查效应和价格上升效应；美国对中国木制卧室家具反倾销导致中国木制卧室家具出口发生国家间贸易转移，并迫使中国部分外资家具企业开始向第三国转移投资。建议中国商务部引导建立行业预警机制，鼓励家具企业加强研发和设计创新，努力实现出口市场多元化。

欧阳光(2007)结合中国家具企业面临反倾销的形势，分析了中国家具企业遭受国外反倾销的原因。据此认为，在应对反倾销挑战的过程中，中国家具企业应在政府和行业协会的引导下发挥主体作用。一方面，家具企业要加强与进口商的通力合作，争取“市场导向行业”地位；另一方面，家具企业要实施“以质取胜”的发展战略，努力提升产品附加价值。

2. **针对新型贸易壁垒的研究**

在WTO自由贸易原则的约束下，传统贸易壁垒的使用受到越来越多的限制。为了强化对国内市场的保护，新型贸易壁垒应运而生。新型贸易壁垒以其隐蔽性强，适用范围广的特点，在贸易保护中的地位越来越显著。国内学者对林产品新型贸易壁垒的研究主要集中在非法采伐、森林认证、雷斯法案等绿色壁垒上；研究内容以理论研究为主，讨论绿色壁垒产生的背景和对中国林产品贸易产生的影响，并提出相应的对策；研究方法上多是理论分析，实证研究较少。

陆文明(2001)认为，森林认证对林产品贸易市场的影响表现在两方面：一方面是国际市场对林产品的环境意识和敏感性不同，另一方面是主要出口国的市场分布不同。如果森林认证被广泛应用，它将影响个体生产商的竞争力，一些大公司将在竞争中获胜，而一些小公司特别是发展中国家则处于不利位置。

韩哲英(2004)分析指出，森林认证对外向型家具企业、纸浆企业以及一些大型木材加工企业的影响很大，而且这种影响随着国际绿色市场的扩大而加强，从而导致中国林产品加工企业成本提高，国际竞争力削弱。

程宝栋，宋维明(2004)研究发现，国际非法采伐问题已经开始阻碍中国木质林产品的出口，而中国政府所制定的限制木质林产品出口的相关政策措施只能暂时缓解而不能有效地解决中国木质林产品国际贸易所面临的压力。因此，建立政府间互认机制，改变国内木材产业发展模式，推动中国木材产业外移，制定政策引导中国的木材生产企业加快走出国门，开展国际化经营，也是从根本上摆脱国际社会对中国实施“非法采伐”压力的途径之一。

郑仰南(2004)分析了绿色贸易壁垒产生的时代背景，认为绿色环境标志和认证制度以及苛刻的绿色包装制度严重阻碍了中国林产品的出口，因此，中国应该加快环境标准与认证建设，尽快与国际标准接轨，同时加强同国外林业合作，增加科技投入，提高林产品质量应对绿色壁垒的能力。

米锋(2008)研究指出，森林认证对于中国林产品贸易既有负面影响，也有正面影响。一方面中国森林认证的落后性使林产品加工企业没有能力和额外费用进行森林认证，同时由于缺乏规范的森林认证体系和认证机构，认证成本提高，严重影响了中国林产品贸易的发展，从而容易受到环境敏感国家绿色贸易壁垒的阻碍。另一方面森林认证在对林产品贸易形成限制的同时，从长远看也会对促进林产品贸易的可持续发展和林产品贸易产生积极影响。

吴柏海、张蕾、余涛(2009)研究发现，《雷斯法案》修正案所设立的严格申报制度和处罚措施，给中美林产品贸易市场带来了不利影响，中美木质林产品贸易将面临重大考验，并提出中国林业企业应该准确了解立法背景，掌握法案内容，积极应对各种挑战。

(三)国内外研究评述

综上所述，国内外学者从各自的角度出发，对林产品贸易壁垒发展的现状、诱发的原因、产生的影响以及应对措施等方面进行了较为系统的研究，取得了一系列的研究成果，丰富了林产品贸易领域的研究内容。总体而言，学术界对林产品贸易壁垒问题的研究呈现以下特点：一是以定性分析为主，实证分析较少；二是对林产品贸易壁垒的影响分析较多，而对于特定形势下林产品贸易壁垒的发展趋势研究较少；三是对中国应对国际林产品贸易摩擦的具体措施研究较多，而较少从战略角度深入研究解决贸易摩擦问题的战略机制。本项目综合利用定性和定量相结合的分析方法，从贸易战略机制的角度出发，试图对林产品贸易壁垒研究中亟待解决的问题进行深入、系统的分析。

三、中国林产品贸易的现状分析

随着中国加入 WTO 和世界经济一体化进程的加快，中国林产品对外贸易与日俱增。在增加林产品进口的同时，中国向其他国家出口的林产品在数量、品种、质量上都有巨大提升。根据海关数据，2000～2009 年中国林产品出口增长迅猛，出口额由 2000 年的 76.1 亿美元上升到 2009 年的 363.2 亿美元，上涨 4.8 倍，年均增长 19.0%。2000 年林产品贸易逆差 30.4 亿美元，2009 年林产品贸易顺差增至 24.1 亿美元，净增 54.5 亿美元。

(1)木质家具：中国木质家具出口额由 2000 年的 16.9 亿美元上升到 2009 年的 120.4 亿美元，上涨 7.1 倍，年均增长 24.4%。2009 年木质家具出口额在全部林产品出口额中所占比重达到 33.1%，在中国林产品出口中保持主导地位，是第一大出口林产品。

(2)纸、纸板和纸制品：中国纸、纸板和纸制品出口额由 2000 年的 7.0 亿美元上升到 2009 年的 71.1 亿美元，上涨 10.2 倍，年均增长 29.4%。2009 年纸、纸板和纸制品出口额占林产品出口总额的 19.6%，是第二大出口林产品。

(3)木制品：包括建材产品(如木制门窗和模板)、木制工艺品、餐具和包装用品等在内的木制品，出口额由 2000 年的 15.0 亿美元上升到 2009 年的 33.1 亿美元，上涨 2.2 倍，年均增长 9.2%。2009 年木制品出口额占林产品出口总额的 9.1%，是位于木制家具和纸产品之后的第三大出口林产品。

(4)人造板：中国人造板出口额由 2000 年的 2.13 亿美元上升到 2009 年的 34.5 亿美元，上涨 16.2 倍，年均增长 36.3%。2009 年木制品出口额占林产品出口总额的 9.5%，是位于木制家具和纸产品之后的第四大出口林产品。

四、中国林业产业遭受贸易壁垒的现状分析

中国是林产品生产和出口的大国，中国的木质林产品国际贸易已经逐步向成熟阶段发展，出口贸易遍布全球，形成了积极参与国际木质林产品市场竞争的良性发展局面。林产品出口不仅可为中国创造可观的外汇储备，分担就业压力，同时可为森林生态建设提供资金保障，是构建健康、完备的林业产业体系的重要环节。基于劳动力资源优势下的中国林业产业在参与国际产业竞争中有着较大的发展空间与潜力。但是，在推进国际贸易的进程中，贸易自由化与贸易保护主义是一对孪生兄弟。当今，新贸易保护主义利用各种非关税措施来构筑贸易壁垒，尤其值得注意的是，西方发达国家利用隐蔽性强、不易监督和预测的技术性贸易壁垒和绿色贸易壁垒，充当贸易保护的重要手段，给中国林产品贸易造成极大的影响。

（一）传统贸易壁垒大量存在

传统贸易壁垒是指关税壁垒和反倾销、反补贴等各种形式的非关税壁垒。其中反倾销和反补贴是 WTO 基于成员国对国内产业的合理保护，是 WTO 赋予成员国抵制不公平贸易行为，保护本国产业免受进口产品冲击的合法手段。

截至 2009 年年底，中国连续 15 年成为反倾销调查最多的国家，连续 4 年成为反补贴调查最多的国家。而反倾销和反补贴调查也一直是中国木质林产品对外贸易发展过程中主要的贸易壁垒形式，严重影响着其对外贸易的发展。其中，木质家具、木地板和纸及纸制品等林产品都遭受了不同程度的反倾销、反补贴调查。表 1 显示，中国木质林产品从 1994 年第一次接受外国反倾销调查以来，几乎每年都遭受了不同程度的来自欧盟、美国和加拿大等发达国家发起的反倾销和双反合并调查。

表 1　中国木质林产品遭受反倾销、反补贴调查案件情况

年度	反倾销数量	反补贴数量	林产品类型	发起国家
1993	1	0	铅笔	美国
2002	1	0	打印及印刷纸	韩国
2003	1	0	木制卧室家具	美国
2004	2	1	胶合板	欧盟
			复合木地板（双反）	加拿大
2005	3	0	皱纹纸、薄页纸	美国
			透明玻璃纸薄膜	印度
2006	4	2	文具纸、铜版纸（双反）	美国
			家具	欧盟
			复合木地板（双反）	加拿大
2007	3	2	卫生纸（双反）	澳大利亚
			牛皮纸	韩国
			蜡光纸（反补贴）、日记本	美国
2008	2	1	低克重热敏纸	美国
			复合木地板（双反）	加拿大
2010	1	1	多层木地板（双反）	美国

资料来源：商务部网站。

(二)技术性贸易壁垒步步增强

技术性贸易壁垒是以国家或地区的技术法规、协议、标准和认证体系(合格评定程序)等形式出现，涉及的内容广泛，涵盖科学技术、卫生、检疫、安全、环保、产品质量和认证等诸多技术性指标体系。

目前，技术性贸易壁垒已经取代反倾销调查，成为中国出口面临的第一大非关税壁垒。根据商务部、国家质检总局公布的中国技术性贸易措施的相关报告，近年来中国出口产品结构受国外技术性贸易壁垒冲击呈逐步扩大趋势。虽然技术性贸易壁垒目前并没有成为影响中国林产品对外贸易的主要因素，但是其影响的林产品种类正在逐渐增多。受其影响较大的林产品有木材纸张、家具、木制品、纸及纸制品等。以美国加利福尼亚空气资源委员会(CARB)法规为例，中国人造板出口贸易主要是以低价占领市场，而随着 CARB 法规的颁布，其对出口到加州的人造板的甲醛释放量进行了进一步的降低，这必将造成中国人造板生产企业成本的上升，对人造板对外贸易的比较优势产生巨大影响。在很长一段时间里，技术性贸易壁垒都将长期存在，同时随着技术水平的提高和贸易需求的变化，各国采取的技术性措施层出不穷，手段也越来越苛刻，通过不断修订和更新技术标准，使得技术壁垒产生的影响愈来愈广。

表 2 中国木质林产品遭受技术性贸易壁垒情况

启动时间	技术性贸易壁垒类型	涉及的林产品
2009 年 1 月 1 日	美国 CARB 法规	人造板、木质家具
2007 年 6 月 1 日	欧盟 REACH 法规	木质家具
2004 年 4 月 1 日	欧盟欧洲统一(CE)认证	人造板
2002 年 1 月 15 日	欧盟 2001/95/EC 指令	木质家具

(三)绿色贸易壁垒成为主流

目前国际上主要的非关税绿色贸易壁垒可以归纳为四种：绿色技术标准，绿色认证制度，绿色检疫制度和绿色包装技术。木质林产品方面，主要集中在对产品的绿色认证上，包括：国际上对森林认证的重视；欧盟木材及木制品规例和新环保设计指令议案；欧盟尽职调查法案和美国雷斯法案的要求。

截至目前，欧美等发达国家已相继制定了 1800 多个环境与资源保护条约，筑起一座结实的“绿色贸易壁垒”。截至 2009 年年底，在全球 4917 种产品中，受绿色壁垒影响的商品高达 3746 种，贸易金额达 47320 亿美元，成为发达国家限制发展中国家出口贸易的主要工具。近两年来，随着美国《雷斯法案》修订案和欧盟《尽职调查法案》的颁布，木质林产品也受到较大范围的波及。绿色贸易壁垒是从保护环境，保护生物多样性，维持可持续发展的角度出发，并从需求的角度，强制供应商提供利用合法采伐的木材和符合环境标准流程的生产方式生产的产品。美国《雷斯法案》修订案已在中国开出第一张罚单，对上海一家台资企业罚款 4 万美元。另外，欧盟是中国木制家具第二大出口市场，欧盟生态标签标准的颁布以及欧盟尽职调查法案的要求必将对中国家具出口带来巨大影响。

表3 中国木质林产品遭受绿色贸易壁垒情况

启动时间	技术性贸易壁垒类型	涉及林产品
2009年11月30日	欧盟生态标签标准	所用木质林产品
2009年4月	欧盟木材及木制品规例和新环保设计指令议案	木制家具及木制品
2013年3月3日	欧盟尽职调查法案	所用木质林产品
2010年9月1日	美国雷斯法案修订案	所用木质林产品

五、贸易壁垒对中国林业产业发展的影响分析

随着国际贸易保护的加剧，贸易壁垒作为国际贸易环境中的重要组成部分，对中国林产品贸易乃至整个林业产业都会产生广泛而深远的影响。本文结合实际情况，深入分析贸易壁垒对中国林业产业发展产生的多重影响。

（一）贸易壁垒对中国林业产业影响的理论分析

1. 贸易壁垒对中国林业产业发展的消极影响

（1）减少林产品出口规模

贸易壁垒对中国林产品出口造成市场准入障碍。由于中国木材加工企业生产规模小，技术装备相对落后，生产和管理水平低，产品质量低、寿命短，难以达到发达国家的绿色技术标准。例如，美国制定了环保署法规，规定了油漆中重金属的含量限量，要达到这一要求，必须使用高质量的油漆。但中国有许多出口企业普遍使用低质量、重金属含量高的油漆，这必然会使中国木制品的出口受到限制。另外，中国的森林认证起步较晚，认证体系不完善，林产品出口企业难以达到认证要求，无法获得绿色环境标志，那些没有获得森林认证的林产品在环境敏感的国家或地区必然导致市场需求减少，这对外向型木材加工企业的出口贸易造成较大影响。如果这些企业不立即应对这种形势，那么，仅靠价格优势也会不可避免地逐渐失去现有的欧美市场。据报道，仅国外绿色标志制度这一项，1992年中国有40多亿美元的产品出口受到影响，1995年中国因出口产品及包装达不到发达国家环保标准而遭受的损失达2000亿元。美国颁布的《雷斯法案》修正案将对林产品的原料来源做出规定，并制定了严厉的惩罚措施，这就促使美国对从中国进口的木材和林产品进行严格监管，而美国进口企业为了避免受到处罚的风险，必然减少从中国进口林产品。在这项法案颁布的初期，有些林产品贸易中小企业不适应新规定，被迫退出国际市场，这样就直接导致中国林产品出口额的下降。另外，美国对中国家具出口征收反倾销税，使得个别企业不能承受过高的关税，放弃对外出口，以及进口国市场需求量的下降，导致中国家具的市场份额降低。此时，减少的出口供给由其他国家的厂商所占据。

（2）增加林产品出口成本

贸易壁垒增加中国林产品出口成本，削弱其价格竞争力。国外苛刻的林产品技术标

准一方面要求生产企业加强对产品从生产到销售各个环节的监督与检测，形成一个完善的无公害管理体系，另一方面也使企业必须为产品流通过程中的检测、评估和技术鉴定以及包装、标签、广告等支付大量的费用。这些繁杂的进出口手续和各种费用必然削弱了中国林产品出口的竞争力。例如，欧盟标准化委员会对人造板甲醛释放量有严格的要求，但中国一些企业只顾眼前利益，大量使用低成本、高甲醛含量的胶黏剂，生产出来的人造板产品甲醛含量超标。为了控制甲醛含量，出口企业必须使用甲醛含量低的高质量胶，这就导致生产成本增加，削弱了价格优势，甚至会失去原有的市场。

中国现行的绿色标志制度与发达国家相比还不健全，很多商品并未申请绿色标志，但为了防范国外绿色壁垒，很多商品需要申请绿色标志，随之而来的就是高昂的申请费用，这无疑会增加中国出口林产品的成本，对于那些本身产品竞争力不强而依赖于较低价格赢得市场的企业来说，不申请绿色标志就会面临绿色壁垒，而申请绿色标志会直接推高生产成本，导致产品降低市场竞争力，市场份额急剧减少。例如森林认证，中国木材加工企业要想达到森林认证的相关标准，必须采购有森林认证标志的原材料，这就增加了购买原材料的成本，而取得森林认证的固定费用虽然不多，但是维持认证需要的费用却非常高，它需要每半年复评一次，每 5 年重新认证一次，以督促林业单位不断改进经营管理，这样企业就必须投入大量的人力、物力、财力，从而使生产成本提高，削弱中国林产品在国际市场上的价格竞争力。截至 2007 年 10 月，中国共有 375 家木材加工企业通过了森林管理委员会（FSC）的监管链（COC）认证，还有 7 家森林经营单位通过了 FSC 的森林经营认证，但是这个数量占中国木材加工企业的比例微乎其微，而中国大多数木材加工企业未获得森林认证，那么发达国家建立的完善的森林认证体系使得未获认证的企业生产的产品被拒之门外。

由于林产品的来源信息获取程序复杂而且成本高昂，2008 年美国《雷斯法案》的修订大幅增加了企业经营成本和风险，产品价格优势被大幅削减。中国的大部分木材加工企业属于劳动密集型企业，依靠的是建立在以低廉的劳动力与原材料为基础的价格优势打入国际市场。但是中国森林资源缺乏，林产工业发展所需的原木和其他资源相当程度上依赖进口，木材供给主要来自于东南亚、俄罗斯远东和中非等发展中国家和地区。由于受经济发展水平的影响，这些国家和地区的森林保护法律体系不健全，难以提供有效的木材合法证明，但是美国的《雷斯法案》又要求出口商必须出具这些证明。这势必增加了中国对美国林产品贸易的风险和成本，使中国基于庞大的低成本劳动力、良好的产业群体、优惠的经济发展政策建立起来的林产品出口价格优势丧失。

（3）增大木材加工企业经营风险

近年来，国外针对中国林产品出口实施贸易壁垒，导致中国林产品出口的风险和成本大幅增加，降低了中国出口林产品的国际市场竞争力，影响了出口份额的增长，同时也降低了林产品出口企业的利润。2001 年，中国林产品出口贸易摩擦案件发生 3 起，涉案金额为 61.5 万美元；2006 年，案件发生 8 起，涉案金额为 3.62 亿美元。2003 年，美国对中国木质卧室家具提出反倾销调查。此案涉案金额为 9.6 亿美元，涉案企业为 130 多家。2010 年 11 月 17 日，美国商务部在《联邦纪事》上公布对华铜版纸反倾销反补贴案税令，中国涉案企业反补贴税率为 19.46% ~ 202.84%，反倾销税率为 7.62% ~ 135.84%；欧盟对原产于中国的铜版纸做出反倾销初裁，对江苏镇江金东纸业股份有限公司和江苏金华盛纸业(苏州工业园区)有限公司征收 19.7% 的临时反倾销税，对其他中国企业征收 39.1% 的临时反倾销税。这就意味着面临高反倾销税率的企业将要减产停产，放弃原有的欧美市场，重新花费人力、物力和财力开拓新市场，增加了企业经营负担。目前，中国森林认证体系建设尚不完善，导致中国木材加工企业很难全部达到认证要求，那么未通过认证的企业的产品就会退出那些能获得较高利润的环境敏感型市场，而流向对环境要求比较低的国家获得比较低的利润。随着林产品贸易摩擦的不断增多，涉案金额和企业数量的上升，林产品贸易壁垒已经成为中国林业产业发展的一大障碍，同时也使大量劳动力密集型的木材加工企业面临遭受处罚和利润下降的局面。

(4)影响劳动力就业

由于中国大部分林产品属于劳动密集型产品，林产品贸易壁垒导致贸易摩擦频繁出现，不仅涉及企业经济利益，而且也关系到千百万劳动者的就业问题。以木质家具为例，中国木质家具生产企业约有 2 万多家，从业人员有 200 万人，加上间接就业人员和家属，家具生产利益相关者有近 1000 万人。如果不能正确处理林产品贸易摩擦，将对林业产业的就业问题产生很大的消极影响，继而不利于社会稳定。

2. 贸易壁垒对中国林业产业发展的积极影响

(1)促进林产品出口结构的优化

发达国家设置的技术性贸易壁垒之所以在一定程度上阻碍了发展中国家出口贸易的发展，其原因之一是技术创新能力不足。现实贸易中多数的技术性贸易壁垒都可通过技术创新的途径得以克服。发展中国家为了扩大出口，就必须走技术创新之路。中国林产品相关行业公司的实践已经证明，凡是进行技术创新的出口企业，不仅其生产能力提高，其出口产品在国际市场上的竞争能力也会更强。技术性贸易壁垒有利于推动企业技术创新与新产品的推出，扩大产业间或是教学与科研机构之间高水平的合作以及产业和政府在研发方面的投资，培养更多的专业人才。比如，1996 年欧盟标准化委员会提高了人造板甲醛释放量的要求，将 El 级提高到 100 克板中不大于 8 毫克，E2 级提高到 100 克板中 8 ~ 30 毫克。这就迫使中国的人造板行业发展其相应技术以达到欧盟标准，间接提升了其自身的竞争力。

(2)加快多元化市场的开拓

贸易壁垒的设置也敦促中国林业产业进一步开拓多元化的国际市场。所谓市场多元化战略，就是中国林产品在国际市场分布上要更加均衡。在具体实施时本着“巩固老市场，开拓新市场，出口份额过于集中的要适当分流”的原则，扩大中国林产品出口到更多的国家和地区。多元化市场战略的调整，不但避免了林产品出口过于集中，容易授人以柄，从而限制中国林产品整体出口的问题，而且一旦在某一地区或国家发生贸易战，中国也可以通过贸易转移把损失降到最低程度，这也有利于中国林产品在国际贸易中影响力的提升。

（二）贸易壁垒对中国林业产业影响的实证分析

由于统计资料的限制，以及贸易壁垒对中国林业产业影响的复杂性，本文选取技术性贸易壁垒中的“甲醛释放量标准”作为实证分析对象，测算其对中日人造板贸易的实际影响，以此作为贸易壁垒对中国林业产业影响的佐证。

1. 模型构建

甲醛释放量标准是中日人造板贸易中技术壁垒的主要构成要素，若日本有关甲醛释放量标准的法规颁布与实施后，中日两国间的人造板贸易额发生了显著的下降，则可认为此部法规的颁布意味着技术壁垒的提高，并对贸易产生了明显的阻碍作用。同理，若中国有关甲醛释放量标准的法规颁布与实施后，两国间的人造板贸易额未出现显著的提高，则可认为中国相关法规的颁布没有促进两国技术标准的共享，从而未能抵消日本设置的技术壁垒对贸易的阻碍作用。因此，本文将采用虚拟变量的方法来表示相关法规的实施，分别对两国颁布的相关法规进行“事件研究”。

$$\ln EXP_{cj} = C + b_1 \ln GDP_j + b_2 \ln GDP_c + b_3 DV_1 + b_4 DV_2$$

其中，引力方程侧重于考察日本有关甲醛释放量标准法规对中日人造板贸易出口额的影响，并考察中国有关甲醛释放量标准对中日人造板贸易出口额的影响。各变量的内涵说明见表4。

表4　各变量的内涵

变量	含义	理论说明
EXP_{cj}	中国出口到日本的人造板贸易额	
GDP_j	进口国（日本）的GDP（美元）	代表进口国的经济发展水平及对产品的进口需求能力
GDP_c	出口国（中国）的GDP（美元）	代表了出口国经济发展水平及对产品的出口供给能力
DV_1	选取虚拟变量，衡量进口国（日本）有代表性的甲醛释放量标准的颁布情况	严格繁琐的甲醛释放量标准构成对出口国的技术壁垒，增加了生产和出口成本，对贸易有负面影响
DV_2	选取虚拟变量，测度出口国（中国）有代表性的甲醛释放量标准的颁布情况	出口国国内的甲醛释放量标准有助于提高产品质量，改善产品贸易结构

2. 实证结果

EXP_{cj}变量所需的数据来源于联合国数据库UN COMTRADE统计，由于受到中国出口日本相关数据的年限限制，本文选用了日本从中国进口人造板的贸易额数据。GDP_j变量和GDP_c变量所需样本数据均来自联合国数据库中NATIONAL ACCOUNTS统计。

$$\ln EXP_{cj} = -58.9169 + 0.4868 \ln GDP_c + 4.9366 \ln GDP_j - 0.4817 DV_1 - 0.0293 DV_2$$

$$(0.0427) \quad (0.0162) \quad (0.0445) \quad (0.0483)$$

$$R^2 = 0.8875 \quad F-\text{statistic} = 13.7997 \quad DW = 2.1217$$

如上式模型所示，DV_1的系数为 -0.4817，表明日本有关甲醛释放量标准法规的颁布意味着技术壁垒的加强，对中日人造板出口贸易额有着显著的负面影响。DV_2的系数为 -0.0293，表明国内标准的提高未能对人造板出口贸易形成显著的影响，这可能与中国甲醛释放量标准的先进性以及在出口贸易实际操作过程中的贯彻范围与实施力度不够等有关。同时，$\ln GDP_j$的系数为4.9366，表明日本经济的增长扩大了对人造板的需求，对中国人造板出口日本有明显的推动作用。

六、中国林业产业应对贸易壁垒的对策建议

贸易壁垒的层出不穷为中国林产品贸易的发展带来了极大的挑战。为了应对贸易保护主义的兴起，中国林业产业应该积极调整发展战略，更好地适应贸易环境的变化，提高国际化经营的水平。为此，本文从国家、行业协会和企业三个层面提出支持性的政策建议。

(一)国家层面

1. 加强林产品技术标准建设，尽快与国际接轨

中国林产品出口过程中，经常遭遇国外绿色壁垒和技术壁垒的调查，不仅使中国林业企业遭受巨大的损失，也损害中国的国家形象。中国木质林产品技术标准的建设起步晚、起点低、发展慢，还有许多需要补充和完善的方面。一是中国许多林产品至今还没有国家标准，只有行业标准，如定向刨花板等一直没有统一的国家标准，产品在出口的过程中很容易受到国外政府的调查。二是中国已颁布的林产品国家标准不够完善，与发达国家差异较大，出口受阻明显。例如，欧盟和日本的人造板标准体系比中国要完善和复杂，仅纤维板标准，欧盟就有纤维板的一般要求、硬质纤维板标准、中密度纤维板标准、软质纤维板标准、干燥处理的纤维板标准等多个，中国目前只有中密度纤维板技术标准和硬质纤维板技术标准等2个。三是中国林产品标准要求的指标数量较少，远不如发达国家指标数量多，一方面是中国生产技术水平的差异，另一方面也是技术标准建设上的不足。例如中国中密度纤维板技术要求包括外观质量、物理性能指标(密度、内结合强度、静曲强度、吸水厚度膨胀率、握螺钉力、甲醛释放量等)，而国外的标准更为严格，对装饰用中密度纤维板增加了平面抗拉强度、潮湿条件下静曲强度、抗挤压、抗酸性、抗碱性、抗污染性、抗变色、抗刮擦等质量指标。因此，应加强木质林产品的标准建设，应充分吸纳主要出口国的标准，加快采用国际标准的步伐，做到标准化工作与国际惯例接轨。

2. 完善中国森林认证体系，建立与国外互认机制

当前国际社会对森林可持续经营的认证日益重视，多数出口到国外的木质林产品需

要有木材合法来源证明。森林认证体系分为三个基本要素：森林认证的认可、标准和认证。因此，推动建立森林认证体系工作也要从这三个方面入手：一是建立森林认证认可机构和管理方法是中国建立森林认证体系亟待解决的问题，同时也是森林认证在中国能否健康发展的保证。二是国际上制定森林认证标准的经验是：专家起草、多方参与、广泛咨询和不断改进。建议成立森林持续经营和森林认证标准制定委员会，调动全国有关专家参与森林认证标准的制定邀请国际专家参与其中。三是国际上 FSC 的认证体系是全球 30 多个森林认证体系中唯一能够满足环保认可条件的体系。它得到了全球森林与贸易网络的支持，有较可靠的市场基础。因此，中国应该参考 FSC 的标准，制定出符合中国国情的森林认证标准体系，建立起与国外的互认机制，确保中国木质林产品能够顺利出口。

3. 加快产业结构调整，促进产业升级

政府应该制定适当的林产品贸易政策，调整出口产品结构，促进林产品贸易增长方式转变，改善贸易环境。在林产品出口政策方面，政府应进一步强调禁止资源性产品出口，限制初级产品出口，鼓励深加工产品出口，巩固传统林产品出口，推动有比较优势和发展潜力的特色、新兴林产品出口；在产业发展方面，应加强中国林产品产业结构升级，积极发展木材精、深加工业，开发有自主知识产权的产品，形成一批有自主知识产权、产业关联度大、国际竞争力强的外向型龙头企业。同时，为保障出口秩序的正常化，应运用科学的手段强化监管制度，发现有竞价销售、扰乱出口秩序的要坚决制止；对个别企业的恶性竞争，建立必要的惩罚制度，遏制低价竞销行为；协调林产品出口数量与最低正常价，对敏感产品实行经营企业准入资质。

（二）行业协会层面

1. 建立林产品贸易壁垒预警机制，增强企业应对意识

产业是由各个行业构成的群体。林业产业涉及的行业众多，不同的行业具有特殊的运行规律，需要所属的行业协会加以引导。行业协会作为行业内企业的代表，应做好组织协调工作，及时搜集分析国际林产品贸易和林产品贸易壁垒的信息，建立贸易壁垒预警机制，及时发布信息，并帮助调整企业出口行为，及时提供相关知识培训、法律援助等配套服务，增强企业的应对意识与能力。许多学者在对发展中国家有关技术性贸易壁垒问题的分析中指出，发展中国家在获得国际标准的有关信息上经常受到限制。而且由于各国的技术法规与标准数量繁多且经常变动，中国很多企业根本不了解进口国技术性贸易壁垒的具体规定及其变动。通过对部分木质林产品生产企业的调查情况看，企业多数按订单进行生产，由客户提供产品质量要求，大多数企业并不掌握木质林产品出口面临的技术性贸易壁垒。因此，应建立木质林产品出口贸易的预警机制，建立高效、畅通的信息发布和咨询、检索体系。各行业协会可以根据实际情况成立咨询中心和咨询点，为企业提供相关的技术法规、标准、合格评定程序等信息。对木质林产品出口中遭遇的技术性贸易壁垒的案例及时通报，增强木质林产品企业应对国际贸易壁垒的意识，积极应对，尽快提出解决措施，避免遭受损失。

2. **积极开展国际合作，提高应对能力**

中国是世界林产品贸易大国，在世界林产品市场上占有重要的位置，中国市场对工业木材、纸浆和纸张的需求位居全球第二，仅次于美国。中国的木质林产品大量出口到欧美市场，而欧美对环境问题最为敏感，未经森林认证的木质林产品将被拒之门外，这无疑对中国木质林产品的出口形成了巨大的压力。因此积极开展同非洲、俄罗斯等木材富有国的合作，确保木材等原材料的供给；同时加深与欧美等发达国家合作，确保林产品出口的稳定，这是中国林业行业协会面临的一项重要任务。林业行业协会应该加强与国际同行及相关产业间的沟通，消除误解，建立起合作的桥梁，充分发挥在预防和应对国际贸易摩擦中的核心和主导作用，特别是在贸易纠纷之初，应先通过民间组织的有效调解化解矛盾。通过与国外行业协会的交流沟通，双方建立互信，尽量减少贸易摩擦；在贸易摩擦发生时，积极组织本国企业同国外协会和企业进行谈判，帮助企业摆脱困境。

3. **加强行业监管，维护行业秩序**

行业协会要充分发挥行业规范，行业自律，行业监管职能，强化对行业自律和协作的监督、协调与服务职能，尽力规范企业出口行为，避免反倾销，共同维护行业安全。林业产业协会一是要协助政府主管部门做好对林产品出口国家和地区的监测工作，及时引导出口企业调整出口策略，协调企业间出口的过度竞争，避免一种产品短时间内在一个目标市场大量增加，尽可能将反倾销威胁提前消除；二是建立针对涉案企业的有效的法律支持服务体系，林业产业协会需研究林产品主要出口国的相关法律，拟定应诉工作方针政策和措施，指导企业熟悉相关法规、诉讼程序，做好应诉准备工作；三是通过构建、充实信息资料库，加强与国内外知名律师事务所的业务交流，为涉案企业提供相关律师所代理案件的业绩、职业操守等全面信息，帮助企业选择适当的代理律师，调动企业应诉积极性，提高应诉成功率。

（三）企业层面

1. **注重科技研发，提高产品质量**

中国木材产品之所以屡屡遭受外国贸易壁垒的调查，一方面是当前国际贸易保护主义盛行，一些国家为了保护本国企业，纷纷出台一系列贸易保护主义措施；另一方面也是中国林产品技术含量较低，产品质量有待提高。因此，生产出高科技、高质量的产品是林业企业突破技术性贸易壁垒的重要路径。企业应该采取措施，积极进行科技研发，生产出高技术含量，高附加值的产品，使产品达到国际市场标准。目前中国木质林产品出口质量问题大多是由于生产中所使用的防腐剂、胶黏剂、油漆等的质量问题所造成的。如普遍使用的尿醛胶粘合剂，是甲醛释放量超标的一个重要原因，用于木制品的有色涂料由于颜色的不同，重金属含量可能有所不同。因此，企业应该积极开发新产品，成立研发专项基金；政府应对从事新产品技术研发的公司、科研组织提供资金扶持和政策优惠，鼓励企业进行研发，提高产品的质量，减少贸易摩擦。

2. 拓宽出口渠道，分散市场风险

优化林产品贸易结构，拓宽出口渠道，分散市场风险，是中国林业企业规避国际贸易壁垒的一项重要措施。企业要采取有效应对措施，在巩固现有市场的同时，积极开拓新兴市场，开辟新的外销渠道，避免对欧美市场过分依赖；及时根据出口形势及政策变化调整出口结构，灵活调整出口与内销产品比例，保持出口增长活力。同时扩大林业利用外资的范围和规模，开辟新的境外林业投资国和地区市场，建立林业对外贸易市场多元化的新格局，提高欠发达地区林产品消费份额，增加木材资源供应，分散市场风险，保证林产品贸易稳步发展。

3. 做好应对国际贸易壁垒的能力建设

遭遇林产品贸易壁垒是对中国林业产业不断发展的一个挑战，也是中国林业产业通过应对贸易摩擦提升国际竞争力，从成长期走向成熟期的一个必然环节。因此应对国际林产品贸易壁垒是一项长期战略任务，企业应该高度重视，做好充分的准备。在遭受调查时，积极应对；在应诉过程中，企业应就贸易摩擦申诉程序、申诉实体、贸易摩擦性质、国内产业损害、事因和损害结果之间的因果关系等诸多方面充分进行抗辩，同时与相关遭受调查的企业团结起来，共同应对国际贸易壁垒。只要中国林业企业能够从思想到行动上做好充分的准备，在政府、行业协会的指导和支持下，采取正确的措施，积极应对，就能应对国际林产品贸易壁垒带来的种种挑战。

调研单位：北京林业大学

执　　笔：宋维明　印中华　程宝栋　侯方淼

油茶培育产业发展模式与机制研究

【摘　要】本文以湖南省浏阳市为案例调查点，运用参与式农村调查和典型调查的方法，在概述现有不同经营规模的油茶生产经营模式的经营状况和经营绩效的基础上，分析了各种经营模式存在的理由及其存在的主要问题，提出完善现有各种经营模式的微观基本条件。根据油茶的生物学特性和生产经营特点，探讨了生产成本与交易成本相对低下，组织效率较高的“公司 + 合作社 + 农户”油茶生产经营模式的构建，阐明了模式形成的机理机制，最终提出了经营模式运行的政策保障机制。

当前，随着人口的持续增长以及主要产粮国将大量粮食用于乙醇燃料的生产，造成了世界粮油价格的急剧上涨。国际上常用的十大油籽原料大豆、棉籽、花生、葵花子、菜籽、芝麻、棕榈核、椰子、亚麻籽和蓖麻籽中大豆占六成，世界的食用油以豆油为主。而国家间油籽流通数量只占生产量的 20%，80% 是在生产国自己国内被消费。我国是食用油消费大国，随着我国经济的持续发展、人口的刚性增加和人民生活水平的不断提高，带动了食用油需求的刚性增加。但是，近年来，由于我国人口增加促使稻谷和小麦等粮食种植面积的增加，以及农业生产资料价格的持续上涨，且对油料生产的政策性补贴不大，使农民油料经营无利可图，加上天气因素的影响、国家收储价格较低和收储数量有限，农民多数放弃油料作物的种植，油料种植总面积徘徊不前(与 2008 年相比，2009 年我国最多的消费食用油——大豆种植面积减少 10%，只有油菜籽和花生种植面积略有增加)，产量下滑(根据国家粮油信息中心统计，与 2004 年 5994 万吨相比，2009 年我国 7 种主要油籽油总产量减少 131 万吨)，国内食用油需求缺口不断扩大。目前，国内已形成国内中粮集团和国际丰益成集团两大中国食用油市场品牌寡头，丰益成集团垄断了中国 80% 的大豆资源和我国绝大部分棕榈油的进口，国内食用油消耗总量六成以上依赖进口和国内食用油规模加工公司中七成被外资控股，控制着我国食用油价格的定价权，严重影响了我国食用油的安全。油茶是我国的独有品种，品质好且营养丰富，还具有不占用耕地的优势，随着食用油价格的不断高涨和油茶新品种的出现而使油茶单产的提高，油茶比较经济效益不断提升，从经济上具备了产业经营的必要条件。对此，国家对油茶产业发展极为重视。2007 年出台的《国务院办公厅关于促进油料生产发展的意见》中，明确提出要大力发展油茶产业；2008 年在湖南省召开了全国油茶产业发展现场会，对全国油茶产业发展做出了具体的部署；2009 年国家林业局组织制定了《全国油茶产业发展规划(2009 ~ 2020 年)》，引导全国油茶产业持续健康协调发展。因此，大力发展油茶产业，无论是对于缓解我国食用油供给的紧张局面，实现我国粮油安全的战略决策，还是促进农村社会经济发展，增加农民收入，建设好社会主义新农村都具有重大的现实意义。

目前，湖南省油茶生产经营模式基本上是以家庭经营为主，大户经营、公司经营和村组集体组织下的农户经营为辅的经营格局。那么，这些经营模式的经营绩效如何，在油茶培育产业发展中的地位和作用怎样，在促进油茶培育产业发展方面还存在哪些问题，如何完善现有的经营模式等是当今油茶产业发展亟待解决的问题，同时对促进油茶产业发展具有极为重要的作用。本项目以湖南省浏阳市高产油茶品种经营主体为研究对象，对该市不同经营规模类型的油茶生产经营组织的经营状况进行分析；阐明各种经营模式存在的理由及其存在的主要问题；提出完善各种经营模式的基本条件；根据油茶的生物学特性和生产经营特点，探讨构建生产成本与运行成本相对低下，组织效率较高的油茶生产经营模式，并提出其适应条件；最终提出经营模式运行的政策保障机制。

一、研究区概况

浏阳市位于湖南省东部，与长沙市、株洲市、湘潭市相邻，交通便利、信息通畅，市场经济发展程度高。全市人口共 130 万，其中农业人口 119 万，占总人口的 92%。2009 年 GDP 为 337 亿元，第一、二、三产业的比重为 12. 4∶65. 5∶22. 1，农村人均年收入 7886 元，全市林业用地面积 34. 5 万公顷，林农人均林地 0. 24 公顷，主要林业乡镇可达 0. 7 公顷，森林覆盖率达 66%，是湖南省重点林业县(市)之一。浏阳市是我国南方油茶的重点产区和著名的“油茶之乡”，至 2009 年底全市现有油茶林 4. 6 万公顷，年产茶油 500 万千克。油茶林绝大部分为新中国成立前栽种，新中国成立后营造的油茶成林不足 4000 公顷，经营管理极为粗放，除西区部分地区有垦复习惯外，绝大部分为任其自生自灭。历史上为了促进油茶产业快速发展，1976 年浏阳市率先成立了湖南省第一个油茶科研所，与湖南省林科院以及中南林学院(现中南林业科技大学)协同进行油茶科学技术研究和推广工作。在加大科学研究的同时，浏阳市还积极将科研成果转化为生产力，进行优良高产品种栽培和低产油茶林改造的示范推广工作。从 1990 年开始，浏阳市油茶低产林改造被列入了第一期国家农业综合开发项目，使用湖南省林科院选育的湘林 1 号等 55 个优良无性系、湘林 7 号等 3 个优良家系，进行大面积推广油茶低产林综合改造技术。至 2000 年底共改造低产林 4600 公顷，平均单产由原来的 36 千克/公顷提高到 366 千克/公顷。通过高产试验林和示范林的示范作用，较好的比较利益极大地调动了以农民为主的各经营主体营造油茶的积极性，特别是在示范林中受益的农民深感种植油茶的实惠。截至 2009 年年底，全市新造油茶林 0. 7 万公顷，低产林垦复改造 1. 3 万公顷。这不仅增加了农民的收入和国家的财政收入，产生了可观的经济效益，同时也带来了农民就地就业、丘陵山地的充分利用和产出效益的提升以及保土保肥等生态效益和社会效益。

二、现有油茶经营模式案例

根据浏阳市油茶生产经营方式，其经营模式可归纳为普通农户经营、大户经营、集体经营、公司经营和专业合作社这 5 种形式。

(一) 家庭经营型

所谓家庭经营型是指农户以家庭为单位利用自家的责任山和自留山生产经营油茶。浏阳市普通农户经营面积户均 0.13 ~0.3 公顷为多，最多的在 0.6 公顷左右。据估算，目前这种经营形式约占全市油茶林地面积的 80%。

1. 案例基本情况

董氏(73 岁)，淳口镇鸭头村人，于 1998 年栽种了 0.13 公顷的高产品种油茶，由其自己抚育管理，采摘也是自家人完成，目前油茶已进入盛果期。2009 年共采摘油茶果 1100 千克，以 2 元/千克的价格作为种子卖出，除去当年每亩 275 元的成本投入，每亩纯收入 825 元。罗氏(50 岁)，沙市镇团龙村人，2000 年栽种了 0.26 公顷的高产品种油茶，全由他和妻子两人管理，将油茶作为家里的主要产业对待，对油茶实行集约经营，因此，投入也较大，每年抚育三次，施肥一次。所采的茶果自己晒干后去当地加工作坊榨成茶油出售，价格为 40 元/千克。2008 年共榨油 85 千克，除去自身劳力及材料成本，纯收入为 2630 元，平均每亩收入为 657.5 元。罗氏(75 岁)，沙市镇团龙村人，2001 年栽种了 0.6 公顷高产品种油茶，现在已进入盛果期。油茶平时为夫妻两人管理，只是在采摘茶籽时要请 10 人左右帮忙。2008 年除去雇工及材料等成本，纯收入为 8590 元，平均每亩收入 859 元。

2. 投入及收益情况

根据对以家庭经营为单位的农户高产试验地的油茶生产经营实际数据统计分析，生产经营的基本情况见表 1、表 2 和表 3。从表 3 可看出，一般农户第 1 年的投入额度较大，第 1 ~4 年为生长期，需要进行抚育管理，投入的抚育管理资金为 2310 元/公顷(154 元/亩)，基本无收益。第 5 ~7 年为初果期，平均产籽量收益为 6750 元/公顷(450 元/亩)，劳力、原材料以及采摘的成本投入为 3060 元/公顷(204 元/亩)。第 8 年进入盛果期，平均产籽量收益为 13500 元/公顷(900 元/亩)，投入成本为 3810 元/公顷(254 元/亩)。

表 1 家庭经营油茶生产单位面积投入表(第 1 年) 单位：元/亩

合计	劳力投入				材料			
	小计	清山整地	栽种	施肥、抚育、病虫害防治	小计	种苗	底肥	农药
1052	680	500	80	100	372	210	158	4

注：数据为 11 户农户的实际生产平均计算所得，其中栽种、施肥、抚育以及病虫害防治均由农户自己完成，除去自家劳动投入，每亩实际支出为 872 元。

表 2　不同面积下农户油茶生产经营收益情况

油茶种植面积（亩）	每亩生果产量（斤）	干籽出油率（%）	产油（斤/亩）	收入（元/亩）	劳力投入(元/亩)		原材料投入（元/亩）	利润（元/亩）
					家庭投劳	雇工投入	农药及化肥	
2～3 亩	1071.0	19.6	42.0	925	165	0	54	706
4～5 亩	965.5	22.0	40.5	891	193	0	54	644
10 亩左右	970.0	25.0	48.0	960	108	97	54	701

注：数据依据实际调查所得，各组数据为分组平均计算，其中 2～3 亩的农户 4 户，4～5 亩的 4 户，10 亩左右的 3 户。

表 3　农户油茶生产经营成本收益表　　单位：元/亩

年 度	投入成本	累计投入成本	收　益	累计收益	利　润	累计利润
1	1052	1052	0	0	-1052	-1052
2	154	1206	0	0	-154	-1206
3	154	1360	0	0	-154	-1360
4	154	1514	0	0	-154	-1514
5	204	1718	450	450	246	-1268
6	204	1922	450	900	246	-1022
7	204	2126	450	1350	246	-776
8	254	2380	900	2250	646	-130
9	254	2634	900	3150	646	516
…	…	…	…	…	…	…
25	254	6698	900	17550	646	10852
…	…	…	…	…	…	…
49	254	12794	900	39150	646	26356
50	254	13048	900	40050	646	27002

注：数据为 11 户农户的实际生产平均计算所得。

因为油茶的生长周期为 70～80 年，考虑到产油率的变化，设定油茶的经济经营周期为 50 年(以下同)。

3. 运行模式及经营绩效

家庭经营型由于经营面积较小，清山、整地、栽种、抚育等都是以家庭为单位进行，一般情况下很少雇用劳动力，只是在采摘茶籽时才雇人或者与别人换工。由表 3 和表 4 可知，家庭经营第 1 年的投入较多，为 15780 元/公顷(1052 元/亩)，进入盛果期第 8 年后的平均收益为 13500 元/公顷(900 元/亩)，平均成本为 3810 元/公顷(254 元/亩)，以油茶的经济经营周期为 50 年计算，其投资回收期为 9 年，内部收益率为 20.04%。考虑到随时间的推移成本、价格等因素的变化对收益率的影响会很大(以下同)，所以，计算油茶的经济经营周期为 25 年的内部收益率为 19.1%。与其他经营模式相比，内部收益率较高的原因有 3 个：一是农户没有租地成本，二是没有交纳规划设计、工程监理、科技支撑、管理费和不可预见费等间接费用，三是没有修建林道等基础设施。但是，如果加上地租、相关间接费用以及基础设施建设等费用的话，投资回收期增加到10年，内部收益率则降至16.1%。

表4　农户油茶经营不同贴现率的净现值

单位：元/亩

年度	投入成本	收益	利润	$i_1=0.08$		$i_2=0.20$		$i_3=0.21$	
				折现系数	净现值	折现系数	净现值	折现系数	净现值
1	1052	0	-1052	1.0000	-1052.00	1.0000	-1052.00	1.00000	-1052.000
2	154	0	-154	0.9259	-142.59	0.8333	-128.33	0.82645	-127.273
3	154	0	-154	0.8573	-132.03	0.6944	-106.94	0.68301	-105.184
4	154	0	-154	0.7938	-122.25	0.5787	-89.12	0.56447	-86.929
5	204	450	246	0.7350	180.82	0.4823	118.63	0.46651	114.761
6	204	450	246	0.6302	155.02	0.4019	98.86	0.38554	94.844
7	204	450	246	0.5835	143.54	0.3349	82.38	0.31863	78.383
8	254	900	646	0.5403	349.01	0.2791	180.29	0.26333	170.112
…	…	…	…	…	…	…	…	…	…
25	254	900	646	0.1460	94.33	0.0126	8.13	0.01031	6.659
…	…	…	…	…	…	…	…	…	…
49	254	900	646	0.0230	14.88	0.0002	0.10	0.00011	0.069
50	254	900	646	0.0213	13.77	0.0001	0.09	0.00009	0.057
累计净现值					3570.02		4.78		-103.50

注：数据为11户农户的实际生产平均计算所得。

由于油茶经营周期较长，其生产成本、销售价格和产量会随时间的变化而变化，进而影响经营者的收益水平。对此，以内部收益率为敏感性分析指标，投入成本、产量、销售价格作为分析因素，对农户经营油茶项目作单一因素的敏感性分析，见表5。

表5　农户油茶经营内部收益率指标敏感性分析

变动幅度	成本变动率(%)				价格变动率(%)				产量变动率(%)			
	-20	-10	10	20	-20	-10	10	20	-20	-10	10	20
内部收益率变动幅度(%)	16.6	8.3	-8.3	-16.6	-17.4	-8.7	8.7	17.4	-17.4	-8.7	8.7	17.4

从表5可以看出，在其他因素不变的情况下，假设每年投入成本上升(或下降)10%，内部收益率将下降(或上升)8.3%，内部收益率下降(或上升)的幅度小于成本增加(或减少)的幅度，成本对内部收益率的变动不太敏感。在其他因素不变的情况下，茶油价格和产量上涨(或下降)10%，内部收益率将上升(或下降)8.7%，内部收益率上升(或下降)的幅度也小于茶油价格和产量上涨(或下降)的幅度，同样敏感度不太高，但相对成本而言，茶油价格和产量的高低对油茶经营的收益率影响较为敏感。

4. 农户经营动机

从表2中可看出，经营规模为0.2公顷（3亩）油茶的农户，其油茶每年纯收入为

2613元。2009年浏阳市农村人均收入为7886元，家庭年均收入为3万元左右，种植油茶的收入不到家庭收入的10%。据实际调查，对于这部分农户，收获的茶油主要供家庭食用或出售作为家庭收入的补充。农户在经营油茶时，一般会与外出务工的收入或种植其他经济作物的收入相比较。因此，有劳力的家庭，一般会进行简单的抚育以提高产量，但一般不会对油茶过于加大投入，实行集约经营；而缺乏劳力的家庭，对油茶生产经营以拾“露水财”的经营动机，采用“人种天养”的粗放经营模式；在产量较低的年份，农户甚至会因采摘成本太高，而不采摘茶籽放弃经营。对于规模在0.34公顷(5亩)左右的农户而言，每年油茶纯收入为4185元，约占家庭收入的15%，这部分农户所产茶油一部分除满足家庭食用外，其余另一部分出售作为家庭收入的补充，一般会把油茶经营作为家庭收入来源之一对待。因此，会及时对油茶进行必要的施肥、修剪等抚育措施，采取较仔细的经营管理，以提高油茶的产量增加收入。而规模在0.67公顷(10亩)左右的农户，油茶经营收入为9060元，占家庭收入的30%左右，是家庭的主要收入来源之一，对油茶生产经营采取相对集约经营的方式，以期获得更多的收益。但是，对于一般农户而言，由于资金、技术及知识等因素的限制，一般不太愿意扩大经营规模。

(二)大户经营型

所谓大户经营型是指通过受让他人林地，具有一定经营规模(3.3公顷以上)的私人或民营油茶经营者。据估算，这种经营模式约占全县油茶林地面积的9%。

1. 案例基本情况

万氏(49岁)，镇头镇土桥村人，1987年采用逐年支付的办法租赁了集体林地7公顷(4000元/年)。之后，对油茶林进行高枝嫁接高产品种，油茶已进入盛果期，平均单产茶油300~375千克/公顷。日常管理和看护由家属担任，抚育、施肥和采摘都要雇人。所采的茶果晒干后榨成茶油出售，价格为50元/千克，2008年共榨油2100千克，除去雇工及材料等成本，纯收入为49875元，平均每亩收入为475元。汪氏(42岁)，沙市镇团农村人，原在外经商，2006年开始租赁农户林地共30公顷[600元/(公顷·年)，50年]种新品种油茶。目前，油茶已挂果，平常雇佣2人(60元/天)对油茶林进行日常看护管理，施肥和除草等抚育时一般雇请20人左右。

2. 投入及收益情况

根据对多家经营大户的高产试验地的油茶生产经营实际数据统计分析，大户生产经营油茶的基本情况见表6、表7和表8。从表6可看出，大户第一年的投入额度较大，第1~4年为生长期，需要进行抚育管理，投入为3750元/公顷(250元/亩)，基本无收益。第5~7年为初果期，平均每公顷收益为7500元，劳力、原材料、地租以及采摘的成本投入为5250元/公顷(350元/亩)。第8年进入盛果期，平均每公顷收益为15000元，投入成本为6750元/公顷(450元/亩)，油茶的经济经营周期同样设定为50年。

表6 大户经营油茶生产单位面积投入表(第1年) 单位：元/亩

合计	劳力投入				材料				基础设施	地租
	小计	清山整地	栽种	施基肥、抚育、病虫害防治	小计	种苗	底肥	农药	林道	
1250	800	550	80	170	370	210	156	4	50	30

注：数据为5户经营大户的实际生产平均计算所得。

表7 不同面积下大户油茶生产经营收益情况

油茶种植面积	每亩生果产量（斤）	干籽出油率(%)	产油量（斤/亩）	收入（元/亩）	劳力投入		原材料投入	地租（元/亩）	利润（元/亩）
					家庭投劳	雇工投入	农药、化肥（元/亩）		
50亩	875	22%	40.3	1083	50	320	54	30	629
100亩	869	23%	40.0	1000	0	408	54	40	498
450亩	1000	20%	40.0	1000	0	350	84	40	526

注：数据为实际生产经营调查所得。

表8 经营大户油茶经营成本收益表 单位：元/亩

年度	投入成本	累计投入成本	收益	累计收益	利润	累计利润
1	1250	1250	0	0	-1250	-1250
2	250	1500	0	0	-250	-1500
3	250	1750	0	0	-250	-1750
4	250	2000	0	0	-250	-2000
5	350	2350	500	500	150	-1850
6	350	2700	500	1000	150	-1700
7	350	3050	500	1500	150	-1550
8	450	3500	1000	2500	550	-1000
9	450	3950	1000	3500	550	-450
10	450	4400	1000	4500	550	100
11	450	4850	1000	5500	550	650
…	…	…	…	…	…	…
25	450	11150	1000	19500	550	8548
…	…	…	…	…	…	…
49	450	21950	1000	43500	550	21550
50	450	22400	1000	44500	550	22100

注：数据为5户经营大户的实际生产平均计算所得。

3. 运行模式及经营绩效

大户经营型租地面积较大，整地、栽种、日常抚育、采摘及看护等都须雇佣劳动力来完成。由表6和表8可知，大户经营第1年的投入较多，为18750元/公顷，进入盛果期第8年后的平均收益为15000元/公顷，平均成本为6750元/公顷，以油茶的经济经营周期为50年计算，其投资回收期为10年，内部收益率为14.9%。同上理，油茶经营周期为25年的内部收益率是14.2%。如果加上规划设计、工程监理、科技支撑、管理费和不可预见费等间接费用，投资回收期则增加为 11 年，内部收益率降低至 13.6%。

表 9　经营大户油茶经营不同贴现率的净现值　　单位：元/亩

年度	投入成本	收益	利润	$i_1=0.08$		$i_2=0.14$		$i_3=0.15$	
				折现系数	净现值	折现系数	净现值	折现系数	净现值
1	1250	0	-1250	1.0000	-1250.00	1.0000	1250.00	1.0000	1250.00
2	250	0	-250	0.9259	-231.48	0.8772	-219.30	0.8696	-217.39
3	250	0	-250	0.8573	-214.33	0.7695	-192.37	0.7561	-189.04
4	250	0	-250	0.7938	-198.46	0.6750	-168.74	0.6575	-164.38
5	350	500	150	0.7350	110.25	0.5921	88.81	0.5718	85.76
6	350	500	150	0.6302	94.53	0.5194	77.91	0.4972	74.58
7	350	500	150	0.5835	87.52	0.4556	68.34	0.4323	64.85
8	450	1000	550	0.5403	297.15	0.3996	219.80	0.3759	206.77
…	…	…	…	…	…	…	…	…	…
25	450	1000	550	0.1460	80.31	0.0431	23.69	0.0349	19.21
…	…	…	…	…	…	…	…	…	…
49	450	1000	550	0.0230	12.66	0.0019	1.02	0.0012	0.67
50	450	1000	550	0.0213	11.73	0.0016	0.90	0.0011	0.58
累计净现值					2262.94		188.06		-14.31

注：数据为 5 户经营大户的实际生产平均计算所得。

同上理，以内部收益率为敏感性分析指标，投入成本、产量、销售价格作为分析因素，对大户经营油茶项目作单一因素的敏感性分析，见表 10。

表 10　大户油茶经营内部收益率指标敏感性分析

变动幅度	成本变动率(%)				价格变动率(%)				产量变动率(%)			
	-20	-10	10	20	-20	-10	10	20	-20	-10	10	20
内部收益率变动幅度(%)	24.6	12.3	-24.6	-12.3	12.5	25	12.5	25	-25	-12.5	12.5	25

从表 10 可以看出，在其他因素不变的情况下，假设每年投入成本上升(或下降)10%，内部收益率将下降(或上升)12.3%，内部收益率下降(或上升)的幅度大于成本增加(或减少)的幅度，成本对内部收益率的变动较为敏感。在其他因素不变的情况下，茶油价格和产量上涨(或下降)10%，内部收益率将上升(或下降)12.5%，内部收益率上升(或下降)的幅度也大于茶油价格和产量上涨(或下降)的幅度，价格和产量对内部收益率的变动也很敏感，相对成本而言，茶油价格和产量的高低对油茶经营收益率的影响更为敏感。

4. 大户经营动机

大户经营油茶主要是以盈利为目的，是为获取社会平均的资本利润率，用内部插入法计算出其内部收益率为 14.9%，低于农户家庭经营模式，但高于公司经营模式，其原因是：大户经营要支付林地租金，修建林道等基础设施，但没有支付间接费用。大户油茶经营的内部收益率高于现期银行5年期贷款利率5.94%，也高于营林业的平均资金利润率8%，但低于社会的平均资金利润率20%（根据对经营大户调查所得）。如果要达到20%资金收益率，在没有政府补贴和不增加生产成本而单纯依靠良种和经营措施改变的条件下，茶油每亩单产必须达到27.5千克左右，而新造油茶林在现有政府补贴的条件下（6900元/公顷），单产必须达到23千克左右。根据表8大户经营油茶成本收益表可知，种植油茶的投资回收期较长，为10年，但收益期超过40年，且油茶在成林之后，管理较为简单，产量也比较稳定。因此，大户在能够借贷到资金、能够雇佣到劳力以及雇佣劳动力的成本比率控制在一定范围的情况下，通过租赁林地扩张经营的意愿显著。

（三）公司经营型

所谓公司经营型是指由从事其他行业的公司进行转行或者涉足农林行业，大面积租赁林地，从事高产油茶的种植与开发。据浏阳市林业局不完全统计，此类经营形式占浏阳市油茶林经营面积8%左右。

1. 案例基本情况

湖南东盛投资发展有限公司原主要从事专业媒体代理和媒介传播服务，于2009年注册成立子公司——湖南湘纯农业科技有限公司，计划在淳口建万亩丰产油茶示范基地，同时建立年产3万吨的茶油和菜籽油的精深加工厂。公司采用一次性支付[12000元/（公顷·50年）]的形式租赁林地，统一经营开发油茶，同时，对农户山上原有老油茶树进行补偿，每株10元，租地成本共约为19500元/公顷。目前已流转土地333.34公顷，栽种油茶林89.27公顷，所流转的山地大部分是已承包到农户家的林地。据调查了解，大部分农户并不十分愿意出让自己的山地，所以公司要想成片大面积租用山地，统一经营，比较困难，现租赁的林地是在镇、村干部的帮助下，通过各种方式才得以完成。公司的油茶林都是请当地的农民进行栽种和抚育，这部分农民都是来自基地周边的村，他们出让了自家的林地给公司。目前，公司共请了20人左右对油茶林进行日常抚育。

2. 投入及收益情况

根据对3家公司的高产油茶试验地的生产经营实际数据统计分析，公司经营油茶的基本情况见表11、表12和表13。据表13可知，公司经营油茶第1～4年为生长期，需要进行抚育管理，每公顷投入为3900元(260元/亩)，基本无收益。第5～7年为初果期，平均每公顷收益为7500元，投入成本为5400元/公顷(租用了较多的村集体林地)。第8年进入盛果期，平均每公顷收益为15000元，投入成本为6900元/公顷(460元/亩)。公司经营油茶面积较大，一般超过133.3公顷，前期须投入资金较多，每公顷须投入资金32700元(2180元/亩)。

表 11 公司经营油茶生产单位面积投入表(第 1 年) 单位：元/亩

直接费用											
合计	劳力投入				原材料				基础设施		
	小计	整地垦复	栽种	施肥、抚育、病虫害防治	小计	种苗	肥料	农药	小计	其他	林道
1132	680	500	80	100	372	210	158	4	80	30	50

间接费用					
合计	规划设计	工程监理	科技支撑	管理费 2%	不可预见费 5%
218	117	5	10	23	63

注：直接费用依据 3 家企业平均数据计算所得，间接费用依据浏阳市林业局《浏阳市油茶产业发展规划(2010～2015 年)》推算所得。

表 12 公司油茶生产经营收益情况

每亩生果产量（斤）	干籽出油率(%)	产油量（元/亩）	收入（元/亩）	直接费用(元/亩)			间接费用(元/亩)			利润
				劳力投入	原材料	地租	科技支撑	管理费	不可预见费 5%	
				施肥、抚育、采摘	化肥、农药					
1000	20	40	1000	300	84	50	10	5	11	540

注：直接费用依据 3 家企业平均数据计算所得，间接费用依据浏阳市林业局《浏阳市油茶产业发展规划(2010～2015 年)》推算所得。

表 13 公司经营油茶成本收益表 单位：元/亩

年度	投入成本	累计投入成本	收益	累计收益	利润	累计利润
1	1400	1400	0	0	-1400	-1400
2	260	1660	0	0	-260	-1660
3	260	1920	0	0	-260	-1920
4	260	2180	0	0	-260	-2180
5	360	2540	500	500	140	-2040
6	360	2900	500	1000	140	-1900
7	360	3260	500	1500	140	-1760
8	460	3720	1000	2500	540	-1220
9	460	4180	1000	3500	540	-680
10	460	4640	1000	4500	540	-140
11	460	5100	1000	5500	540	400
…	…	…	…	…	…	…
25	460	11540	1000	19500	540	7960
…	…	…	…	…	…	…
49	460	22580	1000	43500	540	20920
50	460	23040	1000	44500	540	21460

注：依据 3 家企业平均数据计算所得。

3. 运行模式及经营绩效

公司采用一次性支付[12000 元/(公顷·50 年)]的形式租赁林地统一经营开发油茶，由于经营面积较大，整地、栽种、日常抚育、采摘及看护等都须雇佣劳动力来完成。由表 13 和表 14 可知，公司经营第 1 年的投入较多，为 16980 元/公顷，进入盛果期第 8 年后的平均收益为 15000 元/公顷，平均成本为 6900 元/公顷，以油茶的经济经营周期为 50 年计算，其投资回收期为 11 年，内部收益率为 13.8%。

同上理，将油茶经营周期设定为 25 年时的内部收益率是 12.1%。

表 14 公司经营油茶经营不同贴现率的净现值 单位：元/亩

年度	投入成本	收益	利润	$i_1=0.8$		$i_2=0.13$		$i_3=0.14$	
				折现系数	净现值	折现系数	净现值	折现系数	净现值
1	1400	0	-1400	1.0000	-1400	1.0000	-1400.00	1.0000	-1400.00
2	260	0	-260	0.9259	-240.74	0.8850	-230.09	0.8772	-228.07
3	260	0	-260	0.8573	-222.91	0.7831	-203.62	0.7695	-200.06
4	260	0	-260	0.7938	-206.40	0.6931	-180.19	0.6750	-175.49
5	360	500	140	0.7350	102.90	0.6133	85.86	0.5921	82.89
6	360	500	140	0.6302	88.22	0.5428	75.99	0.5194	72.71
7	360	500	140	0.5835	81.69	0.4803	67.24	0.4556	63.78
8	460	1000	540	0.5403	291.75	0.4251	229.53	0.3996	215.80
…	…	…	…	…	…	…	…	…	…
25	460	1000	540	0.1460	78.85	0.0532	28.74	0.0431	23.26
…	…	…	…	…	…	…	…	…	…
49	460	1000	540	0.0230	12.43	0.0028	1.53	0.0019	1.00
50	460	1000	540	0.0213	11.51	0.0025	1.35	0.0016	0.88
累计净现值					1997.41		199.95		-33.26

注：直接费用依据 3 家企业平均数据计算所得。

同上理，以内部收益率为敏感性分析指标，投入成本、产量、销售价格作为分析因素，对公司经营油茶项目作单一因素的敏感性分析，见表 15。

表 15 公司油茶经营内部收益率指标敏感性分析

变动幅度	成本变动率(%)				价格变动率(%)				产量变动率(%)			
	-20	-10	10	20	-20	-10	10	20	-20	-10	10	20
内部收益率变动幅度(%)	25.6	12.8	-12.8	-25.6	-25.8	-12.9	12.9	25.8	-25.8	-12.9	12.9	25.8

从表 15 可以看出，在其他因素不变的情况下，假设每年投入成本上升(或下降)10%，内部收益率将下降(或上升)12.8%，内部收益率下降(或上升)的幅度大于成本增加(或减少)的幅度，成本对内部收益率的变动较为敏感。在其他因素不变的情况下，茶油价格和产量上涨(或下降)10%，内部收益率将上升(或下降)12.9%，内部收益率上升(或下降)的幅度也大于茶油价格和产量上涨(或下降)的幅度，价格和产量对内部收益率

的变动也很敏感，相对成本而言，茶油价格和产量的高低对油茶经营收益率的影响较为敏感。

4. 公司经营动机

公司投资开发油茶是以获取超额的社会平均利润率为目的，用内部插入法计算出其内部收益率最低(13.8%)。其原因是：公司经营既要支付林地租金又要支付间接费用。但是公司经营油茶的内部收益率高于现期银行5年期贷款利率5.94%，也高于营林业的平均资金利润率8%，但低于20%的社会平均资金利润率。如果要达到20%的资金收益率，在没有政府补贴和不增加生产成本而单纯依靠良种和经营措施改变的条件下，茶油单产必须达到30千克左右，而新造油茶林在现有政府补贴的条件下(6900元/公顷)，亩产油必须达到25千克左右。根据公司经营油茶成本收益表可知，种植油茶的投资回收期为11年，相对来说回收期较长，资金回收慢。但油茶的投资收益期超过了40年，经济效益比较显著。且公司可以利用自己较为充裕的资金与便利的融资条件，进行油茶深加工项目，延长油茶的加工链，提升其附加值。因此，在政策的扶持下，公司在能够借贷到资金、能够雇佣到劳力以及雇佣劳动力的成本比率控制在一定范围的情况下，通过租赁林地扩张经营并进行茶油深加工的意愿显著。

(四)专业合作社型和村组集体组织下的农户经营型

所谓专业合作社经营是指农户在自愿、平等、互助、自主的基础上组建油茶经营合作经济组织，农户以林地折股入社，自主生产管理，合作社采取统一规划、统一整地、统一提供技术、信息及供销等服务，按交易额和股份分配盈利，自负盈亏的经营模式。而集体经营型是指由村组集体(村委会)统一规划，统一整地，统一提供技术、信息及生产资料的供销服务，农户自主生产管理的经营模式。目前，这两种模式在浏阳市油茶生产经营面积中不足2%，所占比重极小。

1. 案例基本情况

旭日种植专业合作社成立于2010年9月，由小学教师朱志良牵头，组织淳口镇羊古滩社区老屋组20户村民自发成立了油茶专业合作社。合作社现有林地约67公顷，已栽种油茶9.2公顷。由于现在农户不愿意承担油茶开发的风险，采取观望的态度而不愿意投资。因此，前期开发整地、苗木费等造林的前期投入暂由朱志良一人全部承担，项目盈利后再偿还。油茶的日常抚育管理则谁家林地由谁家自己承担，出资人朱志良主要负责合作社对外事项，组长易武才主要负责合作社的日常经营管理，推荐1名社员管理合作社的账目。淳口镇杨柳村共2700多人，山地620公顷，1982年分山到户，其中杨柳片864人，大部分青壮老劳力都已外出打工，外出劳务收入成为当地家庭收入的主要来源，其次种植烤烟也是当地农民的另一收入来源。2008年，村委组织杨柳片村民统一开发油茶80公顷。

2. 运行模式及经营绩效

旭日种植专业合作社对入社的社员要求将林地折股入社，并与合作社签订协议，受让的非社员林地由合作社统一开发经营管理。杨柳村集体组织经营则由村里统一清山、整地、挖坑并有偿供应低价油茶苗，统一购买化肥等生产资料，村民购买苗木并负责栽种与抚育，若未成活，将由村里出资补种。以上两种经营模式在生产上主要以家庭经营展开，油茶的生产情况与一般农户基本上相同，而在油茶经营方式上和大户及公司经营有相同之处，统一规划、整地、防护，统一采购种苗、农药和肥料等生产资料，统一提供信息和技术以及油茶籽等产品的销售，因此降低了生产成本和交易成本，不同的是没有地役权的改变和租地成本。据调查，以 2009 年为例，油茶开发中，连片统一整地比农户单独整地成本要低 50 ~ 100 元/亩；统一购买农药、肥料等生产资料可按一级批发商价格提供，比市场零售价降低 10% 左右；另外，统一销售毛茶油比农户自己销售价要高出 3 ~ 5 元/斤左右，提高了油茶经营的比较利益。

3. 经营动机

合作社和村组集体组织下的农户经营模式设立的动机是为了保护农民自身的利益，与其他模式相比，这两种经营模式通过降低生产成本和交易成本，提高了农户的收益，有效地保护了农民的权益，提升了油茶经营的比较利益，最终提高了农户种植油茶的积极性。由于这两种模式都必须统一起来进行合作经营开发，其效果一般要到第 8 年才能产生，而农户大多看重的是当前的利益，因此，初期农户组织相对困难，观望者居多。另外，这两种模式更多的是在基于信任和契约基础上建立起来的，双方都存在违约等机会主义行为。因此，构建利益共享，风险共担，民主监督及自我管理机理机制显得尤为重要。

三、对现有经营模式的基本评价与完善的基本构想

（一）现有经营模式的基本评价

如表 16 所示，总结现有几种油茶培育经营模式的经营效益指标可看出，在现有经营条件下，经营效益的优劣依次是家庭经营、大户经营和公司经营。其原因主要是农户没有租地成本、间接费用和基础设施费用的支出，而大户则没有支付间接费用，降低了经营成本，经营效益得以提升。但在假设各种经营模式都统一支付各种费用的条件下，内部收益率的排序改为农户、公司和大户。农户的内部收益率仍高于公司主要是因为农户在肥料、劳动力投入上少于公司。农户所用的肥料一部分是农家肥，在雇人方面只在采摘时，自己亲戚和周边的人相互无偿帮忙，成本仍低于公司。但如果考虑到油茶籽的收购、销售和加工时，公司和大户经营具有规模经营优势，在流通与加工环节的交易成本具有明显优势。因此，总的来说，公司和大户经营具有规模经营优势。

表 16　各种油茶经营模式的经营效益指标比较

模 式	类 型	产油量（斤/亩）	收入（元/亩）	利润（元/亩）	投资回收期（年）	内部收益率（%）	累计利润率（元/亩）
家庭经营	Ⅰ	43.5	925.3	683.7	9	20.04%	27000
	Ⅱ	43.5	925.3	6277	10	16.%	24284
大户经营	Ⅰ	40.1	1027.7	551.0	10	14.9%	22100
	Ⅱ	40.1	1027.7	5466	11	13.%	21882
公司经营	40.0		1000.0	540.0	11	13.8%	21460

注：①家庭经营和大户经营为不同面积经营户的平均值，专业合作社及村组集体组织下的农户经营模式现实中还没有实际经营业绩，故没有效益指标数据。②Ⅰ行所表示的是现实条件下各种模式的经营效益指标，Ⅱ行表示的是各种模式加入了地租、间接费用等机会成本后的效益指标数据。

林业“三定”以来，特别是集体林权制度改革以后，家庭经营成为集体林区林业经营的主流形式。从经营绩效看，家庭经营规模小，不能形成规模经济效益；另外，缺乏资金、技术和见识，抗风险能力差，根本不适应产业化经营的需要。从理论上说，大户经营和公司经营虽然形成了规模经营，从油茶生产经营的整个生产环节上看，能够获得规模经济效益，但是，不同程度上与农户之间存在着利益分配上的矛盾，产销双方均存在违约等机会主义行为，极大地弱化了油茶产品价值链条的稳定性；另外，这种经营模式存在林地地役权的改变，随着集体林权制度改革的深化，林业经营比较效益提升，农户的林地难以流转集中成片形成经营规模；而专业合作社和村组集体组织下的农户经营组织模式虽然在不改变地役权的前提下形成了规模经营，获得了规模经济效益，林农的权益也得到了最大限度的保障，但合作形成过程慢，组织的构建成本高，运作效率有赖于合作社和村组管理层的综合素质，需要付出对管理层较高的监督成本。这些都从制度上制约了油茶产业的发展。现阶段各种油茶经营模式的 SWOT 分析见表 17。

另一方面，从现有各种经营模式对解决“三农”问题的贡献看，家庭经营由于规模小且资金少和技术力量弱，土地产出率低，对农业经济和农村公共事业的发展贡献度小，但由于产权明晰，农民的收益最大限度的内在化。另外，进入盛果期后所需投入劳力不多，因此，家庭经营与其他经营模式相比的机会成本不大。大户经营由于形成了一定的经营规模，土地产出率有所提高，对农业的发展有一定的促进作用，因大户多为本地居民，比较关注农村的公益事业，对雇佣农民的劳动所得相对而言也较为大方，但农民获得土地租金及劳动收入也有限。公司经营由于规模大且资金和技术力量雄厚，土地产出率相对较高，解决了当前农业经济的发展问题，但农民也仅获得土地租金及劳动收入，对农村的公共事业贡献有限。而合作社经营在不改变地役权的基础上形成了规模经营，农民的权益也得到了最大限度的保障，从理论上说是一种理想的经营模式。具体评价见表 18。

表17　各种油茶经营模式的SWOT分析

	优势(Strengths)	劣势(Wekness)	机会(Opportonities)	风险(Threats)
家庭经营	①自主管理，经营灵活；②无须雇工，劳动力成本低；③产权明晰，无纠纷。	①缺乏政策、资金和技术支持；②缺少市场价格信息。	①油茶的管理和经营技术的成熟；②新品种的推广使油茶产量提高。	①自然等灾害和市场的不确定性；②比较利益较低，中途放弃经营。
大户经营	①统一规划与管理；②较易获得政策、资金和技术支持；③市场信息较全；④产权明晰。	①雇工难且雇佣成本高，监管难；②前期个人资投入大，资金困难；③土地流转困难；④经营成本相对较高。	①进行油茶初加工、提升油茶附加值；②管理、经营技术水平的逐渐成熟。	①自然等灾害和市场的不确定性；②与租地农户的利益冲突所引起的矛盾，农户的违约风险。
公司经营	①统一规划与管理；②组织治理结构较完善；③易获得政策、项目资金和技术支持；④市场信息完备，议价能力强；⑤资金较充裕，融资能力强。	①土地流转困难，林地纠纷难调解；②雇工难且雇佣成本高，监管难；③经营成本相对较高；④税费负担相对较大。	①进行油茶深加工项目的可能，提升油茶的附加值；②管理、经营技术水平的提高。	①自然等灾害和市场的不确定性；②与租地农户的利益冲突所引起的矛盾，农户的违约风险。
专业合作社及村组集体组织下的农户经营	①统一规划与管理；②农户自主性强，权益能受到保护；③部分能获得政策、项目资金和技术支持；④市场信息完备，市场议价能力强；⑤税费低；⑥产权相对明晰。	①农户难组织，初期入社积极性低，观望者居多；②对管理人员的素质要求高；③利益分配机制难统一，监督成本高。	①农户入社积极性提高，规模扩大；②国家政策扶持；③管理、经营技术水平的提高，组织治理结构完善；④随着经济效益的提升，市场竞争力增强。	①自然等灾害和市场的不确定性；②监管不力导致内部管理失控；③其他不确定性因素导致社员退社。

注：根据实际调查总结所得。

表18　不同经营模式对“三农”问题解决的贡献评价

	农业	农民	农村
家庭经营	差	优	差
大户经营	中	良	中
公司经营	优	中	差
合作社经营	优	优	优

注：数据来源根据实际调查所得，评价分为优、良、中和差四个等级。

（二）现有经营模式完善的基本构想

要完善现阶段各种经营模式以促进油茶产业的发展，家庭经营应该在发挥其激励机制强、劳动力利用效率高等特点的条件下，形成适度的经营规模，以获取规模经济效益。大户经营和公司经营主要在大户和公司与受让土地的农户间构建起利益共享、风险共担的利益机制和风险机制，并同时建立起与之相配套的政策保障制度和法律制度，使农民从中得到实惠。而农民专业合作社则要在政府政策的扶植下，运用诱致性的制度变迁，促进专业合作组织的形成，加强对农民的教育培训，提高农民的综合素质，按照现代公司制度对合作社组织制度进行结构治理，降低合作组织形成的交易成本，使农民能够从合作社中获得利益，同时，构建起与之相配套的政策保障制度和法律制度。村组集体组织下的农户经营主要建立起公开透明的民主管理机制，特别是建立健全公开、公平的分配制度，加强对村组干部的监督管理，使其真实为农民服务，但是，由于存在政企不分等违背现代公司制度等问题，只能是当前农村一种应急型的经营模式。

四、油茶生产经营的特点

油茶生产经营的特点可以整理为以下几点：

（一）初期投入大且见效慢

高产油茶开发经营前期的清山、整地、建梯田、种苗、栽种和当年的抚育等需要投入大量的资金。根据实际调查，普通农户家庭经营由于没有租地成本、间接费用和基础建设投资等支出，造林每公顷需投入资金16000元，大户及公司经营则在19000～21000元，专业合作社及村组集体组织下的农户经营则在15000元左右。另外，油茶栽种后前2年为生长期不结果，第3～4年为初果期基本上没有经济价值，第5～7年的结果可榨油但产量不高，第8年后才进入盛果期。由于不同经营模式的初期投入不同，油茶的投资回收期在9～11年之间。尽管其内部收益率较高（14%～20%），但在低水平的农村收入和不完善的社会保障条件下，投入油茶经营的资金有限，加上生产见效慢，对实施规模集约化经营采取观望态度者较多。因此，经营主体需要得到外部经济扶持，生产经营才能得以顺利进行。

（二）日常抚育更重要

提高油茶产量除了选择适地适树的优良品种、高标准的整地和栽植技术以外，油茶整个生长过程中的除杂、施肥、培土和整形修剪等抚育工作成为高产林最关键的措施，而又以前3年的幼林抚育管理最为重要。如果幼林阶段的除杂进行得彻底，油茶成林后杂灌很难生长，将大大降低今后抚育的成本。因此，在家庭劳动力充足，每年进行了抚育管理的油茶林至今仍保持着较高的茶油产量；而缺乏劳力或不愿意投劳，没有进行必要的抚育管理的油茶树则产量低下；在长期没有进行抚育的地方，有的油茶树被杂草覆盖，成为了新的荒山荒地。

（三）采摘收获用工多，劳动力成本高

高产油茶经营是一个劳动密集型产业，它不仅体现在最初的种植和抚育阶段，而且反映在茶籽收获阶段。从实际调查的情况看，主要面临的是采摘劳动力供给不足和采摘劳动力成本过高的问题（罗攀柱等，2010）。一方面会造成与新疆棉花采摘类似的社会问题出现，另一方面采摘劳动力成本占当年油茶生产成本的40%以上，造成大规模油茶经营主体盈利减少。可以看出，从宏观层面上看大面积油茶经营能够获得较好的社会效益，但从微观层面上衡量却是不经济的。从理论上看，采用机械采摘，提高采摘效率，是减少劳动力人数，降低采摘劳动力成本的根本途径。但是，从油茶的生长环境和生物学特性来看，目前，还难以解决机械在山地上行走、彻底采摘干净和影响油茶花蕾生长等问题。发达国家类似的采摘机械也没能有效解决以上两个问题，因此，在现有的技术水平条件下，当前的油茶经营适宜于适度规模经营。

五、油茶培育生产经营模式的构建

根据上述各种油茶生产经营模式的评价，结合油茶生物学特性及油茶生产经营的特点，构建“公司＋合作社＋农户”这一模式能够有效解决上述各种经营模式存在的问题，从组织制度上保证油茶培育产业健康有序的发展。

（一）经营模式的构建

所谓“公司＋合作社＋农户”模式是指从事油茶加工等相关产业的公司为了确保原材料的供应，通过农民专业合作组织，依靠土地入股将农户组织起来从事油茶生产经营。这种模式的运行方式是：在制度构建上，公司通过出资和派驻管理者组织农民加入和组建合作社，并提供一定的日常工作经费，解决合作社组建资金不足和缺乏带头能人的问题。在生产上合作社采取“四统一”的方式组织油茶的生产经营，收取一定非盈利性的管理费用，以支付组织生产经营的支出。所谓“四统一”是指：一是统一供应生产资料。由于购买量大，合作社可按一级批发价格购买，可降低10%左右的购买成本。二是统一生产计划。合作社根据生产时节，统一组织社员进行施肥、剪枝等抚育工作和油茶的采摘工作。三是统一技术标准。合作社统一供应苗木，提供栽培、施肥、剪接等抚育的技术规程和工作规范；四是统一服务。对生产经营中出现的病虫害、生产技术等问题由合作社统一聘请专家进行解决。在产品销售上公司依据市场需求，与合作社签订生产经营合同，合作社依据协议将社员生产的茶籽按市场价统一收购并销售给公司，公司从企业的盈利中按农户的茶籽交易量给予一定比例利润返还和免费的信息及技术服务，诱使农户将茶籽销售给公司。在利益分配上合作社按农户的土地股和资金股份分红。在“公司＋合作社＋农户”组织模式下，合作社处于公司与农户之间，起到一个纽带的作用，主要是发挥协调平衡功能，平衡公司和农户之间的利益分配。合作社可以入股公司，每个社员的收入不仅来自于销售的油茶籽，还来自于合作社的分红。这样，合作社、社员和公司三者可以做到利益共享、风险共担。

相对于常见的公司经营模式，“公司＋合作社＋农户”模式更为科学合理。在这一模式下，公司可以集中精力抓好技术创新与产品研发、茶油的市场营销战略和战术的制定以及融资等；合作社主要兼顾公司与农户的现实利益，协调公司与农户之间的利益分配及风险的分担，负责农资的供应、油茶生产计划管理、技术培训与服务等；而农户主要按合作社的要求对油茶林进行施肥、抚育、采摘等日常管理。总之，“公司＋合作社＋农户”这一模式通过公司、合作社、农户三者的系统整合，在油茶经营的产业链上实现了再分工基础上的紧密协作关系，将有利于加工原料的确保、技术水平的提高、产品质量的提升及叠加公司、合作社和农户三者的利益，形成公司、合作社和农户三赢的局面。

(二)经营模式形成的机理机制

“公司＋合作社＋农户”这一模式的形成应该是油茶的生物学特性和生产经营特点及农村社会经济现实特征的必然反映。

首先，从“公司＋合作社＋农户”这一模式的总体形成来看，依据上述的分析，在现有的经营模式中，投资收益高的家庭经营却缺乏规模经济效益；而具有规模经济效益的大户经营和公司经营却因地役权的改变，一方面农户的林地不愿意流转，另一方面存在着随着社会经济的快速发展，由于信息不对称而带来的利益纠纷等问题(罗攀柱等，2010)；而对于既形成规模经营优势又解决了地役权问题的农民专业合作组织却因农村缺乏带头人，内部治理结构混乱，农户相互缺乏信用难以合作等问题，造成合作社难以形成或发展困难(罗攀柱等，2010)。

其次，从合作社和农户的角度来看，依据油茶生产经营的特点，油茶的栽培、抚育、采摘收获以及选籽等生产经营适合于家庭生产经营，在产权明晰的条件下通过对农户劳动力的充分利用，有利于农户对油茶经营的精耕细作；而种苗和肥料等生产资料的提供、信息和技术的提供以及油茶籽的销售适宜于统一经营，在规模经营的条件下有利于降低油茶的生产成本和交易成本。

其三，从公司和合作社的角度来看，依据目前我国农村社会经济现实特征，农村社会经济尚还落后，缺乏资金、人才和技术，这就需要组织化程度高、资金充足和技术力量雄厚的公司对合作社予以扶植，特别是在当前国家对农民专业合作社扶持政策体系不系统、范围不普及以及实施细节不具体的情况下，公司对合作社的扶持应该是一个重要的过渡措施，也应该是现实社会的必然选择。

(三)经营模式构建的微观基本条件

“公司＋合作社＋农户”经营模式虽然有其优势，但其构建需要一定的基本条件。首先是公司必须具有追求长远的经营利润这一目标，更进一步说，必须具有解决“三农”问题的社会责任感。从公司方看，现实生产经营中，公司往往关注短期的利益最大化，不会愿意支付合作而带来的交易成本，因而合作往往难以形成。对此，公司方应该充分认识到合作能够为公司带来长远的利益双赢局面，如果还能够具有解决“三农”问题这一社会责任感，将公司的盈利反哺农林业，那么，这种双赢的格局将更加牢固。第二是加强合作社内部的管理结构。由于农林业盈利性低、经营周期长且风险高，农户从参加合作社中所获利润甚微，因而合作社难以构建。对此，将现代企业制度中的股份制引入合作社的管理结构中，以股份合作制为合作社的基本制度，使合作社的内部组织制度得以稳定。第三是公司和农户都必须具有信用和契约精神。从农户方看，农户不愿意参加合作的重要原因之一是农户与公司、农户与农户之间相互缺乏信用。对此，加强对农民的以法制为基础的基本教育，提高农民自身素质，形成依法办事的社会风气和农民自我管理及民主监督的机制，能够有效增强模式成长发展的基础。

六、经营模式的政策保障机制

要使“公司+合作社+农户”这一经营模式得以顺利实施，除了应具备微观基本条件外，还需要一系列的保障体系来保证模式的实施。

（一）深化林业产权制度改革

从林业产权制度改革的绩效看，以确权发证为主的林业产权制度改革基本确立了以林农为主的林业经营主体在市场经济中的主体地位，林业经营的积极性相应提高。目前，油茶经营已超过8%这一林业行业的平均利润水平，林农对油茶的经营积极性较高。对此，要进一步深化林业产权制度改革，继续进行微观经营组织的构建、融资渠道的拓展、技术推广体系的普及、森林保险的构建和管理体制改革等相关配套措施的改革，完善相应的后续政策，特别是要完善农村社会保障体系，构建起公平、公正和透明的林地使用权流转制度体系，做到森林资源、林地和林木资源流转，促进油茶规模经营的形成，使油茶经营主体能够实现合理的经营预期。在此基础上，政府应该从资金、人力和物力多方位协助农村社区组建并管理合作社，使合作社成为农村农林业的主要微观经营主体，同时应该以合作社为载体将扶农项目资金切实落实到农林业上，促进农民专业合作组织可持续发展。

（二）完善相关的法律法规

目前许多农村各种合作组织成为农村强势群体和社会资本的利益结合体，它们的出现只解决了农业的效率问题，而没有给广大的农民带来实质性的收入增加，没能对农村落后面貌起到根本性的改变作用。造成这一问题的根本是我国现行的合作社制度本身。因为现行的制度只规定了合作社社员的主体资格，而没有规定合作社的义务，也就是违背了对农民和农村这一弱势群体的扶植的义务这一经典合作社的理念。对此，要借林业产权制度后续改革的东风，不断完善合作社法，尽快出台合作社法细则，重新构建符合广大农民利益的合作社的主体资格，同时，在合作社的权力、责任和利益上与农民的利益紧密结合，使合作社真正成为广大农民的权益维护者和生产经营服务者。另外，要培养树立法律意识和法制精神，形成以契约为根本的法制社会，使公司、合作社和农户间的权责利关系一切按契约连接，同时要做到有法可依，执法必严。

（三）加大政策的扶植力度

虽然经营生产油茶的盈利性相对较高，但由于初期投入多、经营周期长、见效慢且存在一定的风险，其合作的成本高，还要克服合作带来的“搭便车”等交易成本，导致农户参加合作社获利甚微，因而合作社难以构建。同理，企业与合作社的连接也难以紧密。对此，要加大在油茶栽培和加工方面的基础研究投入，延长油茶产品的产业链，提升油茶产品的附加值，产业链的延长和附加值的提升能够使“公司＋合作社＋农户”模式更加稳健和具有可持续性。此外，对模式中的公司实行优惠的税收减免政策，对合作社按公益性组织征收最低税率，通过农村信用合作社发放林业生产经营的低息小额贷款，各级政府的涉农财政扶植资金应该对模式中的企业与合作社倾斜，并采用直补发放确保将资金切实落实到被补贴社员手中，降低补贴资金在发放环节中缩水的风险。

（四）加强科技推广及人才培养

由于农村有知识、懂技术、会经营的青壮年人力资源大多进入城镇，而留在农村的多为中老年及妇女，尽管公司在人才资源上有一定优势，但油茶经营技术人才缺乏，特别是合作社经营管理人才匮乏，农民的知识素养和科技水平很低，不适应“公司＋合作社＋农户”模式的普及与发展。对此，在加大农村基础性教育、提升农民基本文化素质的同时，要强化各级政府的服务功能，构建以公益性为主体的林业科技推广体系，解决油茶生产经营中出现的各种技术问题，通过各种媒体宣传与普及油茶培育与加工技术。其次，对于形成一定规模的“公司＋合作社＋农户”组织，可实施以林业职能部门组织为主体的“科技特派员”制度，定点帮助解决实际技术问题；同时可通过周边亲身经历的事件，向农民说明互助合作的好处，培养农民的合作意识，更重要的是国家应该出台优惠政策，鼓励本乡本土的文化青年回乡建设新农村，鼓励大学毕业生到农村担任村官和科技干部，以促进合作经济组织的发展。

（五）构建监管制度体系

林业是一个生产经营“准公共产品”的弱质产业，不能完全用市场经济规则加以对待。各级政府除了要加大对油茶产业的各种扶植力度之外，关键是要构建起一个良好的市场交易秩序、法律秩序和道德秩序的市场经济环境，明确政府是市场经济活动的“保护者”和“服务者”。各级政府要在调查研究的基础上规范公司、合作社和农户三者之间的契约与明确权力、责任与义务，定期监督检查农民专业合作社的组织制度的运行和国家扶植资金的使用情况，防范财务的弄虚作假现象和管理者腐败行为的发生，深入农户了解其对合作模式的满意情况，指导和协调公司、合作社和农户间的利益分配关系，以促进这一模式的可持续发展。另外，要加大违规行为的惩罚力度，使其违规成本远远大于违规收益。

纵观浏阳市各种油茶生产经营模式的实际生产情况，普通农户型是当前主流经营形式，大户经营、村组集体组织下的农户经营和公司经营发展态势较好，但是，这些经营模式在现阶段有的在微观层面或宏观层面上存在着这样或那样的不足，而切实为农民谋利的专业合作社难以形成。因此，探索以公司为依托，构建“公司＋合作社＋农户”的经营模式，既能解决农村能人和带头人缺乏、生产经营组织治理结构难和林地流转困难等问题，又能够适合油茶生物学特性和油茶产业生产经营特点，降低生产成本和交易成本，提高生产经营效率等问题。但是，公司强调资本的平等和追求利润最大化的本质与合作社强调人的平等和追求奉献的理念之间存在着难以调和的矛盾（杨东群，2002），应该说“公司+合作社+农户”这一模式是当前我国农村社会经济条件下油茶经营的一种过渡式的选择，它应该具有的地位和作用还有待于今后的实证研究。从长远看，随着农村社会经济的不断发展，农民素质的提升，在政府的主导下，通过政策倾斜和项目扶植，积极引导农民走上合作经营之路，是油茶产业发展，也是林业产业发展的根本之路。从世界林业发达国家的情况看，人多地少的小规模经营适宜于采用专业合作社模式，但是，它的形成在我国应该还有一个相当长的过程，它的产生与发展政府的推手尤为重要。

调研单位：中南林业科技大学
执　　笔：罗攀柱

中国林业发展对就业的贡献研究

【摘 要】林业就业是伴随林业发展而出现的经济现象。在保民生、促就业方面，林业责无旁贷。提高林业就业水平已成为判断未来现代林业建设成就的重要依据。根据就业理论，就业水平的高低不仅取决于就业数量，而且还要取决于就业质量与就业素质。从林业就业现状来看，林业第一产业依然是吸纳就业人员的主体。但是，从另一个侧面，也说明我国林业二、三产业吸纳就业的潜力巨大。从林业就业质量来看，我国林业就业整体质量尚可，在收入水平、劳动时间长短、劳动保护、劳动合同、社会地位和教育培训等方面整体质量较高，但是在社会保障、职业生涯规划等方面尚存在诸多不足之处，仍有较大的提高幅度。从林业就业素质方面，不仅存在显性的素质缺口，也存在着隐性的素质缺口。本文从集体林权制度改革的角度出发，简要分析了集体林改对促进林业就业方面的影响，并站在政府的立场，从林业就业总量、就业质量和就业素质三个方面提出了我国林业就业的政策设计思路。

就业是民生之本，也是经济增长之源、社会稳定之基。林业就业反映了林业发展对社会经济的贡献，反映了林业在国民经济中的位置和作用。关注林业就业现象，研究林业就业问题，把握林业现状及发展变动趋势，将成为未来中国林业发展领域中的重要课题。本文拟从林业对就业的吸纳能力、林业就业质量、林业就业素质、林权制度改革对林业就业的影响等方面展开分析。

一、林业对就业的吸纳能力分析

根据国民经济核算的方式，林业可以划分为三个产业：以森林培育为核心的林业第一产业，以林产品加工为核心的林业第二产业以及以森林旅游和林业服务为核心的林业第三产业。所谓林业就业，是指劳动者受雇或从事林业及其附属产业、其他相关产业的工作，并获取工资性收入或劳动报酬的活动过程。本研究按照林业产业结构的划分标准，分别对林业三大产业的就业现状及特点予以深入的分析。

（一）林业直接就业与间接就业的估计

1. 林业就业分类

我国林业对就业的拉动作用可分为直接就业和间接就业。林业直接就业包括：林业，森工，社会服务业中的自然保护、旅游，林业教育与科研，林业机关和社团，以及与林业相关的集体经济单位和其他经济单位。林业间接就业包括：农林牧渔业中农业和养殖业，采掘业中开矿等其他活动，制造业机械制造修理等，其他社会服务如水电煤气服务、销售、餐饮、体育、社会福利等。

林业间接就业人数 = 林业部门间接就业人数 + Σ[β×林业部门直接就业人数(分类)]

系数β表示林业带动其他相关行业就业的能力。β的取值为：营林3.0，林木采运2.5，森林工业3.5，其他1.0。

2. 林业直接就业与间接就业的测算

(1)花卉产业

国际上花卉产业直接就业人员和间接就业人员的比例在不同国家有很大的差别，在比较发达的荷兰，其比例为1∶1.3，而在欠发达地区的肯尼亚为1∶10左右。结合中国处于发展中阶段的主要特征，与花卉相关的直接就业与间接就业比例应高于荷兰水平低于肯尼亚水平，我们采取一个保守估计值1∶2，即花卉产业1个直接就业人员可带动其他行业2个就业岗位。

(2)造纸工业

国际经验数据表明，现代造纸工业直接就业人员与间接就业人员的比例为1∶6至1∶17.7，结合中国实际情况，借鉴世界主要国家的经验数据，确定中国造纸工业直接就业人员与间接就业人员比例为1∶6左右，即1个造纸行业的直接就业岗位能够为其他行业带来6个间接就业机会。

(3)森林旅游业

旅游经济是由旅游服务业及其直接、间接相关的行业部门共同构成的综合性产业。旅游经济就业人数也可称为旅游拉动的全部就业人数。根据国家发改委和国家旅游局旅游就业研究组的研究结果，旅游特征产业与旅游经济就业人数之间的乘数系数为1∶3。据统计，2007年，森林公园直接吸收就业10083人，间接带动社会就业人员44余万人。根据国际经验数据和国内部分省份的历史数据，林业生态旅游和生态旅游业直接就业人员与间接就业人员的比例为1∶5左右，即1个林业生态旅游和森林旅游直接就业人员可带动5个社会人员就业。

(4)木材加工行业

世界著名木材和纸浆跨国企业、美国WEYERHAEUSER公司乌拉圭分公司董事长向媒体披露，该企业在乌拉圭投资4500万美元的家具板材加工厂即将投产，到2012年木材年加工能力将达到500万立方米，直接就业人员将达23000人，间接就业人员46000人。根据经验数据，木材加工行业直接就业人员与间接就业人员的比例为1∶2左右。即1个木材加工行业的就业人员，能带动2个社会人员就业。

（二）林业三大产业吸纳就业能力分析

1. 林业第一产业就业估计

林业第一产业是与林业资源种植和培育相关的产业，主要包括：①农业，主要是指花卉、茶、桑、果等；②牧业，主要是指狩猎业等；③林业，主要是林木培育、林产品采集以及村和村以下竹、木采伐等。

（1）林业系统职工

林业系统职工人主要是国有林业企业和国有林场的职工。根据2009年国家林业局数据显示，1950～1994年职工人数逐渐增加，1994年到达最高点，308万人，1995年人数开始逐年下降，到2008年下降到138万职工。而在内蒙古、黑龙江、吉林、四川、云南、江西等省（自治区），林业系统职工人数比较多，说明我国林业系统职工分布主要集中在东北国有林区和西南集体林区。

由于我国林业发展的模式，从以森林资源开采向培育和保护森林资源转变，林业系统职工人数不断减少。1995～2008年林业系统职工以每年6.28%（根据回归方法计算）的速率减少。

（2）从事林业生产的农户

我国林区可以分为南方集体林区、北方平原林业地区和东北国有林区。东北国有林业的企业职工人数占多数。南方和北方的林区农户的比重大。根据第二次全国农业普查：2006年共有4.79亿农村常住从业人员，虽然很难区分农业劳动力还是林业劳动力；2007年农村住户调查数据中林业收入占第一产业收入的2%。假设林业人口也占农业人口的相同比重，那么共有1066.7万人从事林业生产活动。

（3）花卉业从业人员

近年来我国花卉产业发展十分迅速，从事花卉种植的企业和人员的数量不断增加，到2007年花农达到107.8万户，花卉从业人员有370多万人，其中专业技术人员达15.5万人。2003～2007年花农户数年均增长7.6%，而花卉从业人员则以每年12%的速度增长。按照花卉带来1∶2的间接就业比例，花卉产业就业人数可达740万人。

（4）人工造林吸纳就业

根据资料，每公顷造林需要150个工作日，综合有关专家的意见，平均一个劳动力每年可造林2公顷。如果按照每公顷0.5个劳动力的需求测算，则共需266.7×0.5=133万劳动的就业岗位。

而如果按照2008年我国人工造林面积计算，则共创造386万×0.5人/公顷=183万劳动力就业岗位。

2000～2008年之间，年均创造就业岗位192万余人，尤其在新增防护林面积的高峰年份2003年，就业岗位多达354万余个。

2. 林业第二产业就业估计

(1)锯材行业就业量的估计

根据《中国市场统计年鉴》，2008年中国锯材企业为533家，直接带动就业6.5万人。根据经验数据，木材加工行业直接就业人员与间接就业人员的比例为1∶2左右，估计2008年中国锯材行业总带动就业人数为19.5万人。

(2)人造板行业就业量的估计

人造板是吸纳就业能力较强的行业，根据中国林业科学研究院陈绪和研究员的估计，每生产1万立方米胶合板可实现就业133人，每生产1万立方米纤维板可实现就业61人；每生产1万立方米刨花板可实现就业66人。因此，根据2008年我国人造板的年度产量(即胶合板3540.86万立方米、纤维板2906.56万立方米、刨花板1142.23万立方米)，可以大致推算出2008年中国人造板行业直接就业人数为72万人。按经验数据，木材加工行业直接就业人员与间接就业人员的比例为1∶2左右，估计2008年中国人造板行业总带动就业人数为216万人。

(3)家具行业就业量估计

2008年我国家具产业产值达到6500亿元，家具出口额达到了275.82亿元，成为世界第六大家具生产大国，第一大家具出口大国。根据中国家具工业协会统计，我国家具企业现在超过5万家，从业人员大约在650万左右。

(4)造纸行业就业量估计

据《中国造纸工业年鉴》统计，2008年，我国造纸业直接就业人数为132万人。根据经验数据，造纸行业直接就业人员与间接就业人员的比例为1∶6左右，估计2008年我国造纸行业总带动就业人数为924万人。

3. 林业第三产业就业估计

林业第三产业主要是以森林旅游为核心。根据2008年数据汇总，森林旅游业共实现直接就业人数为68.2万人，根据经验数据，森林旅游业直接就业人员与间接就业人员的比例为1∶5左右，估计2008年我国旅游行业总带动就业人数为409.2万人。

(三)未来经济增长对林业劳动力就业吸纳预测

对于林业产业的未来发展，根据《中国统计年鉴》公布数据，2009年我国的GDP比上年增长9%，如果今后林业产业发展保持与国民经济同样的增长速度，则就业人数的增长速度($\triangle L/L$)，按照劳动力就业弹性系数0.13计算则为1.17%；按照0.29计算则为2.61%。

如果按照目前4579.2万人的就业量，就可以计算出经济增长每年可以创造就业岗位53.6万人和119.5万人。而从全国的经济发展看，每年将新增劳动力800万人左右。随着人们生活水平的提高以及全球对生态环境安全的日益关注，未来我国林业产业发展也必将受到重视，林业及其相关产业的发展也面临机遇，因此，可能创造更多的就业岗位。

二、林业就业质量分析

随着林业产业链条的延伸，林业产业发展带动的相关就业量在不断增加。然而，就业人数的增加并不代表就业质量的提高。为此，本研究提出林业就业质量概念，并对林业就业质量进行分析和评价。课题组分别对广东、四川、甘肃、江西和山东五省进行实地调研，对林业企业职工进行了问卷调查，以了解其就业特征，如户口类型、工作类型、学历和受教育程度、工作年限、收入水平、教育培训、专业对口、职业发展等内容。并结合对企业管理人员和林业部门的访谈，取得了有关林业企业职工就业质量的大量数据和资料。就业质量调研共收回100份有效问卷。样本描述性统计结果见表1。

表1　就业质量样本描述性统计

项目	分类	百分比	项目	分类	百分比
性别	男	62.0	户口类型	农业户口	80.7
	女	38.0		非农业户口	19.3
学历	初中及以下	37.9	年龄分布	20岁以下	1.3
	高中	36.7		20~30岁之间	60.5
	中专及大专	22.8		30~40岁之间	29.0
	本科	2.6		40岁及以上	9.2

如表1所示，接受调查的林业企业职工中，女性在林业就业中的参与率为38%，参与林业企业及相关产业生产和经营活动的职工80.7%为农业户口；大部分职工的学历水平较低，其中初中及以下的占37.9%，高中学历的占36.7%，高中以下学历职工占总人数的74.6%，而具有中专及大专学历的职工仅占总人数的25.4%，本科及以上学历人数的比例仅为2.6%；在受访人员中30岁以下的员工占受访总人数的比例为61.8%，30~40岁之间的员工占总人数的29%，而40岁以上的仅占总人数的9.2%；企业技术工人的流动率最大，平均3~5月就会跳槽或离职。

（一）收入状况分析

有关受访职工在本单位工作年限的调查显示，受访职工中工作年限在1年以下的占总人数的5.1%；在1~5年的员工占总人数的65.8%，表明企业的稳定性较好，同时又保持一定的流动性；5年以上的员工有29.1%。这说明林业及相关产业的就业稳定性尚可，就业质量较高。

对林业从业人员的收入状况的调查显示，仅有9%的受访者月平均收入低于1000元；83.3%月平均收入介于1000~3000元之间。这说明林业行业就业人员的收入水平在目前情况下还是处于比较高的位置，其中73.4%受访者的年收入是逐步稳定增长的。

（二）社会保障状况分析

有关职工社会保障的调查结果显示：大部分企业没有给职工提供完整的社会保障；

仅有13.7%的员工享受完整社会保障，包括养老保险、医疗保险、失业保险、工伤保险和住房公积金；42.5%的员工只有一种社会保障，或养老保险，或医疗保险，或工伤保险。这说明目前在林业就业的劳动者中，绝大部分还未享受社会保障，他们的权益将受到损害。林业就业劳动者的就业质量还需要改进和提高。在所有的受访者中，92.4%的职工和其所在企业签订了正式的劳动合同。

（三）个人发展状况分析

调查结果显示，在受访者中仅有19%的受访者在最近一年内没有接受过由企业实施的任何形式的培训和教育，剩下的81%在最近一年内至少接受过企业一次以上的教育和培训，其中有41.8%的在最近一年内接受过两次以上的教育和培训。这种情况说明林业及相关产业企业劳动者接受教育和培训的机会较多。仅有24.1%的对自己在企业中如何更好发展有着清晰的思路，有55.7%的考虑过自己如何在企业中获得更好的发展，但是思路比较模糊。在所有受访者中，有83.3%的人受过管理者提供的帮助和指导，这说明管理者平时注意对职工的帮助和支持，但是力度不够，需要给员工提供更多更好的帮助和支持，从而帮助员工更好地完成工作，热爱本职工作。

（四）工作环境状况分析

在受访者中，有51.9%表示其从事林业及相关产业工作对其社会地位的提升有一定的帮助作用；有91.1%的认为有相应的劳动保护措施，用来保障员工的工作安全。其中有58.2%的认为所在企业有完善的劳动保护措施。整体来讲，多数受访者在工作中已得到完善的劳动保护措施，但仍有部分职工认为尚未得到。

受访的职工中实行每天8小时工作制并严格执行的仅有41.8%，超时加班的高达58.4%，劳动强度偏大但加班时间基本上都在1~2个小时之内，基本上在职工可以接受的范围之内。在按劳计酬的模式下，企业职工为了获取更多的劳动报酬有主动要求加班的情况。同时，所有企业均根据国家相关劳动法律法规的规定，给予职工正常的节假日，一般保证每周至少休息一天。这从另一个侧面说明，目前形势下，我国林业及相关产业企业职工的劳动权益是有保障的。

三、中国林业就业素质分析

素质是一个人所具有的外显特征与潜在特征（underlying characteristic）的总和。素质的冰山模型表明，人的素质是多维度、多层次的（Spencer & Spencer，1993），其中知识和技能位于水面之上，属于外显的特征；而动机、个人特质以及自我概念等位于水面之下，属于潜在的特质。相较于冰山表层的知识要素，越往冰山底层的素质要素，越是能够预测个体的绩效水平和长期发展。因此通过构建素质模型来找出具备某些关键素质的人，基于素质要素进行人员甄选、技能开发、能力培养等人力资源管理实践，无疑是最具有成本效率的方式(Milkovich & Newman，1999)。

本部分研究目标是围绕林业从业人员需要培养规模与提高哪些素质来提高就业质量、提升林业发展进行的，同时通过企业问卷和员工问卷收集相关信息。此次问卷调查共发放企业问卷16份，员工问卷100份。在当地林业主管部门和调研企业的积极配合下，问卷的回收率为100%，所有问卷均属有效问卷。具体研究发现如下：

(一)林业企业职工的通用素质要求

本研究以问卷调查数据分析的结果为主体，同时结合林业从业人员科学素质行动计划中提出的部分关键的素质要素，以及国内外经典研究文献提出的部分素质要素，课题组从知识要素、行为能力要素和个人特质要素三个维度提出林业企业职工的通用素质要求，见表2。

表2　林业企业职工的通用素质要求

知识要素	行为能力要素	个人特质要素
生态与森林资源可持续利用知识 管理学知识 林业生产经营知识 林业基础知识 林业政策法规 人力资源管理知识	沟通能力 协调能力 执行能力 适应能力 学习能力 创新能力 信息获取能力	责任心 自控能力 合作意识 工作的主动性 诚实正直 成就动机

(二)林业企业一般员工的素质要求

研究发现，对于一般员工而言，沟通能力、学习能力、协调能力、适应能力、创新能力是最为关键的行为能力要素；责任心、工作的主动性、诚实正直 、合作意识是最为关键的个人特质要素。基于此，进一步提出林业企业一般员工的素质要求，见表3。

表3　林业企业一般员工的素质要求

知识要素	行为能力要素	个人特质要素
生态与森林资源可持续利用知识 林业生产经营知识 林业基础知识 林业政策法规	沟通能力 学习能力 协调能力 适应能力 创新能力 信息获取能力	责任心 工作的主动性 诚实正直 合作意识 成就动机

(三)林业企业技术人员的素质要求

研究发现，对于技术人员而言，学习能力、沟通能力、协调能力、创新能力、适应能力、危机处理能力是最为关键的行为能力要素；责任心、诚实正直、工作的主动性、自信心是对于技术人员而言最为关键的个人特质要素。基于此，进一步提出林业企业技术人员的素质要求，见表4。

表4　林业企业技术人员的素质要求

知识要素	行为能力要素	个人特质要素
生态与森林资源可持续利用知识	学习能力	责任心
管理学知识	沟通能力	诚实正直
林业生产经营知识	协调能力	工作的主动性
林业基础知识	创新能力	自信心
林业政策法规	适应能力	成就动机
	危机处理能力	
	执行能力	

(四)林业企业管理人员的素质要求

研究发现，对于管理人员而言，沟通能力、协调能力、学习能力、适应能力、执行能力是最为关键的行为能力要素；责任心、工作的主动性、诚实正直、自信心、服务意识是最为关键的个人特质要素。综合上述分析，林业企业从业人员的通用素质要求和管理人员的工作特征，进一步提出林业企业管理人员的素质要求，见表5。

表5　林业企业管理人员的素质要求

知识要素	行为能力要素	个人特质要素
生态与森林资源可持续利用知识	沟通能力	责任心
管理学知识	协调能力	工作的主动性
林业生产经营知识	学习能力	诚实正直
林业基础知识	适应能力	自信心
林业政策法规	执行能力	服务意识
人力资源管理知识		成就动机

提升林业就业人员的整体素质，是推进林业产业发展和促进林业就业质量提升的必由之路。研究还发现，在以上所列的关键要素上，不仅存在显性的素质缺口，即现有素质难以满足用人单位的用人需求；也存在着隐性的素质缺口，即职工对自身素质水平的评价明显高于用人单位的评价。加之，缺乏有效的激励机制，限制了员工主动提升个人素质的积极性，不仅影响了员工素质的提升，也容易导致职工队伍不稳定等问题。

四、林权制度改革对林业就业的影响

(一)林权改革扩大就业的现状分析

1. 林改后林业就业数量扩大

林改激活了林业经营机制，造林大户和农民群众经营林业的积极性空前高涨，大量社会资金正在加速向林业聚集，从而有力地带动了返乡农民工就业。农民有了自己的资产，投资热情高涨，集体林业显现出前所未有的生机和活力。许多返乡农民在山上就业，发展林下经济，拓宽了就业渠道，增加了收入来源。湖南省在2008年全球金融危机后有

280 万返乡农民工回到原籍，其中务林的人数达 120.5 万，占返乡农民工总数 43%。江西省 28.1 万外出打工农民返乡务林，全省新增林业从业人员 40 多万人。

2. 林改后林业扩大就业的行业广泛

林业是横跨一、二、三产业的大产业，基本属于劳动密集型产业，吸纳返乡农民工就业的能力强，且用工灵活。以林纸、林板、家具、林食、林药、林化等六大林产工业为支柱的林业第二产业，因其自有原材料、国内市场广阔，目前保持了较为稳定的发展态势。

（二）林权改革扩大就业的原因分析

1. 集体林权制度改革激发了返乡农民工务林就业的积极性

林业是劳动密集型产业，可以立体开发，综合利用，深度加工，能够吸纳大量农村劳动力。江西全省农民人均拥有耕地仅 1 亩多，而人均林地达 5 亩多，但农民来自林业的收入仅占总收入的 11.3%。随着林改的不断深入，农民从林业上获得的收益在不断增加，促进了农村劳动力向林业的转移，林业从业人员人数总量明显增加。受 2008 年全球金融危机影响，2008 年江西省外出回乡务工人员近 340 万人，参与林业建设的农民工达 153 万人，直接投资林业的返乡农民工 19.6 万人。

2. 集体林权制度改革为农民提供了生产资料、资金来源和信息服务等条件

各级政府把务林作为农民工就业的重要途径，在教育培训、送科技下乡、政府补贴、免费种苗提供、林权抵押、小额贷款、森林保险、信息服务等方面纷纷提供优惠政策，为扩大农民就业创造了有利条件，发挥了积极作用。如税务部门贯彻“反哺”方针，从营业税、增值税、所得税方面给予林业合作组织税收减免。例如江西省实行了“两取消、两调整、一规范”，即：取消木竹农业特产税，取消市县乡村出台的所有木竹收费项目；调整育林基金平均计费价格，调整集体林育林基金分成比例；规范增值税、所得税征收范围，从事木竹生产的单位和个人自产自销的木竹，依法免征增值税和所得税。同时，为使返乡农民工在林业生产上掌握更多的科学技术知识，各级林业部门采取多种形式，并通过林业合作组织及时向林农提供林业工种人员的信息，为他们提供有力帮助。

3. 林业经营效益的提升成为林业扩大就业的原动力

近年来林业经营效益的提升主要依托三个方面：一是国家投入补贴增加。退耕还林、防护林、生态公益林、油茶产业等重点工程项目的大规模实施，使林业吸纳和安置返乡农民工具有特定的优势。二是林业科技的支撑。三是林产品市场需求增长。在江西省，木材的平均销售价格上涨了 50.42%，毛竹平均销售价格上涨了 79.47%，铜鼓、宜丰、奉新等毛竹主要产区的尺竹平均销价由林改前的 5～7 元/根上涨到 16 元/根，翻了一番多。

（三）林权改革及林业合作组织建设对扩大就业的前景分析

林业产业对劳动力的吸纳，不仅是林业第一产业的造林、营林、木材生产和第二产业的林产品加工，还包括第三产业的森林旅游、森林食品、森林药材、经济林、花卉和竹产业等。从林业第一产业看，我国山地面积占国土面积的 68%，沙区占 17%。全国林业用地面积 2.67 亿公顷，其中林地面积 1.59 亿公顷，利用率为 57%，尚有约 1 亿公顷利用不充分或未利用。如果按每个劳动力利用 3.33 公顷(50 亩)计，可安置 4600 万人。在第三产业中，大力发展生态旅游，就业前景十分广阔。

五、中国林业就业政策设计

林业就业是实现林业稳定发展的重要保证。在坚持劳动者自主择业、市场调节就业的基础上，政府还应制定与实施积极的就业政策，以使林业就业达到更高的目标。在前面各部分分析的基础上，本研究拟从就业总量、就业质量与就业素质三方面进行了林业就业政策设计。

(一)就业总量政策

1. 大力发展中小型林业企业

首先，应探索多样化的贷款模式，切实解决林权制度改革后中小企业面临的融资难问题；其次，应实施有利于林业中小企业发展的财政税收政策，特别是对以利用次小薪材和三剩物为主的纤维板和胶合板企业，应继续实施增值税即征即退政策；再次，积极建立区域性中小企业产业群，加快中小企业发展的步伐。

2. 积极培育林业新兴产业发展

林业新兴产业是林业未来的支柱产业。从生物质能源来看，中央和地方出台了一系列扶持能源林建设的优惠政策，建议国家林业局在“十二五”规划中进一步加大对新兴产业的扶持力度，以带动林业产业总量的快速增加。

3. 努力推进林业第三产业发展

围绕现代林业建设的基本目标，积极拓宽林业第三产业领域，突出发展重点(建立以生态旅游为龙头的林业第三产业)，加大财政支持力度，营造良好发展的政策环境，完善林业社会化服务体系，改革林业社会化服务的管理体制，提升林业第三产业的整体发展水平和竞争力。

(二)就业质量政策

1. 提高林业就业人员工资收入水平

提高林业就业人员工资收入水平，主要依赖于林业产业转型升级。为此，政府可以通过以下举措促进林业产业转型升级：制定产业规划和区域发展规划，分类指导区域产业结构调整；制定激励性和限制性产业政策，在宏观上引导和推动产业转型升级；加强政府服务能力建设，搭建公共平台，帮助地方和企业推进产业转型升级。

2. 完善社会保障制度

社会保障制度的完善，有助于农民从心理和现实上摆脱对土地的依赖，真正实现向产业工人转变。为此，需要逐步建立统一的社会保障管理机构，把各项社保项目集中在一个管理体系里，包括建立统一的社保执行机构、统一的社保资金运营机构、统一的社保监督机构和统一的个人社会保险账户。

3. 优化林权制度改革后续制度

首先，在林业经济合作组织建设方面，各级政府要及时引导林农在产权清晰、利益合理分配的基础上，按群众自愿、循序渐进、因地制宜的原则，建立各种形式的合作组织；其次，要进一步完善林业投融资制度，建立银林合作机制，制定林业与金融机构定期会商制度，为林权抵押贷款提供组织保证，努力探索抵押贷款的有效模式；再次，要探索建立森林保险制度，降低林农经营风险，提高林农抵御自然灾害能力。财政部门要制定保险费补贴政策，科学确定各级财政和投保人的分担比重，适当降低农民缴费比例，引导农民参加投保。

（三）就业素质政策

1. 制定一体化的人力资源开发战略

建议国家林业局把林业人力资源开发作为一项兴林之策，将林业教育、培训纳入到“十二五”发展规划之中。通过开展林业教育培训，有计划地实施林业人力资源开发战略，改变目前林业产业生产力水平不高的状况。首先，需要建立林业人力资源投资机制；其次，制定更加优惠的政策，吸引林业企业、科研单位投入人力资源开发事业；最后，将用人制度与林业教育培训有机结合，提高从业队伍的整体素质。通过转变观念，更新思想，为林业建设提供重要的智力支持和人才保障，促进林业事业的可持续发展。

2. 加强林业人力资源的宏观管理

充分利用发达的中心城市与发展中地区和贫困地区在人力资源布局上的非均衡性所形成的“势差”，通过政策调控，形成“人才流”，从而达到人才的动态平衡。通过政策倾斜等举措，调整林业产业中一、二、三产业人力资源的结构，优化人力资源布局，使人力资源在林业产业结构的分布逐步合理化。

3. 引导林业人力资源的微观管理

建议在林业行政、企事业部门和单位实行充分的激励机制，鼓励按劳分配与按生产要素相结合的收入分配机制，在经济上对经营业绩突出的林业企业领导和专业技术人员要有相应的经济报酬。同时，加强从业人员的教育培训，并建立适当的评估机制以考核教育培训的效果，注重提升教育培训的质量。

调研单位：国家林业局发展规划与资金管理司　北京林业大学
成　　员：宋维明　陈嘉文　高述超　黄祥云　覃鑫浩
执　　笔：宋维明　程宝栋　王　刚　宋洪峰　侯方淼
　　　　　陈　凯　李　强　印中华
资料整理：程宝栋

林业应对气候变化与森林可持续经营

岩溶地区石漠化治理现状及对策研究

【摘　要】据2005年石漠化监测数据显示，我国石漠化涉及8省(自治区、直辖市)，460个县级行政单位，石漠化土地面积达12.96万平方千米，占该区域面积的12.33%。石漠化地区不仅是少数民族聚居地区、革命老区、边疆地区，而且也是贫困地区。这些地区农民人均纯收入只有全国平均水平的78%，贫困发生率为6%，比全国高2.2个百分点。石漠化不仅是岩溶地区的首要生态问题，也是制约岩溶地区社会经济可持续发展的主要因素。为遏制石漠化扩展趋势，2008年国务院批准实施《岩溶地区石漠化综合治理规划大纲(2006～2015年)》，这标志着石漠化综合治理工程正式启动。2008～2010年，国家在100个县启动石漠化综合治理工程试点，已累计安排专项资金22亿元。为进一步摸清岩溶地区石漠化治理现状，本课题历时5个月对岩溶地区石漠化情况进行了调研，针对石漠化治理工程区认识不到位、投资不足、种植科技含量低、群众参与性不高和监测体系滞后等问题，提出了相应的政策建议。

石漠化是岩溶地区的首要生态问题，分布广、面积大、危害重，主要分布在少数民族聚居区和边远山区，区域生产经营方式落后，社会经济发展水平低，贫困面大，是岩溶地区社会经济可持续发展的主要制约因素。我国石漠化治理工作虽起步较晚，但经过多年努力，已取得了初步成效，然而仍存在较多问题。为全面掌握岩溶地区石漠化综合治理工程进展与成效，总结工程试点经验，查找问题。2010年6～10月，国家林业局防治荒漠化管理中心会同中南林业调查规划设计院组织开展了“石漠化治理现状及对策研究”，并对石漠化地区进行了调研。

一、岩溶地区石漠化基本情况

(一)石漠化概念及演绎情况

1979年H. E. Legrad首次提出了喀斯特地区的生态环境问题，1983年美国科学促进会第149届年会上正式把喀斯特和沙漠边缘地区等同地列为脆弱环境，引起社会各界的广泛关注。因世界其他地区岩溶属新生界碳酸盐岩，孔隙度在16%～44%，具有较好的持水性，地壳抬升较小，区域人口及社会经济压力相对较轻，石漠化问题并不突出。

而我国西南地区因其岩溶广泛分布，碳酸盐岩是中生代前形成的，结构致密，孔隙度很低(<3%)，纯质碳酸盐岩的酸不溶物通常低于4%，极不利于土层形成与植物生

长。且该区域因人口密度大、经济相对落后，造成社会经济压力大，生态环境遭受严重破坏，植被锐减、水土流失、基岩裸露、土地生产力下降，形成具有明显地域性的生态地质环境灾害，“南石(石漠化)北沙(沙漠化)”已成为我国西部地区可持续发展的两大生态问题。

在我国最早注意到喀斯特地区生态环境日益恶化，并对其退化生态系统进行研究，可追溯到20 世代40 年代(郭魁士，1940；侯学煜，1946，1952)。但对其予以重点和系统关注的应推贵州大学周政贤教授，早在20 世纪60 年代就对贵州省石灰岩山地及其森林植被恢复做了深入调查(周政贤，1965)，并把喀斯特石漠化视为“喀斯特脆弱生态系统”，对其进行认真研究。周政贤教授在全国政协第三、四、五次会议上曾作了三次书面发言，提出防治石漠化扩大的思路，呼吁启动“石漠化区生态恢复重点工程”，为我国喀斯特地区石漠化研究、防治打下了坚实基础，引起了国家层面上的关注。

石漠化是指在热带、亚热带湿润-半湿润气候条件和岩溶极其发育的自然背景下，受人为活动干扰，使地表植被遭受破坏，造成土壤严重侵蚀，基岩大面积裸露，砾石堆积的土地退化现象，是岩溶地区土地退化的极端形式。

本定义目前被国家层面、学术界方面广泛采用，获得普遍认可。

(二)岩溶地区基本情况

世界上岩溶地貌广泛分布。据专家测算，全球陆地岩溶约有 210 万平方千米，占陆地总面积的 12.0%，主要包括以我国西南岩溶为中心的东亚片区、环地中海和中东美洲岩溶三大分布区。我国岩溶地貌处于世界三大岩溶地貌集中分布区之一的东亚片区的中心地带，而出露岩溶以西南地区面积最大，分布最集中。地理坐标为东经 98°36′~116°05′，北纬 22°01′~33°16′，跨中国大地貌单元的三级阶梯，主要分布于第二级阶梯的云贵高原。地形地貌以山地地貌为主，具有陡峭而破碎的地形特征，山地面积占岩溶地区面积的 80.0% 以上。该区域属亚热带、热带湿润季风气候区，热量条件较好，大部分地区年均气温处于 14~24℃之间。雨量充沛，年降水量在 800~1800 毫米之间，绝大部分地区在 1000~1400 毫米之间，但降水季节分配不均，降雨多集中在 5~9 月，通常占全年降水量的 70% 左右，降雨强度大，年均暴雨日数为 2~6 日。但受复杂多变的局部地形的影响，气候空间分布形式复杂多变。河流水量丰富，落差大，具有夏涨冬枯和暴涨暴落的特性，季节性明显。岩溶地表下垫面透水性强，岩溶地下水文过程活动强烈，形成二元水文地质结构。因长期不合理的人为活动干扰，致使森林植被遭到破坏，森林调蓄地表水和地下水能力减弱，导致岩溶地区的水资源利用率低，局部地区季节性缺水严重。土壤类型多，岩溶地区土体不连续，土层薄，土壤侵蚀严重。植被类型多样，生物种质资源丰富，岩溶退化植被突出。西南地区几乎包含了东部季风区从海南岛直到东北北端的所有地带性植被，植被类型具有明显的亚热带性质，但人为破坏活动频繁，原生性岩溶植被仅在贵州茂兰及广西弄岗、木论等自然保护区尚有保留。

据国家林业局发布的2005年石漠化监测报告，石漠化监测区涉及西南八省(自治区、直辖市)的460个县级行政单位，国土总面积达105.2万公顷，人口2.22亿人，农村人口1.76亿人，除汉族外，居住着壮、苗、回、瑶等几十个少数民族，人口达3000多万人，人口密度208.0人/平方千米，为八省(自治区、直辖市)平均人口密度的86.1%，是全国人口密度的153.3%。石漠化地区同时也是少数民族聚居地区、革命老区、边疆地区。此外，岩溶地区由于生态环境脆弱，人口众多，生产生活方式落后，科教文化水平低，能源、交通、通讯、水利等基础建设滞后，农村能源中薪材比重仍高达38.5%，经济发展的总体水平仍较低，与非岩溶地区及全国平均水平仍存在较大差距。目前，全国18片集中连片贫困区，岩溶地区就有7片，且农民人均纯收入只有全国平均水平的78%。按照年人均纯收入低于1196元的标准，全国共有贫困人口3597.1万人，而岩溶地区涉及的有关省(自治区、直辖市)有贫困人口1796.6万人，占全国的一半，贫困发生率为6%，比全国高2.2个百分点。

(三)石漠化土地现状

据国家林业局发布的2005年石漠化监测报告：岩溶地区主要包括湖北、湖南、广东、广西、贵州、云南、重庆、四川八省(自治区、直辖市)，涉及460个县级行政单位，其中有石漠化分布县为451个。石漠化县土地面积为105.1万平方千米，岩溶土地面积为44.99万平方千米，石漠化土地面积12.96万平方千米，占该区岩溶面积的28.8%。潜在石漠化面积12.4万平方千米。石漠化土地集中分布于以云贵高原为中心，生态区位重要的长江、珠江等江河中上游地区，尤以海拔高差变化强烈区域的石漠化发生率较高，在西部经济欠发达区广泛分布。

(1)按省(自治区、直辖市)分布看，以贵州省石漠化土地面积最大，达331.6万公顷，占石漠化总面积的25.6%，以下依次为云南、广西、湖南、湖北、重庆、四川和广东，分别为288.1万公顷、237.9万公顷、147.9万公顷、112.5万公顷、92.6万公顷、77.5万公顷和8.1万公顷，分别占石漠化土地总面积的22.2%、18.4%、11.4%、8.7%、7.1%、6.0%和0.6%。贵州、云南和广西三省(自治区)石漠化发生最为严重，三省(自治区)石漠化土地总面积为857.6万公顷，占石漠化土地总面积66.2%。

(2)按流域分布看，以长江流域石漠化面积最大，达732.1万公顷；以下依次为珠江、红河、怒江和澜沧江流域，石漠化面积分别为486.5万公顷、52.3万公顷、17.7万公顷和7.6万公顷(见表1)。

(3)按地类分布看，在现有石漠化土地中，乔灌木林地510.2万公顷，占全国石漠化土地面积的39.3%；耕地270.6万公顷，占20.9%；牧草地15.4万公顷，占1.2%；未利用地174.6万公顷，占13.5%；其他土地利用类型325.4万公顷，占25.1%

(4)按石漠化程度分布看，石漠化土地以轻度、中度为主，轻度石漠化土地为356.4万公顷，占石漠化总面积的27.5%；中度石漠化土地为591.8万公顷，占45.7%；重度石漠化土地为293.5万公顷，占22.6%；极重度石漠化土地为54.5万公顷，占4.2%。中度、轻度石漠化土地面积占石漠化土地总面积的73.2%（见表2）。

表1　石漠化土地按流域统计表　　单位：公顷

监测单位＼流域	合计	长江流域	珠江流域	澜沧江流域	怒江流域	红河流域
合计	12962265.5	7321170.2	4864617.4	76190.3	177479.4	522808.2
湖北	1124828.3	1124828.3				
湖南	1478860.2	1425735.5	53124.7			
广东	81364.8		81364.8			
广西	2379080.3	52278.0	2326802.3			
重庆	925658.3	925658.3				
四川	775022.5	775022.5				
贵州	3316074.7	1981704.2	1334370.5			
云南	2881376.4	1035943.4	1068955.1	76190.3	177479.4	522808.2

表2　石漠化土地按省份分程度统计表　　单位：公顷

监测单位	合计	轻度	中度	重度	极重度
合计	12962265.5	3563802.6	5918207.9	2935196.2	545058.8
%	100	27.5	45.7	22.6	4.2
湖北	1124828.3	497260.6	477055.7	135721.2	14790.8
%	100	44.2	42.4	12.1	1.3
湖南	1478860.2	463358.1	635859.4	307236	72406.7
%	100	31.3	43.0	20.8	4.9
广东	81364.8	14146.5	30332.5	36394.7	491.1
%	100	17.4	37.3	44.7	0.6
广西	2379080.3	235210.6	669401.2	1296300	178168.5
%	100	9.9	28.1	54.5	7.5
重庆	925658.3	270985.7	526930.2	113720.6	14021.8
%	100	29.3	56.9	12.3	1.5
四川	775022.5	134698.2	481645.6	129486.2	29192.5
%	100	17.4	62.1	16.7	3.8
贵州	3316074.7	1058589.4	1732953.8	432807.3	91724.2
%	100	31.9	52.3	13.1	2.8
云南	2881376.4	889553.5	1364029.5	483530.2	144263.2
%	100	30.9	47.3	16.8	5.0

（5）潜在石漠化情况，岩溶地区八省（自治区、直辖市）中有潜在石漠化土地面积1237.9万公顷，分别占该地区国土面积、岩溶土地面积的11.6%、27.5%，潜在石漠化土地虽是一种非石漠化土地，目前有较好的植被覆盖或已经梯土化，但如遇不合理的人为活动干扰，极有可能变为石漠化土地。潜在石漠化土地面积以贵州省最大，为298.4万公顷，占全国潜在石漠化土地面积的24.1%；广东省潜在石漠化土地面积最小，为

40.5 万公顷，占 3.3%；湖北、广西、云南、湖南、重庆和四川潜在石漠化土地面积分别为 236.5 万公顷、186.7 万公顷、172.6 万公顷、143.8 万公顷、85.8 万公顷、73.7 万公顷，分别占 19.1%、15.1%、13.9%、11.6%、6.9%、6.0%；主要集中在长江和珠江流域，面积分别为 835.3 万公顷、355.4 万公顷，分别占潜在石漠化土地面积的 67.5%和 28.7%。

(四)石漠化的主要成因

石漠化的形成是一个自然与经济社会相关联、以人为活动为主导、人为因素与特殊的自然环境背景共同作用的结果。石漠化给当地经济社会发展和人民的生存带来了严重影响，已成为西南地区首要生态问题。

(1)自然因素。西南地区以碳酸盐岩为主的地质条件、陡峻而破碎的地形地貌、丰富而集中的降雨以及现代经济建设所导致的酸雨是石漠化土地形成的自然环境前提。据 2005 年监测数据显示：因自然因素为主导形成的石漠化土地面积为 332.67 万公顷，占石漠化土地总面积的 25.66%。

(2)人为因素。人为因素主要包括不合理的耕作方式、过度樵采、过度开垦、乱砍滥伐、放牧和工矿工程建设、非法开矿等。而人口过快增长，人口压力超过岩溶地区土地环境承载力，人地矛盾突出；经济发展相对落后、贫困面大；政策失误；生态环保意识薄弱等是导致这些不合理人为活动的深层次社会根源。监测数据显示：人为因素形成的土地石漠化高达 963.6 万公顷，占石漠化土地的 74.34%。

(五)石漠化的主要危害

石漠化问题是岩溶地区的首要生态问题，对区域经济社会造成的危害是十分严重的。一是导致生态恶化，自然灾害频发，严重制约了岩溶地区经济社会发展，加剧了区域经济贫困，拉大了地区贫富差距。据统计，近 10 年来石漠化地区经济发展水平与全国平均水平的差距在逐步拉大，如贵州省 1996 年农民人均纯收入、人均国内生产总值分别为 1277.0 元、2006.0 元，为全国平均值的 66.3%、37.3%，与全国平均值相差 649.0 元、3474.0 元，而 2009 年贵州省农民人均纯收入、人均国内生产总值为 3005.0 元、10251.7 元，为全国平均值的 58.3%、40.8%，与全国平均值相差达 2148 元、14873 元，差距进一步拉大。二是危及到其下游地区的水利水电设施的安全运行和广大人民群众生命财产安全，如云南省仅金沙江流域年流失表土 1.7 亿吨，直接影响到三峡水电站及其他水利水电设施的正常运营，重庆三峡水库库前淤泥已经深达 9 米，并且还在以每年 50 厘米的厚度增加。三是导致可利用土地资源减少，威胁到我国的国土生态安全和生存发展的空间，如岩溶土地石漠化后，其土地生产力急剧下降，重度石漠化土地粮食亩产量仅为同区域土地的 20%左右，部分重度石漠化土地已失去了耕种利用价值，成为构建和谐社会和建设社会主义新农村的重要制约因素。四是影响到民族团结与社会安定。石漠化地区是我国少数民族的主要聚集地区，也是主要的经济欠发达地区和边疆地区，西南岩溶地区

60%的石漠化土地分布在152个国家级贫困县中，对民族团结和社会稳定产生不利影响。

总之，石漠化已成为岩溶地区贫困之源，已成为西南岩溶地区最突出的生态环境问题，已成了灾害之源、贫困之因、落后之根。

二、石漠化治理现状与成效

(一)石漠化治理工作概况

2008年前，岩溶地区依托长江防护林保护工程、退耕还林工程、自然保护区工程、小流域综合治理工程、扶贫开发工程等多项生态建设工程，在石漠化局部地区治理取得了一定的成效。同时，国家林业局、水利部及各省(自治区、直辖市)政府开展了石漠化治理试点工作，如国家林业局在广西平果、贵州毕节等地区进行试点。探索、总结了一批石漠化治理技术和模式，如贞丰顶坛花椒模式、安龙金银花模式、干热河谷车桑子模式、毕节综合治理模式、广西“总体封山育林，石窝栽种竹木药”模式、恭城三位一体治理模式(沼、猪、果)等，积累了一些治理经验，树立了贵州花江大峡谷花椒治理、广西马山弄拉生态修复、云南西畴坡改梯治理、湖南隆回金银花治理、四川天龙山庄生态旅游等示范典型，为石漠化地区生态建设发挥了重要作用。

为遏制石漠化扩展趋势，2007年由国家发改委牵头组织财政、林业、农业、水利、国土等部门，编制完成了《岩溶地区石漠化综合治理规划大纲(2006~2015年)》，治理工程区涉及湖北、湖南、广东、广西、贵州、云南、重庆、四川八省(自治区、直辖市)的451个县，规划治理石漠化面积700万公顷，新增林草植被面积942万公顷，植被覆盖度提高8.9个百分点，建设和改造坡耕地77万公顷，每年减少土壤侵蚀量2.8亿吨；先期开展试点，计划从2008年至2010年，安排专项资金在100个县(市、区)开展工程试点，其中贵州55个；云南、广西各12个；湖南、湖北、重庆和四川各5个；广东1个，国家计划投资30亿元，试点县计划石漠化治理面积约160万公顷。同时，探索防治技术模式，积累防治经验，为全面实施石漠化综合治理做好铺垫。2008年2月，国务院批准实施《岩溶地区石漠化综合治理规划大纲(2006~2015年)》，标志着石漠化综合治理工程正式启动。

2008~2010年，国家在100个县启动石漠化综合治理工程试点，实际安排专项资金22亿元，其中2008年安排4亿元，2009年安排8亿元，2010年安排10亿元。据统计，截至2010年6月底，2008年度国家下达石漠化治理计划面积1119.6平方千米，实际完成1071.3平方千米，工程任务量基本完成。其中封山育林计划70588.9公顷，完成67299公顷；人工造林计划27005.4公顷，完成26670.8公顷；人工种草计划8087.2公顷，完成7635.1公顷；改良草地计划3589公顷，完成3589公顷；棚圈建设计划109891平方米，完成102916平方米；青贮窖计划41305立方米，完成29439立方米；坡改梯及培肥沃土计划 1619.4 公顷，完成 1934.7 公顷；排灌沟渠建设计划 439.5 千米，完成 328.6 千米。2009 年度国家下达石漠化治理计划面积 1920.9 平方千米，实际完成 1204.5 平方千米，已完成工程任务量的 60% 左右。其中封山育林计划 116433.5 公顷，完成 81628 公顷；人工造林计划 52276.4 公顷，完成 25531.5 公顷；人工种草计划 15398.7 公顷，完成 10772.1 公顷；改良草地计划 3861.4 公顷，完成 980.9 公顷；棚圈建设计划 261110 平方米，完成 164000 平方米；青贮窖计划 94408 立方米，完成 34236 立方米；坡改梯及培肥沃土计划 4104.1 公顷，完成 1537.6 公顷；排灌沟渠建设计划 801.8 千米，完成 623.9 千米。

2010 年度工程试点投资计划于 2010 年 4 月份下达，目前已完成县级初步设计编制与审批工作，治理工作尚未全面启动。

(二) 试点工程治理措施及成效

1. 加强林草植被建设，生态功能增强

一是积极对重度石漠化土地、低质低效林地进行封山育林，完成了封山育林 14.9 万公顷。同时，通过采取补植补造等人工促进措施，实现了石漠化土地的自然修复。

二是加强中、轻度石漠化宜林地的人工造林，完成了 5.22 万公顷。通过大力推广使用截杆造林、营养杯苗、竹子小苗移筐造林和生根粉、保水剂、盖膜等造林新技术和成功的造林模式，加速石漠化土地的生态修复进程，提高石漠化土地林草植被盖度。

三是合理布局人工种草、草地改良工程，完成草地治理 2.3 万公顷，通过选用优质高产的牧草资源，特别是多年生牧草，加强水肥管理，提高地表植被盖度，减少了土壤侵蚀。

2009 年石漠化效益监测结果显示，石漠化地区林草植被建设成效显著。主要体现：在工程区的植被盖度提高，单位面积的生物产量增加；水土流失减少，土地生产力有所提高。到 2009 年年底，试点工程治理区林草植被综合盖度为 66.6%，比治理前提高了 24 个百分点；植被生物量净增 58 万吨，水土流失净减少了 165 万吨，减幅达到 67%。

2. 生态建设产业化、产业发展生态化加速了农村经济发展

一是在林草植被建设中，注重发展以经果林、药材、饲料、用材林等，特别是以桃、梨、李等为主的经果林；以油茶、核桃等为主的木本油料林；以金银花、杜仲等为主的药材林；以竹类、桉树等为主的用材林；以优质牧草、任豆、木豆等为主的饲料基地，实现生态建设与产业协调发展，培育石漠化区新的经济增长点。

二是强化石漠化地区资源的开发与利用。主要是依托石漠化区域良好的自然、人文等景观资源发展生态旅游产业，特别是发展农家乐，减少对土地的干扰破坏；利用项目区的剩余劳动力积极发展竹类工艺品、竹篓等劳动密集型产业，减少群众对土地的依赖性。

据各地上报统计，2009 年工程区农民人均纯收入为 4033 元，比 2007 年增加了 875

元，年增幅达到 13%。2007～2009 年，工程区的地区生产总值年均增长率达到 14.3%。农民人均纯收入和地区生产总值的年均增长率均高于非工程区，实现了生态建设与经济效益的同步发展。近年来，广西壮族自治区田阳县在石漠化区发展竹子近 9000 公顷，年销售竹子 1 万吨，总收入 350 万元；竹子加工业为冬菜、水果包装运输提供竹篓 200 多万只，产值 1000 多万元，并带动了东庙等 7 个乡镇大搞编织，解决了 8 万～9 万人的就业问题，使石漠化地区群众走上了致富之路。田阳县那满镇新楼村、五村乡大路村，通过种植竹子，农民人年均增收超过 1000 元。

3. 加强口粮田基础设施建设，粮食产量稳步提高

一是实施坡改梯工程对石漠化土地实施整治，降低坡度，增加土层厚度，扩大耕作面，通过培肥沃土，增加土地肥力，提高土地生产力，保障石漠化地区的粮食供应。

二是完善石漠化地区的小型水利水保等基础设施建设，合理开发利用水资源，减少水资源的损耗，保障区域用水安全，促进石漠化地区的社会经济发展。

三是改善耕作习惯，提高农作水平。改变石漠化地区的沿坡耕种、广种薄收等传统习俗，积极推广沿等高线耕种、间作、套种等耕作方式；推广抗旱高产的农业新品种；推行保水剂、地膜覆盖、节水灌溉等新技术、新工艺减少土壤侵蚀和水分流失，提高土地生产力。

2009 年石漠化效益监测数据表明，项目试点工程区粮食产量比治理前相比平均增加了 780 公斤/公顷，增产明显。

4. 加速岩溶地区人口外迁，减轻石漠化土地的环境承载力

一是对石漠化生态极度脆弱地区、生存环境极度恶劣地区合理实施生态移民，减轻石漠化土地的人为干扰，积极开展迁移区的生态修复，提高岩溶生态系统的稳定性与生态环境的承载力。

二是积极宣传引导，精心组织安排石漠化地区的剩余劳动力向城镇地区转移，强化技能培训，提高综合素质，增加石漠化地区群众的劳务收入，实现石漠化地区经济发展，减少对石漠化土地的依赖与破坏，促进岩溶地区生态系统的自我修复。

据调查，广西壮族自治区百色市共有 400 万人口，其中外出劳动力已经达到 110 万人之多。四川省仁和区每年从石漠化区转移劳务人员达 1000 人之多，有效减轻了石漠化土地的承载力。

5. 加强农村替代能源建设，减少了薪材消耗

一是在人口密集的村寨附近营造薪炭林，减少对岩溶天然植被的破坏；二是加强节柴灶、汽化炉等节柴设施建设，提高薪材的使用效率，减少薪材的使用；三是加强沼气池、小水电、太阳能、液化气等替代能源建设与推广使用，改变农村生活能源构成，减少对薪材的依赖。

截至 2008 年年底，广西壮族自治区马山县共推广沼气池 45088 座，更新节柴灶、煤灶9.3万户，安装太阳能热水器300户，年均减少薪材消耗不低于70万立方米，有效保护了石漠化地区林草植被。

6. 推广了一批治理模式，树立了治理典型，为工程全面推进打下了基础

一是通过工程试点，大力推广现有石漠化治理的新成果、新技术、新模式，提高了石漠化土地治理的科技含量。二是完善了原有治理技术模式，并总结推广了多个新的治理技术模式，树立了治理典型，为石漠化地区群众打好攻坚战提升了信心与勇气，为岩溶地区生态环境改善发挥了积极作用。如重庆酉阳县探索出“高山营造防护林、中山营造用材林、平坝营造经济林”的林业治理模式；湖南桑植县探索出山顶采用生态防护型造林模式，营造柏木+枫香混交林、柏木+马尾松混交林，山腰采用生态经济型造林模式，营造光皮树、油茶、漆树、木瓜等油料林、原料林、药材林，山脚采用经济林造林模式，栽植核桃、油茶、桃子等经济林为主的立体治理模式，实现生态林木经济产业化，经济林木生态效益化，生态经济双赢。广西忻城县初步形成了“山上竹木花、山下蔗桑粮、家中猪牛羊、沼气水柜进农家”的特色农业生态经济发展模式。贵州贞丰县打造了“顶岸四月李”治理模式、三岔河小流域小屯乡的“茶叶+杉木”、“杉木+板蓝根”种植模式。贵州毕节市总结出林牧、林药与林茶治理模式，实现生态建设与产业的协调发展。同时广西平果县建立了4条以任豆、竹子、剑麻为主的石山造林绿化示范带；广西田阳县建立了苏木、竹子、任豆等多树种立体混交的示范线。

三、石漠化治理工作中存在的问题和困难

石漠化是岩溶地区生态建设最难啃的“硬骨头”，已经成为岩溶地区经济和社会发展的“绊脚石”。虽然石漠化治理及试点工程都取得了一定成绩，但石漠化防治面临的困难和问题不容忽视，石漠化防治工作任重道远。

(1)认识不到位，管理体制不顺。我国现有石漠化土地面积12.96万平方千米，其中，当前亟须治理面积达7.3万平方千米，还有12.38万平方千米的潜在石漠化土地，石漠化土地恶化趋势尚未得到有效遏制，防治形势非常严峻。但有的地方对石漠化治理的重要性、艰巨性、长期性认识不足，特别是贫困导致的干部群众因循守旧、观念落后，“等、靠、要”思想严重，“吃饭靠救济、花钱靠扶持”仍在不少干部群众中根深蒂固。个别地方对石漠化治理的目标不明、理念不清。石漠化综合治理应以林草植被恢复为中心，部分地方政府领导对工程建设中生态建设的重要性认识不足，没有把植被是否恢复、是否有效遏制石漠化扩展作为衡量石漠化治理的成效标准。在石漠化试点工程建设中也还存在管理体制不顺的问题，部分试点县组织实施主体仍较混乱，没能充分发挥行业主管部门在工程实施中的作用，如重庆市酉阳县等石漠化治理初步设计均由秀山县水利电力勘测设计队承担，出现树种选择及造林密度配置不科学、投资标准偏低，作业设计变更

频繁等问题，影响到试点工程的有序开展。

(2)投入严重不足，治理速度缓慢。虽然国务院批复了《岩溶地区石漠化综合治理规划大纲(2006～2015年)》，“十一五”期间投入专项资金启动了石漠化试点工程，但投入规模与治理需要差距很大，并且，试点县数量还不到总数的1/4，即使纳入试点的石漠化县，也存在投入不足、国家补助标准过低的问题。目前，生态林建设国家投资标准为3000元/公顷，而石漠化治理属困难地造林，其实际造林成本比现有投资标准至少高出2倍(实际需9000～15000元/公顷)；沼气池工程目前补偿标准为每口1500元，而沼气池的实际投资至少每口需要3000元。投资标准偏低，导致许多项目因资金问题而影响工程质量与效能发挥。加之石漠化地区经济欠发达，贫困面大，地方大多无力配套，资金短缺已成为制约石漠化治理全面推进的重要因素。

(3)科技含量低，农民致富能力差。石漠化地区立地条件差，目前还缺乏对石山难利用地造林技术的攻关研究，一些实用的育苗技术和产品没有得到普遍推广应用。在石漠化治理中，造林树种选择较单一，且对选择树种的生态特性了解不够，突出体现在一些地方县级工程实施方案缺乏科学性，唯任务而任务，编制单位资质要求不符、不开展本底调查、不考虑立地条件、不遵循适地适树原则。比如杉木、油茶等喜酸性土壤的树种在石漠化地类规划大面积推广，势必影响造林成活率和树木生长，也将影响到老百姓的收益。另外，适宜石山造林的生态经济型植物品种和综合治理模式相对较少，群众对一些生态经济树种的栽培技术和后期管理缺乏了解，从经果林中获利能力还不强，导致石漠化的诱因——贫困问题，还未从根本上消除。石漠化工程区2009年人均地区生产总值为12535元，仅相当于全国的50%，农民人均纯收入为4033元，相当于全国的78%。

(4)植被保护薄弱，群众参与性不高。目前，人为破坏林草植被的行为不能得到及时、有效地控制，是石漠化加剧的重要因素。一些地区仍然陡坡放牧、超载养畜。贵州省将种草养畜作为治理石漠化的对策，结果是：55个试点县有37个在陡坡放牧，占用资金比例在30%以上，而圈养比例极低，且没有围栏等基础建设，有的地方如毕节地区已经出现超载放牧问题，部分区域载畜量达60只羊/公顷(合理载畜量15只羊/公顷)。许多地方基层林业站体系不健全，经费不足，手段落后，植被保护乏力。过去将大部分石漠化地划为非林业用地，没有发放林地权属证，权责不清，且石漠化土地投入产出比例低，效益不高，也影响群众参与防治的积极性和主动性，加大了植被建设与保护的难度。

(5)监测体系滞后，成效评估有待完善。南方岩溶地区水热资源丰富，人为活动频繁，石漠化土地动态变化显著，监测工作极为重要。2005年，国家林业局组织开展了首次石漠化本底调查，至今已满5年。2008年，国家启动实施石漠化综合治理工程试点，并专门下发了《岩溶地区石漠化综合治理工程效益评价指标框架》，对监测工作进行了部署，要求各地对试点小流域开展长期监测，但因资金缺乏，很多试点县没有按要求执行，不能及时上报监测小流域的本底数据与动态信息；石漠化监测体系建设总体滞后，定位监测站及固定样地、径流场等基础设施建设才刚起步；另外，石漠化土地治理(试点小流域)后尚无统一的调查方法与评价标准，制约着工程试点成效评估与目标责任考核，影响石漠化防治政策调整与科学决策。

四、对策与建议

党的十七大提出"到2020年实现生态良好"的目标，岩溶地区要实现这个目标，必须要采取赶超的精神，下大力加强石漠化治理。要按照"五个统筹"要求，坚持"预防为主，积极治理，合理利用"方针，以石漠化土地林草植被生态修复为核心，以科技为先导，以法律为保障，采取生物措施和工程措施相结合，林业、农业、水利等部门相互配合，加强生态建设，引导产业发展，促进农民增收。

(1)明确定位，确立生态优先的治理思路。一是明确石漠化综合治理要以岩溶石漠化土地的生态修复为中心，把石漠化土地而不是流域作为治理对象。二是落实"生态建设产业化、产业建设生态化"，实现生态建设与产业协调发展，强化经果林的建设。三是在石漠化综合治理应明确治理范围是岩溶土地，治理对象主体是石漠化土地，严禁将与石漠化土地关联性不强的土地纳入治理范畴，确保石漠化土地得到真正治理。四是应强化封山育林在石漠化综合治理中的地位与作用，实现又好又快地治理。

(2)加强领导，落实石漠化治理责任制。各级政府要进一步提高对防治石漠化重要性的认识，要站在人与自然和谐发展与落实科学发展观的高度，增强责任感、使命感和紧迫感。一是将石漠化防治纳入各地国民经济和社会发展规划，制订防治相关政策，采取切实有效措施，全力抓好石漠化防治工作；二是建立地方行政领导防治石漠化任期目标责任制，从省到地、市、县、乡层层签订责任状，并以此作为各级地方行政领导政绩考核的重要内容，强化领导职责；三是理顺关系，明确职责，发展改革部门要负责好项目建设的综合协调，搞好综合平衡，林业、水利、农业、畜牧等部门要根据职能，负责具体的项目组织实施，做好技术指导、检查和监督；四是完善基层林业等组织机构，提高组织、协调、执法、监督和服务能力，确保治理成效。

(3)加大投入，全面启动石漠化治理工程。石漠化区域是我国经济欠发达地区，地方财力有限，建设资金短缺。从工程试点来看，资金匮乏是影响石漠化治理的关键因素。为此，建议：一是加大对石漠化综合治理工程的专项资金投入，尽快全面启动石漠化治理；二是适度降低地方政府配套比例，特别是国定贫困县，应全面取消配套；三是根据目前物价水平，结合各行业同类工程建设投资标准与石漠化治理工程的特殊性，合理确定各工程项目的指导性单位投资标准；四是明确科技支撑、监测体系建设、建设管理费用与工作经费等资金数额、筹措来源及比例，确保工程建设资金落实到位。

(4)大力发展特色林果业，调动农民治理积极性。特色林果种植，是石山地区农民脱贫致富的基本途径，也是调动农民治理石漠化积极性的动力源泉。石漠化地区有很多适宜种植的干、鲜果品，如湖南西部柑橘、猕猴桃，贵州金银花、花椒、核桃、板栗等，都具有较大市场潜力，比较效益明显，发展经果林既可以改善生态环境、减少水土流失，又能促进地方经济发展和农民增收，是经过长期实践证明的最直接、最有效、最受群众欢迎的一种石漠化治理措施。

(5)强化科技支撑体系建设，提高治理成效。石漠化治理难度大，治理措施多样，应切实将科技保障贯穿于石漠化防治的全过程。一是落实科研支撑单位，大力开展科研工作，组织开展科技攻关，要针对不同类型和程度的石漠化土地探索、筛选可供参考的措施和治理模式，提高治理的科技含量；二是石漠化防治中应大力推广应用现有的成熟技术、治理模式与科研成果，积极推进新技术、新方法和新工艺的应用，促进科技成果的转化；三是开展多层次、多形式的科技培训，使广大群众掌握防治石漠化的基础知识和基本技能，提高科技水平和生态保护意识；四是在工程试点中选择治理成效突出的小流域，加强总结分析，积累成功经验，树立治理典型。

(6)完善监测体系，积极开展效益评估工作。开展监测与评估工作是搞好工程建设的基础和前提，亦是全面推进石漠化综合治理工程的关键。一是建立健全各级石漠化监测机构，落实监测队伍，配备监测设施设备，提高监测工作的组织保障能力；二是以2005年国家林业局石漠化本底调查为基础，精心组织开展第二期石漠化宏观监测工作，建立起基于“3S”技术的石漠化信息管理系统，查明石漠化的现状、分布和动态变化趋势，为国家和地方科学防治石漠化提供基础依据；三是启动石漠化定位监测与典型地区监测，合理布局定位监测站、监测样地及气象站、水文站、径流场等监测基础设施建设，加强基础理论研究，掌握石漠化发展机理与演替规律，逐步建立土地石漠化预测预警机制，为有效地预防和降低石漠化危害提供服务；四是建立石漠化治理评价标准体系，及时对工程建设进展及成效做出客观评价，为工程建设与各级政府目标责任考核提供基础数据，减少工程建设的盲目性、随意性。

调研单位：国家林业局防治荒漠化管理中心
中南林业调查规划设计院
组　　长：刘　拓
副 组 长：罗　斌
成　　员：白建华　江天法　彭继平　李梦先　但新球　吴协保
执　　笔：白建华　吴协保

林业经济理论与林业支持保障

社会主义林业市场经济制度理论研究

【摘　要】经过30多年的反复摸索和实践，林业市场经济体制已经初步建立。总结和回顾我国林业改革的历程，可以提炼出成功实行林业改革需要具备的基本条件：林业市场化改革必须坚持渐进性，必须尊重来自基层的首创精神，必须坚持转变思想观念；而且需要认识到产权制度改革是林业市场化改革的核心，但并不是全部。这些来自林业自身发展实践的宝贵经验，为下一步的改革提供了重要的启示。不过，与国民经济发展以及林业自身发展的要求相比，我国林业的市场化进程仍然相对落后。不但落后于同期全国平均水平，而且落后于同期农业市场化水平。就目前来看，依然存在诸多制约中国林业市场化进程的体制和机制因素，这些因素广泛地分布于森林采伐限额制度、分类经营制度、林业税费制度、森林生态效益补偿制度以及国有林区管理体制之中。基于以上，巩固和完善社会主义林业市场经济制度，需要着力实现以下任务或目标：①坚持和完善林业分类经营制度；②深化集体林业产权制度改革；③放松管制创造公平的竞争环境；④继续推进林业税费改革；⑤促进政府职能转变；⑥创新国有林区改革模式和改革思路。

一、社会主义林业市场经济的内涵

虽然1978年我国就开始了从计划经济向市场经济转轨的进程，但是，社会主义市场经济理论的提出和确立却经过了反复的探索。① 直到1993年11月，党的十四届三中全会通过的《关于建立社会主义市场经济体制若干问题的决定》，才提出了社会主义市场经济体制的基本内容和基本框架。社会主义市场经济制度和一般的市场经济制度相比较既有共性也有特殊性。一方面，社会主义市场经济制度具有一般市场经济制度的共同属性。具体包括：①独立的市场主体。②竞争性的市场。这里的市场不仅包括产品市场，还包括土地、劳动、资本等要素市场。③市场价格。简单的说，市场机制就是价格机制，通过市场竞争形成的价格是整个市场经济的核心，价格的变动调整生产、流通和消费。

① 1978年，党的十一届三中全会制定了改革开放的方针；1982年，党的十二大提出经济体制改革要“正确贯彻计划经济为主、市场调节为辅的原则”；1984年，党的十二届三中全会提出社会主义经济是“在公有制基础上的有计划的商品经济”；1987年，党的十三大提出“社会主义有计划商品经济的体制，应该是计划与市场内在统一的体制。”

④保证市场有效运转的法律政策体系。以上构成了市场经济制度的本质特征，我国经济体制改革就是要实现这些核心目标。另一方面，社会主义市场经济体制是同社会主义基本制度结合在一起的，因此还具有区别于一般市场经济制度的某些特征。社会主义市场经济制度与一般的市场经济制度的区别主要是，以社会成员普遍受惠实现共同富裕为目标。[①] 因此可以说，社会主义市场经济无非是指在社会主义条件下的市场经济，它同其他社会制度下的市场经济一样服从同样的经济规律。它除了表明中国政府依然坚持社会主义的生产目的，即致力于实现一个公正、公平、高效和富于活力的福利社会外，在依靠市场机制配置资源方面没有本质的区别（金锡洙等，1994）[②]。此外，社会主义市场经济特别强调通过国家的宏观调控克服市场的不足。社会主义市场经济制度，无论作为一种不同于先行国家现代化的发展模式，还是从其追求的社会目标看，都必然追求政府发挥较大的作用，对市场进行宏观调控。因此，党中央在建立社会主义市场经济体制的探索中，不但注重深化改革，积极培育市场体系；而且注重建立国家宏观调控体系（吴敬琏等，1991）[③]。

林业作为国民经济的组成部门之一，林业市场经济制度必然具备社会主义市场经济的基本特征，即主要依靠价格机制来调节林业的生产、流通和消费活动。但是，林业又是一项重要的社会事业，存在着较强的外部性，仅仅依靠市场机制必然在林业市场上形成供给不足的问题，不过，这在社会主义市场经济制度下容易得到解决，通过国家的宏观调控可以克服市场的不足。市场和政府作用的有效配合，使林业发展中遇到市场和非市场问题，在社会主义市场经济制度下能够得到完美的解决。但是，如何才能建立起市场和政府的这种有效关系？对于从计划经济体制向市场经济体制转型的国家，存在的问题往往是市场发育不足和政府干预过度，改革主要就是消除那些抑制市场机制的政府行为，使市场机制发挥作用。因此在我们国家，建立市场经济制度（或者说市场化）的关键就在于如何处理市场和政府的关系。从这点来说，尽管林业是一个特殊性产业，但在由计划经济向市场经济转型的过程中，应尽可能地把林业的特殊性转化为一般性，扩大市场机制的作用范围，最大限度地发挥市场机制的作用（李周，1997）[④]。

事实上，经济学理论和经济实践并没有给出一个纯粹市场经济的模式和范例，因为市场经济本身也处于不断的变动和发展过程中。但是，对于市场机制发挥作用需要具备的条件无疑是达成共识的。所以，现阶段林业市场经济制度建设的目标主要包括：①形

---

① 一般认为，实行公有制为主体、多种所有制经济共同发展的基本经济制度也是社会主义市场经济的本质特征之一。可是，截至 20 世纪末，我国实际上形成了以民营经济为主的多种所有制经济共同发展的格局。这种所有制格局首先在沿海地区形成，然后逐步向内地延伸。从实践的角度来看，公有制为主体的所有制结构应该不构成社会主义市场经济与一般市场经济的本质差别。

② 金锡洙、刘东生、徐晋涛，我国社会主义市场经济和林业改革基本思路，林业经济，1994 年第 5 期。

③ 吴敬琏、刘吉瑞，论竞争性市场体制，中国财政经济出版社，1991 年。

④ 李周，市场与林业，林业经济，1997 年第 6 期。

成产权明晰、自主经营、自负盈亏的林业市场经营主体。②建立和形成统一、开放和竞争性的林业市场体系。③资源配置依靠竞争形成的林业市场价格。④建立和完善保证市场有效运转和市场主体良性行为的林业政策、法律、法规体系。⑤建立起必要的林业宏观调控手段。

二、我国社会主义林业市场经济的探索和发展

我国的改革首先是从农业领域实现突破的，由于林业部门和农业部门之间的紧密联系，农业改革的成功为林业改革提供了最直接的经验和激励。总体来看，我国的林业改革在时间和结构上都是跟随着农业改革进行的，普遍认为农业改革的一个特征是改革过程的渐进性(姚洋，2008；蔡昉等，2008)[①②]，在大多数时候林业改革也遵循着“摸着石头过河”的逻辑。但是与农业改革相比，在林业部门内部，无论是市场改革还是管理改革，都没有农业部门那样彻底。而且与农业部门不同，林业部门受其他部门改革的影响(溢出效果)比较大，这些部门的政策对林业部门的影响可能超过林业部门自身的政策(Hyde et al. , 2005)[③]。此外，林业改革在某些时候还显得有些超前甚至于激进，即使少数几次偏离渐进式的轨道，却对林业改革的路径产生了关键性的影响。纵观林业改革30年的历程，我国的林业市场化实践探索大致可以划分为4个阶段。

(一)“分权”与“让利”改革(1978~1984年)

一般认为，恢复农业家庭经营和减少政府对农村剩余的汲取是1978~1984年间农业产出惊人增长的主要原因(姚洋，2008)，而且在农业改革中，“放权”和“让利”过程几乎是同时发生的。通过这一时期的改革，农民实现了彻底从人民公社体制中解放出来的愿望。与农业不同，林业的改革首先是从“让利”开始的，随后才逐渐开始了“放权”的历程。林业也通过“三定”改革，在集体林区推行家庭承包经营制度，塑造出了千千万万的林业市场经营主体。虽然林业承包制改革起步较晚，但是，在这一时期其改革的进程较快，进展比较顺利。

1. 有计划的提高木材价格

1953~1978年期间，我国的木材价格一直由国家统一定价，虽然经过两次价格调整，但是，木材价格始终保持较低的水平。长期的木材低价政策，虽然有力地支援了国家工业化目标，但其负面效应也非常明显：林业积累严重不足，抑制了林业投资，造成

---

① 姚洋，作为制度创新过程的经济改革，格致出版社、上海人民出版社，2008年。

② 蔡昉、王德文、都阳，中国农村改革与变迁——30年历程和经验分析，格致出版社、上海人民出版社，2008年。

③ William F. Hyde, Brian Belcher, 徐晋涛，中国的森林——有全球意义的市场改革经验，中国林业出版社，2005年。

木材生产赖以存在的基础和森林生态系统遭受了严重的破坏，这些又直接导致了日后的森林资源和企业经济的双重危机。1978 年以后，随着政策的调整[①]，国家对木材价格进行了有计划的调整，先后两次分别提高了南北方的木材价格。1979 年，南方木材出厂价格由每立方米 66.86 元调整到 80.40 元，提高 20.3%，木材收购价由每立方米 29.43 元，提高到 38.46 元，提高 30.1%。1980 年，北方国有林区木材出厂价格由每立方米 56.2 元提高到 73.06 元，提高 30%(孔繁文等，2004)[②]。1981 年，国家再次同时提高了南北方木材计划价格。根据国家物价总局的规定，南方集体林区木材出厂价格提高 20%，即每立方米提价 16 元，由 80.4 元提高为 96.4 元(苏志恒，1983)[③]。在有计划调整木材价格的同时，从 1980 年开始，国家允许林农自留林木和集体林区完成国家收购任务后的木材实行议购议销[④]；从 1981 年开始，允许国营林场生产的抚育间伐材在国家计划出厂价格基础上加价 30% 出售。到 1984 年底，全国木材的平均售价已经提高到每立方米 106 元，比 1978 年平均提高了 74%。1978～1984 年期间，木材价格调整的目标主要是为了解决当时集体林区林农营林生产收益低和林木采运工资偏低，以及森工企业采运成本上升的问题，还没有触动当时木材价格体系的计划经济实质，木材价格严重不合理的状况并没有得到大的改观(孔繁文等，2004)。但从 1981 年起，国家对非规格木材实行议购议销以后，市场价格迅速攀升，其价格一般高于规格木材价格的 1～3 倍，这在很大的程度上反映了计划体制下木材价格的扭曲。为了消除计划体制内外的木材价格差异，从 1982 年起，非统配木材改由国家加价收购，经过多次压价，木材内外价格差异大大缩小。到 1983 年，非规格木材的收购价仅比规格木材高 20%；销售价格高 12.3%～54.8%(朱赞平，1983)[⑤]。以上价格调整过程都体现出了明显的计划经济色彩，当市场价格偏离计划价格时，国家会通过行政手段将其拉回到计划的轨道上来。

2. 小范围放开木材流通市场

1978 年以前，林产品同其他产品一样实行的是统购统销政策，自由市场和交易是被禁止的。而且按照《中共中央关于加快农业发展的若干决定(草案)》的要求，1979～1980

---

① 1978 年 12 月，党的十一届三中全会原则通过《中共中央关于加快农业发展的若干决定(草案)》。1979 年 3～10 月期间，国家陆续提高了粮食、油料、棉花、生猪、菜羊、菜牛、鲜蛋、水产品、甜菜、甘蔗、大麻、苎麻、蓖麻油、桑蚕茧、南方木材、毛竹、黄牛皮、水牛皮等 18 种农副产品的收购价格。据国家物价局的计算，上述 18 种农副产品收购价格的平均提高幅度，达 24.8%，约使全国农民当年增加收益 70 亿元左右。此后，国家的农副产品收购价格又逐年有所提高。

② 孔繁文、谢晨、戴广翠，市场经济条件下中国森林资源管理政策及评价，载国家林业局经济发展研究中心主编，中国林业市场化改革理论与实践，中国大地出版社，2004 年。

③ 苏志恒，沙县集体林区木材价格问题，林业经济问题，1983 年第 2 期。

④ 根据党的十一届三中全会原则通过的《中共中央关于加快农业发展的若干决定(草案)》的要求，1979～1980 年，国家先后重新限定了统购派购的范围和数量，规定粮食、棉花、油料、木材为统购品种，烤烟、茶叶等 127 种农产品为派购品种，并对主要派购品种规定了收购基数，几年不变，超过部分，或者按固定比例加价收购，或者实行议价收购。

⑤ 朱赞平，对调整现行木材价格倒置结构的探讨，林业经济问题，1983 年第 2 期。

年国家先后重新限定了统购派购的范围和数量，规定木材等为统购品种。但是，随着我国经济体制改革的推行，国家逐步放宽了木材流通政策。从1981年起，国家对南方集体林区生产的规格木材只统购70%～90%；非规格木材实行议购议销，在一些贫困林区(山区)甚至取消了木材统购任务。同时对间伐小材、社队木材加工厂加工的枝丫材、非规格材，经林业部门同意，可以产销见面，议价销售(张满林等，2008)①。即使对于规格木材，农民也获得了10%～30%的自主权，可以在自由市场上交易。在木材统购统销制度下，即使是小范围的放开林产品市场，也具有非常深远的意义。一方面，允许林业流通领域的市场化，动摇了原有林业经营体制的基础。小范围放开木材市场具有"局部试验"的性质，这是我国经济体制改革和农村改革的一个特征，即首先进行局部试验，而后逐步向更大的范围推广。即使是小范围的放开木材市场，也需要对木材经营体制进行相应的调整，以适应木材市场开放带来的冲击和挑战。另一方面，这种改革措施也改变了林业生产者面临的价格结构。自由交易的结果是产生了市场价格，这就造成市场价格和国家定价并存的局面，林业生产者在面对着两种价格机制时，其生产行为会发生相应的变化。

3. **林业"三定"改革**

农业家庭承包制极大地促进了农业生产力的提高，这对依靠林业生活的农村家庭产生了激励作用，纷纷要求在农村集体林业中推广这种经营制度。终于在1981年3月，中共中央、国务院颁发的《关于保护森林发展林业若干问题的决定》要求：在集体林区实行稳定山权、林权，划定自留山，落实林业生产责任制的林业"三定"改革。1981年6月和10月又先后召开了8省市和13省市的林业"三定"工作座谈会，林业"三定"工作在全国迅速铺开。截至1984年年底，完成林业"三定"的县为1781个，占77.5%，已经完成的生产队有475.4万个，占88.2%；完成定权发证的山林面积达14.5亿亩，给近5700万农户划定了自留山4.7亿亩。②

林业"三定"改革的核心是在坚持林地集体所有制的前提下，经营权由集体向农户转移，逐步建立起以家庭承包为主导的林业产权体系。国家的目的是通过明晰产权，建立有利于林业发展的激励机制，引导社会各界力量发展林业(张海鹏等，2009)③。林业"三定"改革的实施，在集体林区初步建立起以家庭承包制为核心的林业经营制度，塑造出了参与林业市场的林业微观经营主体，林业"三定"改革对我国林业市场化的贡献功不可没。

(二)木材流通与价格双轨制改革(1985～1992年)

1985年以后，林业跟随着农业才真正迈开了市场化改革的步伐。单纯的调整农产品价格，而不触及流通体系的改革，虽然可以在短期获得一定的改革收益，但也使得缺乏有效的价格形成机制的弊端充分暴露出来。改革者认识到，只有全面改革农产品流通体

---

① 张满林、汪国连、金彦平，我国木材流通模式的变迁与创新，农业经济问题，2008年第1期。

② 《中国林业年鉴(1949～1986)》，中国林业出版社，1987年。

③ 张海鹏、徐晋涛，集体林权制度改革的动因、性质与效果评价，林业科学，2009年第7期。

系，形成一个以市场机制为基础的农产品价格形成机制，才能更好地处理生产者、消费者、农产品流通企业以及政府之间的利益关系。因此，当以“放权”和“让利”为核心的改革效应释放之后，农业改革开始进入了农产品流通和价格改革领域，向计划经济时期最基本的经济制度之一的统购统销体制发起冲击。与此相适应，国家也逐步放开了木材流通和价格改革。即使在这一时期，农村改革依然遵循着渐进式改革的逻辑，极大地降低了反对和抵制的风险。然而林业改革却在某些方面和某些阶段显得有些激进，盲目地推进改革的后果是，虽然改革本身是必要的，目标是正确的，最终因为受到各方面的反对和抵制，改革进程停滞甚至发生倒退。

1. 开放木材流通市场

该阶段最重要的特点是国家开放了木材流通市场。1985年1月1日，中共中央、国务院发布了《关于进一步活跃农村经济的十项政策》，即中央1985年1号文件。文件的核心内容是，改革计划经济时期农产品的统购统销制度，除个别品种外一律实行合同定购与市场收购相结合。根据这一文件精神，国家取消了集体林区木材统购统销，开放木材市场，允许林农和集体的木材自由上市，实行议购议销；国营林场也可以实行职工家庭承包或与附近农民联营。南方集体林区全面开放木材、竹材交易市场，允许农民将自产的木材、竹材在市场上销售，允许国营林场利用抚育间伐材开展林、工、商综合经营。农民或集体所有的中、幼林和成熟林、过熟林可以有偿自由转让；国营林业企业可以利用不属于国家分配的小材、小料和采伐、造材、加工剩余物发展木材综合利用和多种经营，产品自由销售。此外，国家统配木材的规格、品种、数量仍受“三总”的控制。统配木材由计委制定计划，林业部门负责生产、组织和协调供货，物资部门按计划制定木材分配方案，林业和物资部门共同组织木材定货。非统配木材的市场由林业部门进行管理。在国家计划指导和保护森林资源的前提下，木材流通渠道由单一计划调拨变为多渠道流通。总体来看，这一阶段木材流通体制的特点是议购议销与统购统销并存，市场调节与国家计划分配并存(张满林等，2008)。不过，上调国家统配木材的数量逐年下降，已由1985年的2221.6万立方米调减到了1993年的550万立方米，不足全国木材产量的10%。

完全开放木材市场是社会主义林业市场经济制度的目标之一，但是，在当时的条件下无疑显得有些激进和盲目。其原因在于，在这之前的改革都具有帕累托改进的性质或卡尔多改进的性质，而开放南方木材市场的改革既不具有帕累托改进的性质，也不具有卡尔多改进的性质(李周，2008)①。开放木材市场以后，农民、商人、政府机构以及各种大小公司一起涌入市场，市场价格迅速提高，大部分的利益被中间商取得，林农的实际得益很少。由于木材价格飞涨，大量的森林被砍伐，并由此形成了新中国成立以来的第三次森林资源大破坏。完全开放木材市场实际上剥夺了国有林业部门的既得利益，更

---

① 李周，林权改革的评价与思考，林业经济，2008年第9期。

重要的是，利益遭受损失的国有林业部门并没有得到必要的补偿。因此，这场自上而下的改革遭到国有林业部门的强烈抵制。农民乱砍滥伐的行为被夸张的向上反映，而木材节约利用的行为却被掩盖起来。终于在1985年末1986年初，国家再次关闭了木材市场，而代之以“国家一方买入，卖出市场放开”的方式。1987年7月，中共中央和国务院进一步明确提出“只允许林业部门一家进山收购木材”。从此，木材的收购和批发均在当地的国营木材公司和国有林场进行，其他部门经营的木材都是从这两个部门中批发出去的。这也就是所谓的“收购一方实行垄断，销售一方实行多种渠道”的木材经营的新模式(乔方彬，1997)①。这种模式的实质是，通过木材收购的垄断确保林业部门的木材收购成本最小化。与此同时，通过木材消费者的充分竞争，确保林业部门的收入最大化。至此，林业改革陷入了停滞状态，有些地方甚至发生了反复。这可以被认为是林业改革历史上最大的教训：脱离改革特定阶段的实际，贸然地“超前”推进，造成的结果是改革目标难以实现，甚至形成改革进程滞后的局面。

开放木材市场由于过于激进而打乱了原有的林业改革进程，但是，其在林业市场化方面依然起到了积极的影响。第一，取消统购统销使林业生产经营自主权得到了释放。统购统销体制时期，农民完全按照政府的指令组织林业生产经营，农民生产经营的自主权实际上被剥夺了。取消统购统销以后，农民在有限程度上获得了向市场提供产品的自由，也就存在着一定的可能按照市场的价格信号配置林业生产资源。第二，林产品流通主体更加多元化。开放木材市场以后，农民、商人、政府机构以及各种大小公司一起涌入市场。第三，促成了木材价格双轨制的形成。

2. **木材价格双轨制**

随着木材市场的开放，国家也全面开放了集体林区的木材价格。1978～1985年期间，国家虽然对木材价格进行了一系列的调整和改革，但是，木材价格仍然处于高度集中管理的状态。1985年木材市场开放以后，木材价格也进入调放结合的木材价格双轨制管理时期，开始走出了传统计划固定价格模式，形成了国家定价，国家指导价和市场调节价3种形式并存的格局。

1985年，国家全面放开了集体林区的木材价格。南方集体林区木材的平均收购价，由开放前的每立方米55元快速上升到120元左右，提高了1.1倍；平均销价由每立方米118元提高到230元，提高了1倍。放开后的南方集体林区木材价格，不仅木材价格水平有了较大幅度地提高，木材的各项比价关系在市场机制的调节下，也得到了较大的改善，林区和林农的收益均有不同程度的增加，从而调动了林区各级政府和林农发展林业的积极性，也使木材价格改革向前迈进了一大步(李伯瑜等，1996)②。1986年10月，为解决

① 乔方彬，林地产权演变和林业的发展——云南林区的实证研究，中国农业科学院研究生院硕士学位论文，1997年。

② 李伯瑜、苏宗海，我国木材价格改革的发展，林业财务与会计，1996年第2期。

南方木材价格放开后南北方计划内外木材价格差距过大，同时为缓解国有林区企业资源危机、经济危困的双重压力，国家又一次较大幅度地调整了东北、内蒙古国有林区的木材出厂价格，平均每立方米计划内价格由99元提高到143元，提高幅度为44%，同时，放开长2米以下、直径8厘米以下小规格木材的价格。对国有林区的非统配木材，可由各省份自行规定高于国家计划价格的55%到1倍以上的省定指导价格(苏宗海等，1994)①。可是，1987年实行"收购一方实行垄断，销售一方实行多种渠道"的木材经营模式以后，木材的收购价和市场价严重扭曲(表1)。有些地方凭借行政的力量强迫收购农民和其他经营主体的木材，由于收购价格过低，林业经营者的收益得不到保证，直接影响了森林资源的生产活动。在一些地方，木材市场在行政手段的高压下以黑市交易的方式出现。市场受到抑制的时候，往往还是通过市场的方式进行弥补，只不过要付出更多的成本，这也是一个教训。

表1　一家收购政策所造成的木材收购价与市场价的差别

年份	地点	树种/材种	收购价(元/立方米)	销售价(元/立方米)	收购价占销售价的比重(%)
1984	福建	松原木	52.95	105.86	50.02
1985	浙江开化县	平均	178.05	268.48	66.32
1985	四川珙县	平均	76.00	190.00	40.00
1985	贵州黔东南	平均	147.97	259.32	57.06
1986	贵州黔东南	平均	129.23	289.43	44.65
1987	贵州黔东南	平均	184.39	460.19	40.07
1987	浙江龙锦县	杉原木	419.00	806.00	51.99
1988	浙江龙锦县	松原木	143.00	324.00	44.14
1994	湖南黔阳	杉原木	170.00	530.00	32.08

资料来源：(孔繁文等，2004)。

1990年，为了解决东北、内蒙古国有林区可采森林资源急剧下降，后续资源培育滞后，森林资源危机进一步加剧，木材产量连年减少等原因造成的森工企业经济危困，国家再一次较大幅度提高统配木材出场价格，平均每立方米由144.97元提高到214.83元，提高幅度为48%。同时，为逐步理顺木材成本价格的构成关系，保证森林资源再生产有正常稳定的资金来源，在这次提高木材价格的同时，建立了东北、内蒙古国有林区林价制度，并对该林区的非统配木材按照统一领导、分级管理的原则，实行国家指导价格管理。这对解决北方木材加工严重滞后，各材种差价比关系严重不合理，价格构成不完整，缓解森工企业经济危困，增加营林投入资金的来源等都起到了积极作用。这一时期木材价格的主要特征是，同一质量规格木材的价格，以国家计划为分界，计划内木材执行国家定价，计划外木材执行国家指导价或市场调节价的双轨制价格。这为木材市场的培育和成长开辟了一条狭窄的通道，也使国家定价同市场价格保持一种平稳的过渡，为建立

① 苏宗海，綦秀兰，建立统一木材市场深化木材价格改革，北京林业大学学报(社会科学版)，1994年增刊。

统一木材市场，实行市场调节价打下了坚实的基础，形成了国家定价、国家指导价(包括省定价)和市场调节价三种价格管理形式相结合，多种价格水平并存的木材价格管理格局(苏宗海等，1994)。这样就形成了两个价格体系：一是政府直接控制的价格；另一个是通过市场形成的价格。两者的并存意味着木材的购销进入了价格“双轨制”阶段，价格双轨制是从计划价格向市场价格过渡的中间阶段。固然价格双轨制存在这样那样的问题，这在后来也遭到了很多人的诟病，但是，在当时的情景下价格双轨制的出现无疑体现了改革者的智慧和勇气。价格双轨制虽然没有实现价格改革的一步到位，却打破了计划定价的状况，为下一步的价格改革建立了基础，而且为改革的继续深化留下了缓冲的空间，再次体现出渐进式改革的逻辑。

3. 林权制度改革的停滞与发展

1987 年，中共中央、国务院颁布的《关于加强南方集体林区森林资源管理，坚决制止乱砍滥伐的指示》提出“集体所有集中成片的用材林凡是没有分到户的不得再分”。随着这一政策的出台，林业的家庭承包制改革进程受到遏止，有些地方甚至出现了把已经分下去的林地重新收归集体所有的现象(乔方彬等，1998)①。虽然林业“三定”改革中途被叫停，而且出现了反复，但是，林业“三定”改革使农村家庭承包经营成为绝大多数省份林地的主要经营模式。截至 1986 年年底，林业“三定”改革叫停为止，家庭经营的林地面积已经占全国集体林总面积的 69% 左右(表 2)。也就是说，虽然林业产权制度改革没有像农业改革那样彻底，但是，“三定”改革依然使确立家庭承包经营成为农村林业经营的主要形式。

表 2 1986 年集体林中家庭经营所占的比重

省份	集体林	家庭经营	家庭经营所占比例(%)
福建	8.19	2.65	32
江西	9.27	8.58	93
浙江	5.73	4.37	76
安徽	3.79	2.80	74
湖北	7.04	5.75	82
湖南	11.14	8.33	75
广东	9.27	8.17	88
云南	20.31	11.17	55
总面积	74.74	51.82	69

资料来源：(陆文明等，2002)②。

林业“三定”改革固然是由于国有林业部门的利益受到损害，因而遭到强烈的抵制而失败。但是，农村林业产权本身的问题导致的乱砍滥伐也是造成改革中途停止的重要原因。农村林业产权不稳或多变是“三定”改革以后农户乱砍滥伐森林的原因之一。就当时

① 乔方彬、黄季焜、罗泽尔，林地产权和林业的发展——云南林区的实证研究，农业经济问题，1998 年第 7 期。

② 陆文明、Natasha Landell - Mills、刘金龙等，中国私营林业政策研究，中国环境科学出版社，2002 年。

来讲，农村林业产权的稳定性遭到来自三个方面的挑战：第一，林地的使用期限较短。"三定"改革中，自留山虽然规定由农户长期使用，但是，责任山的承包期限一般为5年、10年或15年，这相对于林业生产周期来讲明显较短。第二，政府保留了随时收回林地使用权的权力。当农户不愿意或者无力在自留山上造林时，村集体有权收回他们的自留山。第三，农村林业产权政策多变。改革开放以前的30年里，我国的农村林业产权经历了多次的调整，使农户对林业产权政策的长期性和稳定性存在很大的怀疑。农户从以前的林业政策调整得出的结论是，一旦获得林地的经营权首先做的应该是抓紧砍伐。所以说，产权不稳和多变影响了农户经营林地的预期，鼓励了消费(砍伐)行为而抑制了生产(投资)行为。因此我们可以得出结论，在林业市场化改革中，建立明晰稳定的产权应该是建立林业市场经济的首要任务。

虽然"三定"改革中途夭折，但是，林权制度改革的探索在各地并没有就此停止。20世纪80年代末期，一些地方为了便于对森林资源实行有效的集中保护和经营，并没有把集体所有的山林直接划分到户，而是采取股份合作制的办法，来适应当时政策变化和林业发展的需要。最早的林业股份制模式是农村林业股东会。农村林业股东会的基本做法是，以村为单位将集体拥有的森林资产的价值形态折股，以股票的形式平均分给全体村民，而作为实物形态的林木仍旧保持整体性，通过承包形式实现规模经营。对利益分配是通过拥有股票实现其对森林资产的所有权并享有股份分红，同时通过承包和劳动投入获得按劳取酬，从而改变了过去"大集体"经营和分配形式(孔明等，2004)①。陕西省洛南县刘家村大队将集体山林实行折股联合建立林业股份合作制度，可以称之为我国农村林业股东会的最早探索。1988年，福建省三明市开始在全市实验和推广农村林业股东会。截至1990年年底，三明市已经建立农村林业股东会1347个，经营面积1835万亩，蓄积量7200万立方米，分别占全市总量的64.9%和64.5%(福建省经济研究中心等，1991)②。除了福建省三明市推广农村林业股东会以外，全国其他地区在总结林业"三定"教训的基础上，将已经分到户的林地也通过各种股份合作形式③重新联合起来。

虽然林业股份制经营存在诸如产权不清、农民和其他经营主体难以获得经营收益，政府干预过多、内部治理结构不合理等问题，但是，在林业市场化的过程中，林业股份合作制的出现依然具有重要意义。首先，农村林业股份合作制是林业经济体制改革和市场经济发展的结果。林业的市场化改革，使广大农民获得了林地的使用权和森林资源的部分所有权，农民的劳动投入获得了自由，为林业生产要素实现自由流通提供了前提条

① 孔明、刘璨、张晓静、李育明，中国林业股份合作制政策问题研究，载国家林业局经济发展研究中心主编，中国林业市场化改革理论与实践，中国大地出版社，2004年。

② 福建省经济研究中心等，林区改革探索——三明集体林区改革试验区调研，中国林业出版社，1991年。

③ 三明的林业股份合作制模式的特点是"分股不分山，分利不分林"；湖南怀化与福建三明不同，他们采用了"分股又分山，分利又分林"的模式，这一模式又被称之为怀化模式。怀化模式是在分林到户的基础上实施的林业股份合作制。

件，如果没有生产要素自由流通，完全按照国家计划进行生产要素的配置，很难想像股份合作制经济的兴起与发展。在由计划经济向市场经济转型的过程中，长期被压抑的人们对经济利益追求的动机逐步显现出来，加之在长期计划经济制度下存在着的但不能获得的获利机会也呈现出来。在新经济制度创新背景下，对林业生产要素适当进行再分配，就可以获得额外经济纯利，对经济纯利的追求成为林业股份合作制发展的主要内在动机，林业经济体制改革与市场经济的建立使林业股份合作制的发展成为可能（孔明等，2004）。其次，在适应当时意识形态的条件下，林业股份合作制进一步明晰了林业产权。林业股份合作制通过保持林木实物形态的整体性，达到了中央政府禁止"分林到户"的要求，同时又以股票的形式将森林资产的价值形态平均分给村民，实际上进一步确立了农民对林地和林木的权利。再次，林业股份合作制通过农民之间的自愿组合，保留了产权所有者通过行使表决的权利，加强了对经营管理者的约束，在一定程度上缓解了行政干预，避免了林业经营重新回到集体一元化决策的状态。

（三）全面市场化阶段（1993～2002年）

1992年，中共中央正式提出建立社会主义市场经济体制，我国开始进入全面市场化阶段。在农业领域，1993年农村家庭承包责任制被正式列入宪法，成为一项国家经济制度上的根本大法。稳定家庭承包责任制长期不变的基本经营制度建设已经深入人心。与此同时，为适应市场竞争和宏观经济调整的需要，农村非农产业发展进入新阶段，产品调整、企业重组、产权流转开始成为农村改革发展的新潮流。这一时期核心的变革是，农村经济运行的组织化程度已大幅度提高，适应于市场经济运行的各种各样的经济组织、股份合作化的多种形式在这一阶段已经越来越成为农村经济的主导性力量。出现了农村经济越来越按照现代市场经济的规则运行的态势（国务院发展研究中心农村部综合研究课题组，1999）①。在全国和农业市场经济进程深入推进的背景下，林业的市场化改革在这一时期也逐步走向深化。

1. 全面建立木材流通市场体系

木材流通领域市场化改革取得了重大进展。首先，国家逐步取消了统配木材。1993年，国家统配木材为468万立方米，仅占当年全国木材计划产量的7%，其余93%的木材供需量由市场调节。之后，年统配木材数量大致维持在每年200万～300万立方米，其价格基本与市场价一致。国家只负责统配木材的定价，而非统配木材的价格已经基本放开，实行随行就市；而且，统配木材与非统配木材在价格上几乎接近"并轨"。同时，除统配木材以外，国家对其他木材及林产品的价格全部放开，由市场调节。1998年，国家决定全部取消统配木材，对国家重点用材实行产销衔接计划。至此，国内木材市场的

① 国务院发展研究中心农村部综合研究课题组，中国农村改革与市场经济——纪念中国农村改革二十年，管理世界，1999年第2期。

流通格局发生了根本变化，以市场机制调节供需和价格的木材流通体制初步形成。[①②]

其次，林产品市场开放度不断扩大，市场交易的种类和范围日益增多，建立了初级市场、区域性市场、国家级市场的木材交易体系，形成了竞争的市场格局。1993年，林业部和北京市政府联合组建了北京国家木材交易市场。之后，大连、哈尔滨、长春、福州、武汉、郑州、成都、南宁等地也相继成立了辐射本省及大区的木材林产品交易市场；洛阳、三明、漳州、徐州等地的区域性木材及林产品市场也初具规模，同时在全国各地还自发形成了数以万计的集贸型的木材及林产品现货市场。形成了一个以北京国家木材交易市场为龙头，省级区域性市场为骨干，县以下集贸市场为基础的覆盖全国的木材及林产品市场网络体系。[①]此外，林业企业在全国各地已基本建立了比较健全的销售网络，拥有销售机构和网点，包括4000多个国有林场生产的木材都基本实现了产销一体化经营。木材的直接使用单位多已转从林区直接订货，过去主要负责供应统配材的专业木材公司也开始直接面向市场(戴广翠，2004)[②]。1999年，外经贸部还取消了木材经营核定的管理办法，凡具有外贸经营权的企业都可以代理和经营进口木材，打破了过去木材运输流向上的限制，从根本上打破了传统的木材流通体制，确立了“把住源头、管好一级市场，搞活经销、放开二级市场”的新体制。通过这些改革，我国计划价格管理体制向市场价格体制的过渡，基本确立了主要由市场调节木材价格的运行机制的确立，有力地促进了我国林业产业的发展，同时也为木材生产经营企业面向市场，全面转换经营机制，逐步摆脱“两危”创造了有利的条件。

2. 全面市场化阶段的林权改革

林业股份合作制由于被认为能够激发农民林业生产的积极性，又能避免分林到户可能带来的林地细碎化和乱砍滥伐的弊端，因此中共中央办公厅称之为“中国农民的伟大实践”，从而在全国推广。但在实践中，林业股份合作制的改革目标并未实现。据调查，福建省在实施林业股东会的改革试点中，较好的仅占25%，有的已名存实亡(程云行，2004)[③]。影响林业股份合作制发展的症结在于它本身的产权缺陷。虽然与集体经营相比，林业股份合作制的林权明晰，但是，从市场经济的要求来看，林业股份合作制的产权模糊程度仍然较高，难以对代理人进行有效的约束。因此，林业股份合作制的改革应该首先在明晰产权，创建适应市场经济制度的私有产权的基础上，再通过联合形成股份合作。

虽然林业股份合作制由于本身的产权缺陷而发展缓慢，但是，随着我国市场化经济体制改革的深入，林业产权制度改革的探索也呈现出多样化、市场化的趋势。1995年8月，国家体制改革委员会和林业部联合下发了《林业经济体制改革总体纲要》，其中明确

---

① 国家林业局，中国林业50年，中国林业出版社，1999年。

② 戴广翠，中国的林业产业发展、市场及贸易状况，载国家林业局经济发展研究中心主编，中国林业市场化改革理论与实践，中国大地出版社，2004年。

③ 程云行，南方集体林区林地产权制度研究，中国林业出版社，2004年。

提出，要以多种方式有偿流转宜林“四荒地使用权”，要“开辟人工活立木市场，允许通过招标、拍卖、租赁、抵押、委托经营等形式，使森林资产变现”。1998 年的《中华人民共和国森林法》明确划出了可以进行使用权转让的森林、林木和林地的范围，而且规定在这一范围内使用权还可以依法作价入股或者作为合资、合作造林、经营林木的出资、合作条件。这些都为林权的市场化运作提供了政策和法律依据，使林权的市场化运作日益活跃。由最初的“四荒”资源的拍卖、中幼林及成熟林的转让、发展到林地使用权流转（徐秀英，2005）①。总体来看，这一时期的产权制度改革的方向依然是促进所有权和使用权的分离，按照集体和林业经营者之间的合同约定产生权利义务关系，是一种债券关系。这一时期和林业“三定”时期相比，体现了产权主体多元化和产权界定细分化的过程（徐秀英，2004）②。尽管这一时期，林业产权制度改革的规模不大，但是，这些明晰林业产权的改革模式都对林业生产和投资起到了积极的作用，取得了良好的制度绩效。通过这一时期的林业产权制度改革，在农村形成了以家庭经营为主导、多种产权模式共存的林权体系。与其说这是前期林权改革的成就，倒不如说林业产权问题到此时依然没有得到真正解决，始终是阻碍林业发展的关键因素之一。

（四）新一轮集体林权制度改革（2003 年以后）

始于 2003 年的集体林权制度改革，被认为是继家庭联产承包制之后，中国农村经营制度的又一次重大变革。虽然此次林权改革的内容大致可以被归结为“明晰产权、减轻税费、放活经营、规范流转”，其中明晰产权被称为主体改革，后面三项被称为配套改革。但是从本质上来讲，“明晰产权”已经不是此次林权改革的目标，通过“减轻税费、放活经营、规范流转”等配套措施，消除限制林业权能发挥的种种不合理限制，以实现农户增收、森林资源可持续经营才是其核心目标。相对于 30 年前的农地制度改革来讲，此次林权改革明显超越前者。

第一，此次林改充分考虑到了林业生产周期长的特点，家庭承包经营的期限明显延长。20 世纪 80 年代的家庭经营期限为 5 年、10 年，最长可以延至 20 年。中共中央、国务院《关于全面推进集体林权制度改革的意见》（以下简称《意见》）明确规定：“林地的承包期为 70 年，承包期满，可以按照国家有关规定继续承包。”此次林权改革赋予农户长期而有保障的林地产权，能够使林地经营形成长期稳定的预期，有利于增加农民的林业投入。

第二，此次林改推行了以减税让利为目的的税费改革。降低林业税费，提高林业经营收益是促进林业发展的重要举措。以林改最早的福建和江西为例，福建省 2000 年就在南平市进行了税费改革试点，出台了《统一规范笋竹税收费征收项目及标准》，下调笋起征标准，放宽篙竹折率，取消不合理收费。在试点的基础上，试点经验在全省范围内推

① 徐秀英，南方集体林区森林可持续经营的林权制度研究，中国林业出版社，2005 年。

② 徐秀英，南方集体林地产权制度历史变迁，世界林业研究，2004 年第 3 期。

广，大大降低了林农的负担。随着林改的开展，江西省也从2004年9月1日开始，全面实行“两取消、两调整、一规范”的减轻林业税费政策。取消木材和竹材农业特产税，取消市、县、乡和村级的所有木材和竹材收费项目。调整育林基金平均计费价格，调整集体林育林基金的分成比例，规范增值税和所得税征收范围。实施新政策以后，林农税费负担全面减轻(孔凡斌，2008)①。

表3 林改前后林农税费负担变化情况

税费项目	规格Ⅰ		规格Ⅱ		规格Ⅲ	
	林改前	林改后	林改前	林改后	林改前	林改后
农林特产税	35.90	–	37.02	–	0.63	–
育林基金	95.81	71.66	88.06	70.78	1.27	1.00
植物检疫费	1.98	1.94	1.98	1.94	0.12	0.02
森工企业管理费	5.52	–	5.52		0.13	
县级收费	41.17	–	31.02		0.35	
乡镇收费	25.01	–	20.52		0.27	
村组收费	19.02	–	14.19		0.19	
其他收费	6.50	–	6.06		0.21	
税费合计	230.91	–	204.37	72.72	3.17	1.02
税费比例(%)	54.90	15.30	48.80	16.70	46.80	10.30

资料来源：孔凡斌(2008)。

第三，此次林改鼓励林地流转，推动规模经营。针对农业承包制中分散到户不利于农业规模经营的缺陷，《意见》明确提出：“在依法、自愿、有偿的前提下，林地承包权人可采取多种方式流转经营权的林木所有权。”这里的多种形式包括转包、出租、转让、互换、入股和抵押。其中，特别是入股这种流转方式，能有效提高经营效益，有效解决单个农户分散经营中存在的一些问题(厉以宁，2008)②。在林权流转中，程序是保证林权流转规范运行的重要手段。因此，《意见》还要求“加快林地、林木流转制度建设，建立健全产权交易平台，加强流转管理，依法规范流转，保障公平交易，防止农民失山失地”，为林地规范流转提供了制度组织和保障。

第四，此次林改充分发挥金融在林业改革中的作用。在农业承包制改革中还没有体现金融的作用，此次林改重视发挥金融对林业发展的促进作用。《意见》要求：“金融机构要开发适合林业特点的信贷产品，拓宽林业融资渠道。加大林业信贷投放，完善林业贷款财政贴息政策，大力发展对林业的小额贷款。完善林业信贷担保方式，健全林权抵押贷款制度。”此次林改允许以林地使用权和林木所有权作为抵押取得贷款(厉以宁，2008)，深刻体现出了此次改革的超前性。

(五)林业市场化进程评价

经过30多年的反复摸索和实践，林业市场经济体制已经初步建立，但是，与国民经

① 孔凡斌，集体林权制度改革绩效评价理论与实证研究——基于江西省2484户林农收入增长的视角，林业科学，2008年第10期。

② 厉以宁，一项迟到的仿照和超越农业承包制的改革，农村工作通讯，2008年第20期。

济发展以及林业自身发展的要求相比，林业的市场化进程仍然相对落后。有人将林业体制称之为“计划经济的最后堡垒”，足见人们对林业市场经济制度建设落后状况的诟病。那么林业市场化进程到底如何？这需要采用科学的态度以及科学的方法进行评价，既不能抹杀30年来林业改革的成绩，也不能随意拔高林业市场化的程度，以免为林业政策的制定产生误导。孔凡斌、杜丽(2010)①通过对我国林业市场化进程的量化评价，得出了一些有价值的结论(图1)。这些结论可以作为评价我国林业市场化进程的参考。根据孔凡斌、杜丽(2010)的研究，我国的林业市场化进程呈现以下4个特征：

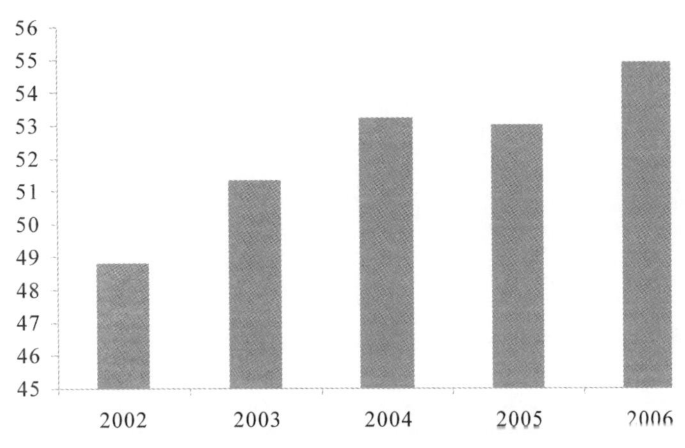

图1 我国林业市场化程度指数

资料来源：孔凡斌、杜丽(2010)

第一，在不考虑林地市场化因素时，我国林业市场化程度不但落后于同期全国平均水平15%，而且落后于同期农业市场化水平。按照北京师范大学经济与资源管理研究所发布的《中国市场经济发展报告2003》，早在2001年，我国的市场化程度就已经达到了69%，林业市场化程度落后于全国15%。而且以上结果还没有考虑林地市场化因素，如果加入林地市场化因素，我国林业市场化程度相对于全国市场化程度更加滞后。另外，按照戴晓春(2004)的计算，我国农业市场化程度大约在60%左右，很明显，林业市场化进程低于农业市场化进程。这也再次印证了，林业改革追随农业改革，但是却没有农业改革进行彻底的判断②。

第二，我国林业市场化进程呈现稳步提高的趋势。根据计算，我国的林业市场化总指数以1.5%的年均增长速率增长。

第三，我国各个省份林业市场化程度很不平衡，中东部地区林业市场化水平明显高于西部和东北部。东部地区历年市场化指数基本上都超过55%，平均高于全国平均水平10%左右；其次是中部地区，其市场经济虽稳步发展，但绝对水平仍低于东部区域和全国水平，历年市场化指数基本上都低于50%；最低的是西部地区，历年市场化指数都低

① 孔凡斌、杜丽，中国林业市场化进程评价理论及15个省(区)的实证研究，林业科学，2010年第10期。

② 戴晓春，我国农业市场化的特征分析，中国农村经济，2004年第4期。

于47%。从省级层面来看，在考察期内福建省一直名列第一，这与我们实际观察到的福建的林业市场经济发展状况相吻合；内蒙古、黑龙江两省(自治区)几乎一直摆脱不了最后3位的排名，说明这两个省份的林业市场化水平非常滞后，充分反映出国有林区改革的迫切性和必要性。

第四，各省份林业市场化进程和各省份市场化进程之间不存在必然的联系。通过比较各省份林业市场化相对进程①和各省份市场化相对进程②(表4)可以发现，2002～2006年期间，各省份林业市场化相对进程和各省份市场化相对进程之间不存在相关关系。以四川省为例，该省2002年和2006年的市场化排名都是第3位，可是，这两个年份的林业市场化排名则分别为第11名和第8名，林业市场化落后全省的市场化8个和5个位次。而同期，陕西省2002年和2006年的市场化排名分别是第13位和14位，相对应的，这两个年份的林业市场化排名则分别为第7名和第12名，林业市场化超前全省的市场化6个和2个位次。林业市场化整体滞后于全国的市场进程，但是，我们不能就此断言某个省份的市场化程度高，必然引起林业市场化程度高，或者是某个省份的林业市场化程度高必然导致该省的市场化程度高，反之亦然。

表4 各省份林业市场化进程和各省份市场化进程比较

	2002			2006		
	市场化(1)	林业市场化(2)	(1)-(2)	市场化(1)	林业市场化(2)	(1)-(2)
福建	1	1	0	1	1	0
山东	2	6	-4	2	3	-1
四川	3	11	-8	3	8	-5
河北	4	2	2	7	5	2
安徽	5	4	1	5	6	-1
广西	6	9	-3	10	4	6
湖北	7	3	4	4	2	2
江西	8	5	3	8	9	-1
吉林	9	8	1	9	11	-2
湖南	10	12	-2	6	7	-1
黑龙江	11	15	-4	12	13	-1
内蒙古	12	14	-2	11	15	-4
陕西	13	7	6	14	12	2
云南	14	10	4	13	14	-1
贵州	15	13	2	15	10	5

注：其中(1)和(2)分别表示某一省份在该指标中的排名；(1)-(2)表示两个指标间相对位置的比较，值为正表示林业市场化相对超前，值为负责表示林业市场化相对滞后。

第五，在影响林业市场化进程的各种因素中，政府行为状况和生产经营市场化因素对林业市场化进程影响最大，要素资源市场化程度和市场制度完善程度是制约中国林业

---

① 数据来自孔凡斌，主成分分析法的中国林业市场化水平评价——基于中国15省(区)2002～2006年相关统计数据，中国农村经济，2010年第10期。

② 数据来自樊纲、王小鲁、朱恒鹏，《中国市场化指数——各省区市场化相对进程报告2009》，经济科学出版社，2010年。

市场化指数高低的重要因素。这是非常重要的结论，其为我们指出了影响林业化的关键因素，同时指出了林业市场经济建设的薄弱环节，从而给未来市场化改革提出了方向。

（六）30 年林业市场化实践的启示

回顾我国林业改革 30 年的历程，我们可以总结出许多成功的经验，在此基础上可以提炼出成功实行改革需要具备的几个基本条件，从而为下一步的改革提供重要的启示。

第一，林业市场化改革必须坚持渐进性。无论是我国的总体改革还是农业改革都表明，坚持渐进式改革的逻辑是非常有效的，这一点在 1978～1984 年期间的改革中也得到了很好的体现。此外，1985 年我国林业流通体制改革的教训也从反面证明，脱离现实的盲目冒进式改革是非常危险的，不但不会加快改革的进程反而会导致改革进程的停滞乃至倒退。历史的经验教训是丰富而深刻的，林业改革必须与经济发展、林业发展的阶段相适应，特定的阶段只能解决当时最紧迫而且能够解决的问题，期望毕其功于一役是不现实的，而且也是不负责任的。

第二，林业市场化改革必须尊重来自基层的首创精神。创新于农村基层的包产到户和包干到户制度极大地改变了农业生产中的激励机制，从而促进了农业生产的飞速发展，这是我们尊重农民首创精神的成功诠释。在林业改革中，来自基层的各种制度创新也是推进林业市场化和林业发展的重要力量。林业改革不但基本确立了家庭承包经营制的重建，而且“分股不分山、分利不分林”、“分利又分山、分利又分林”的林业股份合作制，以及在集体林区和国有林区中出现的多种多样的制度创新蓬勃发展，这都体现出在合理的制度环境下，基层从自身利益最大化的角度考虑，迸发出的伟大创造力。

第三，林业市场化改革必须坚持转换思想观念。从林业中的“放权、让利”改革，到林业“三定”改革，再到开放林业流通市场、放开木材市场价格，以及到目前的新一轮集体林权制度改革，这一系列改革的推进，都是执政者不断打破意识形态和自身经验的束缚，不断转换思想观念的成果。因此，在推进林业发展过程中，我们必须摒弃各种城府的观念和教条的思想方式，不断解放思想，寻求促进林业发展的新思路和新方案。

第四，产权制度改革是林业市场化改革的核心，但不是全部。中国的农村改革可以看作是围绕着产权重建展开的制度变迁和制度创新（周其仁，1995）①。即使不能认为农村改革完全等价于产权重建，然而一般认为，产权改革是整个农村改革的核心。时至今日林业产权改革依然还处于明晰产权的阶段，而林业市场化进程中的很多问题和矛盾，或多或少的都和林业产权制度的滞后存在关联，正是基于这一点，新一轮集体林权制度改革才得以发生，因此，林权制度改革的成败直接关系整个林业市场经济制度建设的成败。但是，林业市场经济制度是一个包括很多方面的复杂系统，产权制度只是其中的一

① 周其仁，中国农村改革：国家和所有权关系的变化——一个经济制度变迁史的回顾，管理世界，1995 年第 4 期。

个核心组成部分，在重视产权制度改革的同时也必须考虑其他各项改革，以及其他各项改革之间的相互协调、相互配合。任何一项改革的缺失或者是“单兵突进”，其结果都可能是事倍功半。

三、制约中国林业市场化进程的体制和机制因素

（一）森林采伐限额制度

森林采伐限额制度是我国森林管理中一项非常重要的制度，其设立的目的是为了保护我国的森林资源，改善生态环境质量。但是，这一制度在自身设计以及实际运行中存在的诸多问题，都对林业的发展产生了许多负面影响。1985年，我国颁布的《中华人民共和国森林法》中明确提出“对森林实行限额采伐”；同年，林业部发布的《制定森林限额采伐暂行规定》，对森林采伐限额的实施办法和机制作了详细的规定。1987年，中共中央、国务院《关于加强南方集体林区森林资源管理，坚决制止乱砍滥伐的指示》颁布以后，标志着森林采伐限额制度开始正式运行（宋元媛等，2003）[①]。森林采伐限额制度按照采伐量低于生长量的总原则，根据森林资源消长状况和经营管理情况，采伐量每5年为一个计划期进行调整，分别按省（自治区、直辖市）编制。

森林限额采伐制度自开始实施至今，经过了多次的修改完善。最初的采伐限额制度仅仅是从总量上对森林采伐进行控制，分别对各省、自治区、直辖市的采伐数量给出具体的指标，要求采伐量不得超过规定的采伐限额总量。此后，在总量上控制之外，按照各类分项限额指标，对国营林业企业和国有林场也分项列出了采伐限额指标。再后来，森林采伐限额不仅按照森林的消耗结构进行分类，而且进一步从采伐类型上进行分类。随着制度的日益完善，林业乱砍滥伐现象得到了较好的遏制，与此同时，林业产权（主要是采伐权和收益权）也受到了越来越严格的限制。新一轮集体林权制度改革以后，为了消除森林采伐限额制度与林业生产经营行为之间的矛盾，国家对森林采伐限额制度进行了调整。2008年，《国家林业局关于开展森林采伐管理改革试点的通知》中规定：已编制森林经营方案的林地，按方案确定的森林经营活动测算核定森林采伐限额；未编制森林经营方案的林地，按消耗量低于生长量的原则测算核定森林采伐限额。年森林采伐限额可实行总量控制，也可重新设置分项限额。对年度木材生产计划实行备案制。群众自发营造的林木，在确保更新的前提下及时核发林木采伐许可证。森林经营者向乡林业工作站或县林业主管部门提出采伐申请，取消中间审核环节。简化伐区调查设计，对符合设计要求的按实际采伐量核销采伐限额指标。但是，以上内容只是解决了采伐申请程序复杂、渠道不畅、指标分配不合理和不及时等问题，并没有完全解决采伐限额制度对林业产权的限制。

① 宋元媛、曾寅初、王兆君，采伐限额政策对非公有制林业的影响，林业经济，2003年第12期。

森林采伐限额制度存在以下问题：①森林采伐限额制度限制了林业生产经营者的采伐权和收益权。在市场经济条件下，木材价格是随行就市的，但是采伐限额制度不允许林业生产经营者按照市场价格去调整采伐量，从而无法实现个人利益最大化的目标。从产权的角度，森林采伐限额是对经营主体采伐权和收益权的侵犯，是政府行政权力对财产权利的侵犯，是产权残缺的重要体现。②森林采伐限额制度影响了林业生产经营者的投资积极性。产权残缺现象使得经营者处于在预期的时间里无法进行采伐和获取预期收益的窘境，影响林业经营主体的投资积极性，并对其他人产生极强的示范效应，从而阻碍投资资金流向林业领域(宋元媛等，2003)。据实地调查，农民对经济林和竹林的投资意愿强烈，并不热心于用材林的投资。实际上，培育用材林的经济收益并不比培育经济林低，其遭遇的市场风险要明显地比经济林小。农民形成培育经济林偏好而没有形成培育用材林偏好，最主要的原因在于用材林受到采伐限额等的限制。③森林采伐限额制度付出了庞大的行政成本。采伐限额制度中的限额标准要经过实地调查了解森林资源状况之后，才能按照森林消耗量不低于生长量的标准进行确定，林业资源测算过程需要耗费大量的人力、物力和财力。又由于中国林木采伐政策实施的是“三总量”原则，即认真检查采伐总量、运输总量和销售总量的原则，既强调伐中检查，又强调伐后验收。采伐限额制度执行过程中，采伐证的分配、待采林木的审查、木材运输的监督检查以及木材销售环节的监督控制等都需要大量的工作人员。目前，全国从中央到省、地、县及乡(镇)都建立了林政执法管理机构，实施森林采伐限额管理是其相当大的一部分任务。这些人员庞大，例如，2005 年，全国共有 4300 多个木材检查站，3 万多个乡镇林业工作站。[①]④森林采伐限额制度造成了寻租空间。采伐限额制度也造成了林业部门极大的公共领域——国家代理人信息不充分，大量的在法律上应该为国家所有的租金引起各个经济主体攫取的冲动。在采伐指标极度缺乏的情况下，很难想像采伐限额指标会合理分配到拥有较好生产条件的林业生产者手中。由于暴利现象或寻租行为的存在，使实际的市场价格要高于均衡的市场价格，也就是说消费者不会因为采伐限额政策导致的供给价格降低而获益。即使采伐供给充足的条件下，林业部门仍然可以采取各种手段设租。例如，林权改革后，很多地方的林农基本已经不受采伐指标影响，但基层林业部门仍然通过另外的方式控制采伐指标，主要包括限批木材和竹材经营加工许可证和控制无证商贩的数量。由于限批木材和竹材经营加工许可证，批证就可能成为寻租的一个渠道，据调查到的 2 户加工许可证的商户，均花了上千元来办证，而实际的工本费仅需要 20 元(左停等，2008)[②]。⑤森林采伐限额制度执行中超限额采伐现象仍然很严重，限额采伐制度的实际执行效果并不是非常理想。

① 高立英，采伐限额制度成本分析，林业经济问题，2007 年第 5 期。

② 左停、苟天来，政策管制、潜规则与林农收益的获得性研究——中南集体林区案例，林业经济，2008 年第 3 期。

（二）分类经营制度

林业分类经营改革是林业的一项根本性、全局性的改革，涉及林业经营指导思想、管理体制、运行机制、组织形式、经营措施等方面的深层次改革。但无论从理论探索还是实践情况来看，都亟待进一步加快改革。最突出的问题是，适应市场机制的两类林的经营主体没有形成，导致森林区划后，没有形成有活力的经营机制（张蕾，2007）①。具体来说，包括以下几个方面：①缺乏对分类经营主体的制度设计。目前，我国的林业经营主体呈现多元化，但是并没有形成两类林完整意义上的经营主体。国有单位政企不分、政事不分、政资不分，体制混乱。集体林业集体所有，但广大农户没有完整的经营自主权，没有发挥他们的经营积极性。②林业分类经营实践中，重“分类”轻“经营”。第一，从目前理论和实践的探索来看，人们把较多的注意力放到森林的分类上，比如商品林、公益林界定的原则、标准等，局限在森林自然属性的区划界定上，划分之后分而不“营”，仅停留在分类经营改革的第一步。第二，没有从事理和人理互为依赖关系考虑，解决谁经营的问题。第三，没有从复杂的经济社会系统，从经营层面进行分类。由此造成只有造林、没有抚育，林分质量越来越差，公益林生态功能不能充分发挥，商品林经济效益也不能最大实现等一系列问题。③重视政府投入，忽视经营机制建立。我国现行的生态效益补偿制度是通过财政手段给予森林经营者经济补助，实现对生态公益林正外部性的补偿的重要手段。生态效益补偿制度是林业分类经营的重要政策组成部分，但是两类不同的森林，建立不同的经营机制，是分类经营改革的关键所在。目前，生态公益林的经营管理体系还不完善，只重视管护、忽视了适当利用。实际上生态公益林在生态保护的前提下，通过合理经营可以使效益获得最佳，而目前最缺乏这方面的机制。④森林生态补偿机制不完善。森林的生态、社会效益补偿机制滞后，已成为制约林业分类经营实际运作的瓶颈。⑤林业产权激励机制尚未形成。林业分类经营的本质要求，是根据不同的经营目标，形成不同的经营主体。在市场经济条件下，只有满足生态公益林和商品林两类经营主体相应的经营制度，才能形成具有内在动力、符合客观经济规律和自然规律的经营机制。但是，目前还没有形成两类经营主体的产权激励机制，相应的投资、经营、资产处置和收益等机制没有建立，导致经营效益低下，严重阻碍了林业的发展。

（三）林业税费制度

不合理的林业税费体制是制约我国林业发展的重要因素。1985 年，随着木材流通市场的放开，木材价格大幅上涨，林业税费开始以比木材价格更高的速度增长，此后林业税费就一直居高不下。1994 年，国家进行了分税制改革，建立了以增值税为主体的林业税收体系。为了扶持林业发展，国家对林业实行了一系列的税收优惠政策，但同时林业税费结构中林业部门和地方政府各种收费比重进一步增加，导致林业总的税费负担并未

① 张蕾，中国林业分类经营改革研究，北京林业大学博士学位论文，2007 年。

就此减轻。2003 年以后，随着减轻农民负担和南方集体林区林业产权制度改革进程的推进，林业税费制度不断调整，国家取消农业特产税，各省也对林业税费项目进行清理，加大对基层林业收费的管理和监督力度，林业税费从数量到种类都大幅降低，林业税费负担有所缓解。

现行林业税费的主体不再是国家税收，而是共计 9 项的林业收费，形成了游离于财政分配之外、以费为主的林业税费格局（王立飞等，2009）[①]。这种以费为主的林业税费制度存在一些严重的问题：一是林业税费多渠道、多主体，给资金的监管带来困难。二是林业税费体系设置不合理，缺乏公平性。税费征收标准由行政确定，而没有考虑林业生产的成本和收益。而且，林业税收规定的优惠政策大都偏向国有制企业，对集体林则少有相应平等的优惠。三是林业规费挤占严重，用途改变。据《中华人民共和国森林法》规定，育林基金、维简费必须专项用于造林育林，不得挪作他用。但事实上，许多县市却将其用于弥补财政经费不足，用于林业部门事业编制人员的工资、办公费用等。一方面林业部门的收入主要来源于林业规费，另一方面这种本应用于林业生产的收费相当一部分没有投入林业生产，还要大量上交，林业规费用于林业生产的比重偏少（杨明等，2007）[②]。四是现行林业税费制度造成林区地方财政困难，财政风险加大。现行林业低税率甚至零税率特征，有利于林业的休养生息和可持续发展，却抽离了林区地方财政收入的基石。以费为主的林业收费游离于公共财政之外，造成的直接后果就是以"木头"为主的地方财政减收。林区地方、财政的困难使其财政风险扩大。因此，进一步深化林业税费制度的改革势在必然。

（四）森林生态效益补偿制度

建立森林生态效益补偿基金等配套政策，是实施分类经营的关键。但由于种种原因，仍然存在以下几方面的问题：①补偿资金的来源。生态公益林建设是社会公益事业，采取政府为主的投入机制。但是完全由政府补偿，目前政府财力有限，行政成本高。②森林生态效益的计算。森林生态效益远大于经济效益已是全球各国的共识。在实践中，如何计算因限制经营者利用资源造成的经济损失，迄今全球都没有一个明确且切实可行的计算方法。若是补偿标准太低，一是林农的利益受损；二是影响生态公益林经营的积极性，甚至出现破坏、砍伐生态公益林以弥补损失的现象。若是补偿标准太高，在现有经济发展水平下，国家财政（包括地方财政）无法支撑。因此，目前中央对生态公益林的补助标准并没有在全国所有地方执行，很多公益林并没有得到相应的补偿；虽然部分省份的补偿政策已开始探索性的执行，但国家目前仍仅对认定的国家级生态公益林每年补助每亩 5 元，远不能补偿经营者的实际损失，也难以激励农户保护和建设生态公益林。

---

① 王立飞、曹文，再议林业税费改革，中国改革，2009 年第 1 期。

② 杨明、支玲、张永洁，我国林业税费体制分析，内蒙古林业调查设计，2007 年第 2 期。

③生态效益补偿资金补偿对象应该是生态公益林经营者。在集体林区，经营者主要是林农，补偿资金应补偿给林农。但在实际操作中，许多地方将生态补偿资金变成了资源管护费，用于乡(镇)政府、林业工作站，而林农得不到补偿。此外，市、县林业主管部门承担着大量的具体管理工作，却无生态公益林管理工作经费。如辽宁省抚顺市1996年开展林业分类经营改革以来，仅分类区划界定工作反复5次，耗资约300万元，没有相应的资金来源(张蕾，2007)。

(五)国有林区管理体制

就目前来看，国有林区资源条件有所改善，但可采资源枯竭现象没有得到根本转变。天保工程实施12年以来，国有林区体制性障碍并没有破除，国有林区和森工企业生存与发展前景依然堪忧。

一方面，国有林区森林资源管理体制依然没有理顺。国有林区的林权证是发到森工企业的，但是这些企业并没有为使用国有森林资源而付费，这也为企业随时根据自己发展的需要而进行采伐，甚至是为超采打下了制度基础。一般来说，森工企业的资源管理与监督机构一般设在森工企业内部，这也使得监督功能形同虚设，资源过度采伐现象始终存在，难以解决，这样的体制只要存在，资源无人真正关心的问题也就无法解决。实际上，国家林业局代理国家行使国有林区森林资源的所有权，并且负责对森工企业的投资，而地方政府对国有林的管理以及对森工企业的人事、财务、利税等方面进行控制，所以中央政府只是出资人与名义上的所有者，而地方政府才是森林资源真正的所有者、使用者与受益者。而在中国，地方政府作为中央政府的代理者，由于信息不对称现象的存在，使得当所有者与代理者之间利益不一致时，代理者很可能为了自己的利益而牺牲所有者的利益。只要目前体制存在，森林资源权属不清的现象就难以解决，也就没有人真正关心资源的恢复。因此，可以说东北国有林区并没有借着天保工程的实施，形成一种相对长效的天然林保护机制，一旦工程停下来，资源将难免进一步的遭到破坏。国有林区已经到了不得不进行体制改革的最后时刻了。

另一方面，国有林区森工企业经营机制落后。因特殊的背景形成了政企合一，社企合一，政企职责交错，社企功能混杂的局面。森工企业即是政府，因此要按照政府职能设置部门、设置职位，要用利润供养政府；同时，国有林业局还要上缴利润，供养对应的上级管理机构。当初，国有林区的学校、医院等机构是因森工企业而建立的，企业还要承担“办社会”的职能。目前，国有林区的离退休人员比例不断上升，森工企业终日忙于应对这些责任与负担，真正应对市场、组织生产的功能却在这个过程中被淡化了。

由于现行国有森林资源管理体制和运行机制中，产权主体缺位、政府职能错位、企业行为越位，实际是责权利相脱节、管人、管事、管资产不统一，使国有森林资源的质量逐步下降，林地面积在某些地区日趋缩减；森工企业社会负担沉重，现代企业制度难以建立；林区经济振兴，产业结构调整难以实现；职工生活贫困，林区社会不稳定因素日趋积聚。

四、巩固和完善社会主义林业市场经济制度

(一)坚持和完善林业分类经营制度

在社会主义市场经济条件下，市场是资源配置的主要方式。因此，要进一步增强为林业经营主体服务的能力，充分发挥市场配置林业可利用资源的基础性作用，着力为市场经营主体创造和提供良好的发展环境。但是，林业是一个融生态环境建设和经济建设在同一载体的复合型事业，同时其生态功能还不能完全依靠市场来发挥，所以两类林不可能都从市场上取得资本，实现资源优化配置。实行分类经营是把不能进入市场的公益林划分出来，按公益事业对待，由政府统筹公益资金，组织社会参与，以谁享受谁出钱为主，广泛吸收社会资金，充分发挥生态公益林的效益。可以进入市场的商品林部分，具有经营性资产的一般属性，则根据市场规律运行，充分发挥市场功能，配置资源，定向培育，以取得商品最大的经济效益。在市场经济条件下，实行林业分类经营，可使两类林都得到充分的发展，充分发挥森林的生态功能和商品功能(张蕾，2007)。林业分类经营切合中国的林业实际，在市场经济深入发展的过程中，既能充分发挥市场机制在林业资源配置中的基础作用，又能克服市场机制失灵的方面。可以说，林业分类经营为林业市场经济制度提供了基本前提。可是，目前林业分类经营还处于“分类”阶段，远远不能满足林业市场经济发展的要求。未来的任务是，继续探索适应两类林发展的经营制度和经营模式，完善两类林经营和发展的相关配套制度设计，在此基础上，构建完善的社会主义市场经济制度。

(二)深化集体林业产权制度改革

林业产权始终是制约中国林业发展的重要问题，也是建设林业市场经济体制的关键因素。集体林权制度改革以来，林权明晰任务已经基本完成，但是林权残缺的问题依然存在，林木的采伐权和收益权还受到森林采伐限额等制度因素的限制。也就是说，在集体林权改革的主体改革完成以后，林权改革的配套改革是一个长期的过程，需要进一步解放思想、大胆创新，不但将集体林权制度改革的已有成果巩固下来，而且要努力打破一切束缚集体林业发展的制度障碍。因此，未来集体林权制度改革的重点在于降低限制林木采伐权和收益权的各种制度约束，确立林业产权的完整性和独立性。

(三)放松管制创造公平的竞争环境

在过去的林业发展过程中，政府出于各种目的为商品林经营设置了层层管制，严重影响了林业经营者的积极性。就林业的特性来讲，的确需要政府对林业实行管制，但是在社会主义市场经济条件下，政府的管制应该从不该干预、干预不好的领域逐渐退出，为市场留出充分的空间，通过市场竞争激励林业经营者的积极性。对于林业内部需要管

制的领域，应该采取合适的措施和手段进一步加强管制，生态公益林的管理就属于这一类型；而对于林业内部的其他领域，则应该尽量全部或者部分放松对林业经营者的管制，发育市场竞争机制，私有林的发展就必须充分发挥市场的作用，尽可能地降低政府的行政管制。而且，在放松管制的过程中不能有所选择，对于相同性质的领域和产品应该采取相同的放松程度，创造公平的竞争环境。

(四)继续推进税费改革

社会主义市场经济条件下，激励林业经营者的积极性主要依靠来自林业的收益。在现有的体制下，政府部门以各种税费的形式拿走木材销售价的大部分，使林业生产经营者在扣除造林、抚育和管护成本以后，从木材生产中得到的收益极低，从而影响了林业生产经营者的积极性。从激励林业经营者的积极性出发，需要进一步减免林业的税费负担，尤其是消除一些不合理的规费，提高林业经营收益。同时，市场经济的局限性需要通过政府的宏观调控来进行弥补，而税费是国家进行宏观调控的重要手段之一，就目前来看，林业税费在这方面发挥的作用并不理想，这也为继续推进税费改革提出了要求。因此，林业税费改革的目的一方面在于通过减免税费负担提高收益，促进市场竞争；另一方面通过设置科学的税费体系弥补市场的不足，完善市场经济体制。改革并不是一个简单的降费过程，它涉及各级地方财政和各级林业部门的切身利益。因此，应该清理归并或取消省以下各级政府和有关部门在事权职责外，越权设立或批准的林业各项不合理收费。将原事业性服务中属“准公共物品”的部分改为公益服务价格和公用事业价格，完善公益服务价格补偿机制；按照“使用者付费”原则，将部分行政事业费改为中介服务价格，促进中介机构与国家机构彻底脱钩(韩笑，2009)①。

(五)促进政府职能转变

在市场经济条件下，政府和市场是相互协调相互依赖的。市场是通过协调人们追求自利的活动来提高社会经济福利的组织，而国家是通过强制力量和由它制定的一套规章来协调人们活动的垄断组织。市场发挥作用的前提是清楚的界定商品和服务的产权，合同能够被安全的履行，而保护产权和实施合同的主要手段是国家制定的法律，这是通过国家机构强制执行的。此外，市场并不能使所有的经济活动都达到最优化，当出现市场失灵时，需要用政府活动来纠正这种失灵。除此以外，政府须发挥的一个更为重要的作用是进行收入再分配。以上就构成了市场经济条件下政府应当发挥的主要作用。我国林业中出现的很多问题，不在于政府管得不够，而在于政府管得过多。政府的作用在于为社会提供一个公平的竞争环境，保护产权安全，维护社会公义。在社会主义市场经济条件下，林业主管部门应该按照“有所为、有所不为”的原则，尽量撤出对林业经营管理的直接干涉，将精力集中于为林业发展提供公共服务的领域，诸如科研、推广示范等。

---

① 韩笑，南方集体林区林业税费制度改革绩效评析，绿色财会，2009年第4期。

（六）创新国有林区改革模式和改革思路

我国国有林区的森林资源由中央政府设立的森工企业无偿使用并代行监督管理，致使森林资源的管理者和经营者身份重叠，难以对自身进行有效监督。虽然中央政府（林业主管部门）对经营者也行使监督职能，但由于多层委托代理关系的存在，中央政府和经营管理者之间的信息不对称问题非常严重，监督根本难以落到实处。从而使基层森工企业超采、少种的现象难以杜绝。解决以上问题，可以从两个层面上展开：一是改革目前的国有林区森林资源管理体制；二是改革森工企业的经营机制。

国有林区森林资源管理体制改革，可以考虑建立林务官制度。在三省区设立国有森林资源管理局、管理分局（管理分局下设林务所），性质为具有行政管理职能的中央事业单位，国有森林资源管理机构财务实行收支两条线管理，所需事业经费（包括森林公安经费）、森林资源经营管护经费，列入中央公共财政预算，所有收入在属地依法纳税后全部上缴中央财政。也就是说，通过建立中央直管的国有森林资源管理体系，逐步理顺管理机构与企业之间的关系（王月华等，2010）①，从而为国有林区改革破题。但是，这一模式符合管资产和管人、管事相结合的改革总体思路，事权划分清晰，有利于重点国有林区的森林资源保护，但涉及地方利益，来自地方政府的阻力可能较大，中央公共财政负担也较重。而另一条思路则是，进行分权式的森林资源管理。具体做法可以是：中央政府（林业主管部门）将所属森林资源产权下放给属地的省级政府。省级政府对所属林业局管辖的森林资源，全部依照属地原则，划归当地人民政府管理。对于生态效益非常重要的森林政府应该管起来，养起来让其充分发挥生态效益；对于其他非生态公益林，则由政府通过使用权的有偿转让分配给各类经营者，政府只是发挥监督职能。通过这一措施，杜绝了机构重叠，经营管理职能下沉，从而有助于监督措施的落实、监督力量的到位。委托省级人民政府管理模式，地方政府容易接受，中央负担的改革成本也相对较小。企业消亡以后，森林资源的分类经营也就成为应有之义。这一模式是国有林区改革应该采取的选择，关键在于国家决策部门的勇气，以及能否设计好改革的具体放案。

对于森工企业的改革，可以采取通常的做法，即建立现代企业制度，将企业的行政管理职能移交给属地政府；将学校、医院等社会服务性机构移交给所在地政府。而另外一条可能的方案是，森林资源依照属地原则划归当地人民政府管理后，林业局也就消亡了，那么原来企业所承担的行政和社会服务性功能也必须同时移交给政府，也就是说，通过企业消亡的方式实现了政企分离的目标。

调研单位：北京大学
执　　笔：徐晋涛　张海鹏

① 王月华、谷振宾，当前国有林区改革模式对比与评价，林业经济，2010 年第 12 期。

中国林业金融支持体系建设情况调研报告

——基于林农信贷需求与金融供给视角

【摘　要】通过研究发现：在金融需求方面，林农信贷需求十分强烈，林农信贷需求特征明显，借款以生产性用途为主，资金需求规模大、期限长，且主要来自正规金融，目前林农普遍面临信贷约束，现有信贷需求未能有效满足。在金融供给方面，林业信贷服务体系存在一定缺陷，各金融机构之间缺乏分工与协调，林业信贷供给不足。总体来看，林业信贷供求矛盾突出(供求总量失衡和结构错位)，其根本原因是有效金融供给不足，一方面是由于林业信贷服务体系功能缺位、林业信贷交易成本较高、信用担保体系及相关配套政策不健全，所导致的信贷供给总量不足；另一方面是信贷服务对象错位和产品结构单一，导致信贷供求结构(规模和期限等)不符。因此，为增加有效金融供给，需要围绕林农信贷需求特征，构筑一个功能完备的金融服务体系并形成相关配套政策，避免金融机构成本与收益不对称，有效控制信贷风险，增强金融机构信贷供给意愿和金融创新力度，从根本上解决林业信贷供求矛盾，最终实现林业可持续发展的目标。

随着集体林权制度改革的全面推进，尽快研究建立科学有效的林业金融服务体系，通过“优化信贷政策，创新金融产品，拓宽融资渠道，扩大服务对象”破解林业融资难题，填平林业资本“洼地”，对深化集体林权制度改革，保障林业可持续发展具有重要的现实意义。在此背景下，国家林业局设立了“中国林业金融支持体系建设情况调研”这一重大课题。课题组通过对福建、浙江、江西、广西四省(自治区)近 800 户林农的问卷调查和相关金融机构工作人员的实地访谈，全面了解了林农信贷需求特征和信贷约束程度及成因，整体把握了金融机构林业信贷供给状况，深入分析了导致林业信贷需求与供给矛盾的根本原因，并提出了我国林业金融支持体系建设的总体思路和相关政策建议。

一、林农信贷需求特征与信贷约束分析

集体林权制度改革目的是解放林地的生产力，激发林农发展林业的积极性，而投资造林离不开资金支持，如果林农存在融资困难，林业进一步发展将受到制约，林权改革的成效将难以巩固，因此，需要加快推进林业金融服务体系的建设。而林业金融体系改革和服务创新需要明确以下三个问题：一是林农资金需求状况与满足程度如何，主要通

过什么渠道满足；二是林农是否存在信贷需求，具有什么样的信贷需求特征；三是林农是否面临信贷约束，导致信贷约束的主要原因是什么。只有明确这些问题，才能找到林业金融改革和金融创新的有效途径，设计出符合林农需求特征的金融产品和信贷服务，克服和打破林农融资困境。以下基于问卷调查统计资料，对林农融资需求状况、信贷需求特征，以及林农信贷约束程度和形成原因进行描述和分析。

(一)林农融资情况分析

1. 林农生产投资意愿增强，需要外部资金大力支持

集体林权制度改革极大地激发了林农生产经营的积极性，林农投资造林的热情高涨，调研样本中80%以上的林农表示愿意增加林业投资。但调查结果显示，有近49.3%的林农近三年家庭收入无法满足日常生产、生活和投资需要，说明大部分林农生产、生活资金运转比较困难。同时，在对林农生产经营中遇到的主要困难的调查中，31.9%的受访者选择了资金不足，且林农普遍认为林权改革后最急迫解决的问题就是提供资金和信贷支持。以上数据表明，集体林权制度改革后，林农生产投资需求加大，自有资金难以满足生产投资需要，仍然存在较大的资金缺口，他们急切需要外部资金的强力支持。

2. 资金来源渠道较为单一，林农信贷需求十分强烈

目前，林农生产经营主要依靠自有资金，尚未形成多元化的融资渠道，选择以自身积累为主要资金来源的林农占样本总数的47.63%，由于大部分林农家庭资金结余较少，且通过自身积累资金有限，根本无法满足扩大经营规模的需要，林农借款需求十分强烈，有61.5%的林农表示近三年内在生产生活及其他经营活动中需要借款，仅有38.5%的林农表示不需要借款。总体来看，现阶段林农普遍存在信贷需求，信贷需求还存在很大的缺口，有50%以上的林农认为贷款需求未能得到有效满足。通过以上分析，按照林农目前的收入水平，仅依靠自身积累资金，林业生产无法全面推进，林农现存的资金缺口需要增加信贷和扩展融资渠道得以补充，而通过提高林业信贷服务水平和创新金融产品成为主要途径。

(二)信贷需求特征分析

林业金融体制改革和创新的一个重要目标是为了满足林农金融需求，因此，需要全面掌握林农信贷需求特征，本部分重点分析林农在借款规模、期限、渠道、用途、成本和贷款偿还等方面的特征，以此来揭示林农信贷需求的特殊性。

1. 林农借款金额相对较大，大额资金需求未能满足

从借款规模看，林农借贷资金额度较大，一次性借款数额在10000元以上的占总样本的48.78%，甚至有18.54%的林农借款额度在50000元以上，这种大额资金需求值得金融部门的重视。调研发现，大部分林农获得的正规金融机构借款平均规模在5000~10000元之间，而林农期望的平均借款规模都明显高于实际借款规模，这说明很多林农受到信贷规模的约束，大额信贷需求不能得到充分满足(见表1)。

表1 林农期望一次借款数量情况

林农期望一次能借的资金额	有效样本数	占百分比
3000元以下	82	13.33
3000～5000元	98	15.94
5000～10000元	135	21.95
10000～50000元	186	30.24
50000元以上	114	18.54
合计	615	100.00

资料来源：调查问卷统计。

2. 林农普遍期望长期借款，与实际贷款期限不相吻合

从借款期限看，林农希望的借款期限普遍较长，大多数林农希望贷款期限在一年或一年以上，甚至三年或更长时间，这样才能满足林业生产经营需要。而且考虑林业经营风险性较高，林农希望贷款期限上适度放宽，有一个灵活的还款区间。但林农借款的实际使用期限主要集中在一年以内，占比达55.28%。实际上正规与非正规金融借款期限基本一致，平均在14个月左右，80%以上的借款期限都在一年左右，与林业生产经营周期不一致。借款期限的短期化不利于帮助林农形成长期生产能力，因为短期借款使得林农无法将其用于长期扩大再生产，而只能解决短期、季节性和临时性的资金需要。

3. 林农借款依赖正规渠道，农村信用社(以下简称农信社)的贷款比重最大

从借款渠道看，近三年有61.1%的样本林农的借款来自于农信社(包括小额信用贷款、林农联保贷款及林权证抵押贷款等)，有近5.2%的来自于农业银行等商业银行，33.7%的林农从农业银行和农信社以外的非正规渠道借款，林农对正规金融的依赖程度远大于非正规金融，在正规金融机构中，农信社是满足林农贷款需求的主渠道。从林农借款意愿倾向上看，大部分林农希望从正规金融机构获得借款，占总样本的59.56%，其中希望从农信社获得借款的林农占总样本的52.54%；林农希望从非正规渠道借款占总样本的40.54%。调查还发现，低收入林农更倾向于从非正规渠道借款，而高收入的大户林农更多地选择正规渠道借款。这是因为，低收入林农害怕面对严格的还款约束，而且承受不起较高的利息成本，因而愿意选择以亲友借款为主要形式的互助性非正规借款，而高收入林农具有扩大经营规模的借款需求，通过亲友借款不能完全满足，因此，他们更多地采用正规借款，并通过多渠道借款满足大额的资金需求。

4. 借款以生产性用途为主，资金主要来自正规金融

从借款用途看，林农借款主要用于扩大生产经营规模和购买生产资料，分别占样本总数的36.55%和25.18%，这两项生产性借款比重高达61.73%，说明林农借款以生产性用途为主。而且，大户林农的借款主要用于生产性支出，而小户林农借款主要用于生活性支出。由于林农的生活性支出不能直接带来收入，更难从正规金融获得贷款，只能更多依靠非正规渠道借款，调查结果表明，61%的非正规借款用于生活性需求，说明林农生活性借款主要来自于非正规渠道，而82%的正规借款用于生产性支出，说明林农生产性借款较多的由正规金融渠道满足。

5. 高息信贷活动发生较少，林农利息承受能力较弱

根据调研情况，非正规借款的平均年利率仅为5.79%，而正规借款的平均利率为7.07%，非正规借款的利率明显低于正规借款。此次调查中，绝大部分非正规借款都是亲友借款，亲友借款具有明显的援助性质。少数的非亲友的民间借贷具有高利贷的性质，一般借款利率为12%～20%。实际上，林农发生高息信贷情况较少。全部样本中，林农信贷的平均利率为10.75%，高于2009年人民银行规定的贷款基准利率(一年期贷款基准利率为5.29%)，其中，90.6%的信贷利率在人民银行所允许的贷款浮动范围内，7.4%的信贷利率的2.3～4倍之间，在有效样本中，仅有2%的借款利率高于贷款基准利率的4倍以上(属于"高利贷")。

从利息承受能力看，由于林业投资收益的不确定性较大，过高的利率水平必然给林农带来巨大经济负担，有接近35%的林农所能接受的最高利率甚至低于人民银行贷款的基准利率，这反映了很大一部分林农的信贷需求不具有市场有效性，难以通过商业性金融满足，而且还有47.21%的林农表示，不愿意为争取获得贷款机会而多付利息。

6. 借款拖欠情况比较严重，具有林业经营特征关联

调查结果显示，借款拖欠情况普遍比较严重。在此次调查所涉及的3296笔借款中有524笔借款未能到期偿还，占总借款数的15.90%。由于借款用途和来源不同，逾期率水平也有所差异。从借款用途方面看，生活性借款逾期率为21.94%，生产性借款逾期率为13.6%，生活性借款逾期率明显高于生产性借款，因为一般情况下，只要未遭受市场风险、自然风险和生产损失，生产性借款有生产性收入作为偿还保证；从借款来源看，亲友借款和其他民间借款的逾期率都高于农信社借款逾期率，农信社借款逾期率为16.04%，而亲友借款的逾期率为24.3%，这是因为亲友借款在借款期限上要求不严格，还款期限约束也不高。特别指出的是，以利息收入为目的的民间金融借款逾期率高达31.5%，这体现了高利率所导致的"逆向选择"。从不能按期偿还借款的原因看，由于林业项目收益和遭受自然灾害是最主要因素，分别占25.8%和23.3%，此外贷款期限与资金使用周期不相匹配，林木资产不能变现和项目在短期内未能产生收益来偿还贷款也有重要关联。以上说明导致林农还款逾期率高与林业生产经营特殊性有直接关系。

(三)信贷约束程度及原因分析

对于林农融资困境可以通过观察其是否面临信贷约束加以衡量，存在信贷约束的林农包括：①申请了贷款但没有被批准；②申请了贷款但是没有获得足额贷款；③存在贷款需求但没有申请贷款。调查结果显示，正规金融对林农的信贷需求满足程度还远远不够。正规金融对林农信贷约束包括：一是有现实信贷需求却不能获得正规贷款；二是虽然获得了正规贷款，但正规贷款规模小于实际资金需求规模，说明很多林农受到信贷规模的约束，大额的信贷需求不容易得到满足。从福建、江西、广西和浙江四省(自治区)林农的信贷可得情况来看，面临明显信贷约束的林农分别占27.5%、47%、65%和33.5%，总样本的平均信贷约束程度达43.25%，充分说明目前林农普遍面临信贷约束。其原因主要表现以下几方面：

1. 信贷产品结构单一，无法满足林业经营需求

目前，金融机构提供的林业信贷产品金额较小、期限短与林农信贷需求不匹配。第一，在贷款额度方面，无法满足林农大额资金需求，调查表明，林农小额资金需求总体上可以满足，但林农扩大经营规模的大额资金无法得到支持，农信社实际发放的贷款以小额贷款为主。第二，在贷款期限方面，商业性信贷产品期限与营林业的生产经营周期不一致，制约营林业的中长期投资。由于正规贷款期限较短，而且又存在强制偿还约束，使借款林农面临极大的资产流动性风险。信用贷款到期，一旦存在资金周转困难，林农要么通过民间借贷甚至高利贷的方式借新债还旧债，要么低价转让资产获得资金还债。资产抵押贷款到期，还会使林农面临资产损失的问题。因此，正规金融机构缺乏弹性的信贷产品增加了林农的风险成本，也成为压抑林农贷款需求的重要原因。第三，在贷款种类方面，由于林业生产经营的特殊性，不同林种、树种的生产周期差异较大，这就需要贷款产品针对不同类型的林业项目进行设计，但现有林业信贷产品种类较少，而且与各类林业项目的现金流特征不相匹配，难以满足林业生产经营的多样化资金需求。

2. 正规贷款管理严格，林农抵押担保条件不足

调查显示，正规金融贷款具有比较严格的管理要求，特别是要求林农提供抵押或担保，而大部分林农由于缺乏有效的抵押物或担保人，从而被信贷资金“边缘化”。虽然农信社积极推广无抵押的小额信用贷款，但仍有20.8%的农信社借款是需要抵押的，66.5%的农信社借款是需要担保的，而林农能够提供的抵押品极其有限。抵押和担保在贷款人因意外因素存在还款困难时，会直接导致对抵押财产的剥夺和对担保人还款责任的连带追溯，极大地增加了林农贷款的风险担忧。而且，抵押和担保贷款需要支付一定比例的评估费和担保费，实质上增加了林农贷款的交易成本，降低了林农贷款的积极性。

3. 借款利息费用偏高，信贷产品的吸引力不强

调查表明，林农可接受的最高借款利率平均值仅为5%，而农信社贷款平均利率为6.42%，不仅高于4.24%的商业银行利率，甚至还高于一些民间贷款利率，农信社的贷款利率超过了林农所能承受的范围。从问卷调查看，影响林农提出信贷申请的第一因素是借款利率和借款成本问题，37.8%的林农认为信贷成本太高和10.7%的林农担心还不起，说明近半数林农考虑信贷成本问题。以林权抵押贷款为例，农信社发放林权抵押贷款的利率一般是基准利率上浮70%，最高的上浮100%，商业银行对林权抵押贷款的利率则是基准利率上浮30%～50%，比其他贷款的利率多上浮了20%～50%。此外，林权抵押贷款还需按评估价值量支付 0.01% ~0.6% 不等的评估费，通过担保公司担保另要缴纳 0.3% 担保费。经测算，林权抵押贷款比房产抵押贷款的成本一般要高出 3 ~5 个百分点，个别县(市)林权抵押贷款成本高达 12%，与民间借贷利率相差无几。融资成本高已成为制约林业贷款广泛开展的一个关键因素。

4. 贷款审批手续繁琐，服务便捷程度有待提高

调查发现，林农普遍认为正规金融贷款程序复杂、审批时间长，有些贷款审批下来后已经贻误了生产经营。28.5% 的林农认为农信社的贷款手续繁琐，41.7% 的林农希望农信社能够简化贷款程序。在调查中，很多林农认为，向农信社借款不如向私人借款方便，而且小额借款没有必要到农信社借款，一般亲戚朋友就能借到。调查还显示，林农的平均每笔正规贷款需要跑 23 次，用时 13.25 天，从正规金融机构贷款所需要跑的次数、花费的时间都高于亲友借款，可见，正规贷款便捷程度明显不如非正规借款，由于正规贷款的便捷程度不高，也影响了农行和农信社等正规贷款业务的拓展。

5. 缺乏获取贷款信心，贷款申请参与比率较低

调查发现，贷款申请参与率低是林农正规贷款获得率低的重要原因。由于我国长期存在正规贷款获得困难和关系配给现象，特别是正规贷款要求抵押和担保，使得林农对正规贷款获得存在消极预期。很多情况下，林农未能从农信社获得贷款的一个主要原因是大部分林农没有主动申请贷款，就大部分长期处于金融抑制状态的林农而言，远未树立从正规金融获得信贷的信心。调查结果表明，曾经获得过贷款的林农比获得贷款的林农的信贷需求意愿强烈，获得贷款次数较多的林农比从未获得贷款和获得相对较少的林农的信贷需求意愿强烈。说明林农一旦具有了从正规金融机构获取贷款的经验后，特别是具有了从正规金融机构重复获得贷款的经验后，将会显著地树立获得信贷的信心，进而刺激其信贷需求产生。

二、我国林业信贷供给体系发展现状分析

目前，为我国林业提供信贷服务的主体分为正规金融和非正规金融机构。正规金融主要包括以国家开发银行和农业发展银行为代表的政策性银行，以农业银行为代表的商业银行，以及农信社、小额信贷机构和邮政储蓄所等；非正规金融(又称民间借贷)广泛存在于全国农林地区，包括无组织无机构的个人借贷和企业融资、有组织无机构的各种金融会(如标会、合会等)，以及政府没有认可的有组织有机构的各种融资形式，如私人钱庄、典当行、未注册基金会等。近年来，随着集体林权制度改革的深入，金融机构支持林业信贷的力度逐步增强，同时中央和地方的林业财政贴息政策也促进了正规金融的信贷供给，但现有的林业信贷服务体系仍存在一定的缺陷和不足。

（一）政策性银行服务对象有限，难以解决林农资金短缺问题

国家开发银行和农业发展银行主要履行对林业的政策性贷款，从某种程度上缓解了林业生产性长期投资的不足，但从林农资金需求的角度来考察，则政策性金融对满足林农投资需求效果甚微，其主要原因是政策性金融的主要服务策略是“抓大放小”，而且政策性银行有限的分支机构与分散广布的林农活动难以衔接，单个林农很难甚至不可能直接通过政策性金融体系获得生产性资金。具体而言，一是国家开发银行林业政策性信贷主要以支持大型项目和林业龙头企业为主，根本无力直接为分散的林农提供金融服务；二是农业发展银行在支持林业生产、林产品深加工以及林业基础设施建设等方面的引导和带动作用并未充分展现，而且林业信贷目标也主要以规模较大的优质林业龙头企业为主，未广泛惠及面临融资难的广大林农。总之，由于政策性金融针对林农融资的局限性及政策性银行商业化运作趋势日益明显，决定了政策性银行不可能成为解决林农资金需求的主要途径。

（二）商业银行具有逐利性特征，无法成为林业信贷支持主体

商业性金融的信贷行为受信息获取成本、信用评估成本、风险控制成本、网点设置成本等的制约。对于大型商业银行而言，当其面对大量分散的林农，其获取信息的成本很高，难以对众多且分散的客户进行信用评估和甄别工作，因此贷款风险和不确定性增大。就网点设置成本而言，与有限的预期收益和较小的有效客户总量相比，在农林地区遍布网点的代价太高，不符合成本收益核算的基本原则。这些特征决定了商业银行难以成为解决林农资金需求的主导性的金融机构。

1998年以来，四大国有商业银行按照集中化管理的要求和规模效益原则，业务重点逐步向大中城市转移，相应撤并了大多数县及县以下的分支机构。近年来，农业银行也将市场重点转向大中城市，在资源配置上对县域支行总体上呈收缩态势，撤点、裁员主要集中在农村地区，相当部分县支行的工作重点转到了存款、清收和中间业务方面，大部分营业所实际上成了单一的“存款机构”。虽然，农行加大了对林权改革的金融支持力度，但现有林业信贷产品不丰富，灵活性不够，林权抵押贷款总量还比较小，贷款覆盖面也比较窄，尤其对中小林农的覆盖偏低。具体表现为：一是准入门槛较高。如在可抵押林木的面积上，一般要求自然人需提供相对集中的抵押面积100亩（含）以上，对树龄的要求也比较高，一般在6年以上，中小林农户很难满足这些要求。二是贷款期限较短。林权抵押贷款期限多为1～3年，与林木生长及采伐利用周期不匹配；三是林木抵押率较低。一般控制在评估价值的50%以内。

（三）农信社资金实力不足，林业信贷服务水平有待提升

随着农业银行在农村地区的分支机构逐步撤出，农信社成为提供林业信贷服务的主力军，但由于农信社的资金实力不足，林业贷款占农信社贷款的份额还相对较低，林农得到的贷款仍然非常有限，调研区域只有35%左右的林农能够获得农信社的贷款。此外，在乡镇一级的金融市场上，农信社的垄断问题仍然没有得到解决。从短期看，农信社的垄断地位似乎能够为其提供一个相对稳定的存款和信贷市场，降低竞争成本，增加经营收益。但从长期看，却会降低农信社改善经营机制的激励，造成运行的低效率和金融服务供给不足，从而导致其大量亏损。由于高度垄断，即使是经营亏损的农信社也不会被淘汰出局，这种退出机制的缺乏导致市场约束高度软化，难以为改善服务水平提供充分的激励。而且出于自身财务上可持续发展的考虑，农信社经营中商业化倾向日益严重，使资金大量流向相对收益率较高的非农林部门，林农常常难以获得贷款。

(四)小额信贷机构发展滞后，民间借贷组织需要逐步规范

2005年以来，人民银行、银监会积极推进新型农村金融机构试点工作，目前已有包括小额贷款公司、村镇银行和农村资金互助社在内的几类新型机构在农村开展业务，为林农提供了新的可供选择的筹资渠道。但由于林业地域范围广，需求层次差异大，需要多样化的金融服务，适合林业需求的小额信贷机构发展严重滞后，而且小额信贷机构专门从事林农小额贷款的发放，无法满足林农大额贷款需求。由于正规金融供给有限，作为一种补充，在一些地方非正规金融实际上成为当地林农借款的主要渠道，但由于我国对民间借贷一直处于排斥状态，未将之纳入正常监管范围，由于缺乏有效的监督、管理和引导，非正规金融在发展过程中风险积累、问题丛生，给金融运行和经济发展带来诸多负面影响。

综上所述，我国尚未形成独立完整的林业信贷供给体系，林农信贷服务主要还是依靠现有的农村金融服务体系，林业信贷供给明显不足，林农信贷获取渠道仍然有限。

三、导致林业信贷需求与供给矛盾的原因分析

通过以上分析，不难发现，我国林业信贷供求矛盾突出，具体表现为信贷供求总量错位和供求结构(规模和期限等)错位两大问题，而导致林业信贷供求矛盾的根本原因是有效金融供给不足，具体表现为：

(一)林业金融服务体系不完善，信贷供给总量明显不足

虽然，林业金融组织种类相对比较齐全，但现有的林业金融服务体系存在严重缺陷，各类金融机构之间缺乏分工与协调，尚未形成有效的运营协作机制，对支持林业信贷服务功能不强，信贷总量明显不足。一是国家开发银行和农业发展银行的信贷服务只针对大型林业项目和林业龙头企业，与林农特别是小户林农几乎没有直接业务关系；而以农业银行为代表的商业银行对林业信贷支持力度在逐渐弱化，无法成为支持林业信贷的主体，小额信贷机构只向特定林农群体提供贷款，发展水平严重滞后。实际上目前为林农提供信贷服务的主要是农信社，因此，从某种程度上讲，农信社林农贷款开展的程度和绩效，是直接影响林农正规金融机构信贷获得的主要因素。但农信社自身发展存在诸多

问题，支持林业的信贷资金有限。而且农信社"垄断"格局形成必然导致林业信贷市场竞争度下降，削弱资金配置效率，无法解决林农融资难的问题。

（二）服务对象和产品结构错位，无法满足林业信贷需求

第一，从金融服务对象看，针对不同经营主体的信贷供给不平衡。按照"安全性、流动性、盈利性"经营要求，金融机构偏好林产加工企业，较少支持营林业；偏好支持一定规模的林业企业和大户林农，较少支持中小户林农。据调查，目前各金融机构发放抵押贷款的对象主要集中在林业大户，其份额占95%以上，而小户林农的贷款不足5%。大部分小户林农因其林地面积小或林木林龄低而得不到必要的贷款支持。第二，从信贷产品结构看，缺少适合林业生产需求特点的信贷产品，与林业经营特点相适应的金额大、期限长的信贷产品不多，不能适应林业产业发展的需要。从调研情况来看，林业贷款期限与林农资金实际需求不匹配。林业产业投资周期长，而农村信用社资金来源基本以短期与活期为主，基于资金流动性角度考虑，目前发放的林业贷款主要以中短期为主，与林农的实际资金使用期限不一致，无法满足造林育林的长期资金需求。

（三）林业信贷的交易成本较高，供求双方目标存在差异

近年来，商业银行和农信社市场化改革步伐加大，"利润最大"和"风险最小"的经营取向，决定了信贷资金必然向效益好、风险小、盈利高的行业流动。目前，林业产业发展仍处于从粗放型、分散化经营向集约式、规模化经营的过渡阶段，林业小规模、分散式经营同金融集约化经营战略之间矛盾日趋尖锐。由于林农分散，贷款笔数多但贷款金额相对较小，而且抵押担保手续繁琐，签署有关贷款合约的环节、耗用的人力物力同样必不可少，由此导致了单位合约成本大幅度提高。同时金融机构在发放贷款时，必须详尽了解贷款申请人的信用状况及经营情况，以规避逆向选择风险，防止选择信用较差、无经营能力的林农为贷款对象，贷款发放后还需要跟踪现金流，以规避道德风险，防止项目贷款资金被挪用于风险更高的项目投资，甚至用于林农自身消费使用，而非真正用于营林活动。

对于众多的小额贷款的林农，事前调查与事后跟踪同样必不可少，但因每笔金额小，在现在贷款经营方式，不可避免地导致向林农提供贷款的合约成本与信息成本高。规模越大、组织机构越复杂的金融机构，越是不愿意向规模小、缺乏信息透明度的林农提供贷款。总之，正规金融机构为林农提供零售服务，都遇到交易费用过大、信息严重不对称、抵押品缺乏和难以担保等问题，这些问题与金融机构经营利润最大化目标相背离，因而不可能提供普遍的金融服务（包括信贷、保险、理财等），致使金融机构对林农产生了严重的惜贷倾向。

而从林农贷款成本来看，目前农业银行、农信社对林农提供的贷款规模偏小，相对其所发挥的资金效用来说，正规贷款的交易成本偏高。而为获得这样小规模的贷款，林农还需要履行比较复杂的贷款手续，承担并不具有市场优势的贷款利率，承受严格的期限要求和还款约束，甚至还需要多次奔波，寻求关系或担保人等，可以说，目前正规金融所提供的信贷产品也因与林农压缩成本、提高效益的目标不符，从而对大部分林农吸引力不强。

(四)信用和担保体系不够健全，信贷供给能力受到限制

由于林农比较分散，金融机构向林农提供贷款过程中面临信息不对称的问题，难以全面掌握借款人的资信状况，在信用担保和违约防范机制不健全时，必然会加大金融机构的信贷风险，因此，金融机构在无法全面了解借款人资信状况和还款能力的条件下，如果缺乏信用和担保机制的保障，金融机构必然会减少对林农的信贷供给，从而使林业信贷需求与供给之间存在极大的矛盾。众所周知，目前我国仍缺乏针对林农的信用评价机构和信贷担保机构，抵押品替代和扩展机制、信贷信息系统、信用评分机制、贷款分类评价机制也未建立，极大地限制了金融机构作用的发挥。总之，现有的林业信用和担保体系难以有效降低金融机构服务林农的交易成本和减少金融机构的信用风险，还不能充分满足金融机构向林农提供服务和创新的要求，无法全面有效支撑金融机构的改革和金融产品、服务、流程创新。

(五)相关配套扶持政策不完善，林业信贷政策落实较难

2003年以来，随着林权抵押贷款等在林业信贷领域的试点与逐步推广，一些省份制定了林业金融支持的配套扶持政策，较好地促进了林业信贷市场的发展，但这些配套政策和服务体系还不够完善。

第一，森林资源资产评估体系不健全。主要表现为：林业资产评估机构资质认定存在空白，具有资质条件的森林资源资产评估机构较少，且评估队伍参差不齐，资产评估结果相关性不高，由于缺乏权威性、公正性的资产评估机构和有效的监督管理机制，许多贷款抵押物的评估价格与实际不符，即使以物抵债后金融机构仍然存在蒙受重大损失的可能，必然会影响信贷资金的安全，金融机构对森林资产评估结果不信任，降低了信贷供给的积极性。

第二，资产评估和担保费用较高，降低了林农申请贷款的积极性。一方面，由于部分资产评估机构过分追求效益，收费太高，使得林农一般不愿出钱评估，以价值10万元的森林资产为例，林农需交纳评估费为600元，若最终能申请到贷款，最高贷款额度是5万元，贷款期限通常只允许一年期，贷款月利率为7.9‰，依此计算，评估费相当于在原有利率基础上增加了12‰，而且即使进行了资产评估，最终也不一定能得到贷款；另一方面，大部分林业担保机构资本金较少，担保实力不强，并且也存在收费较高的问题。

第三，林权流转平台和管理法规建设有待进一步改善，林权市场交易不够活跃。目前，许多地区的林权交易、流转市场和林权收储中心还未建立或很不完善，没有规范有序的林权交易市场，而且，即使有了交易市场，相关的交易活动亦不够活跃，限制了森林资源的变现，给抵押品的处置带来一定困难。一旦借款人违约，债权人胜诉后，银行和农信社处置抵押物难度较大，债权保护执行难，这样的林权抵押对金融机构而言是没有实际意义的。此外，林木采伐指标计划管理体制落后等问题，直接制约着林业信贷市场的发展。

第四，林业贴息贷款政策存在偏差。中央和地方政府制定了林业贴息贷款政策，向林业企业和林农提供贷款贴息，但这种贴息政策实际上是鼓励信贷需求，如果只给林业信贷需求方提供贴息，在供给条件不变的情况下，就会引导出更多的需求，产生更大的需求缺口，导致更多的林业企业与林农争夺有限的信贷供给。从 2010 年中央财政贴息情况看，预计林农和林业小额贷款落实 39.7 亿元，仅占全国预计林业贴息贷款落实总额的 24%，绝大部分贴息贷款主要是针对林业龙头企业、林场苗圃、森工企业和工业原料林项目。

第五，我国森林保险体系不健全。商业保险公司不愿开展森林保险业务，而政策性森林保险覆盖面过窄，森林保险品种单一，尚未开办虫害险、霜冻险、盗伐险等，无法全面有效地分散和降低林业的自然风险，容易导致林农丧失还款能力，加大林业信贷风险，也在一定程度上制约金融机构对林业的信贷供给。

四、促进林业金融支持体系建设的总体思路和政策建议

有效解决林业信贷约束，促进金融机构信贷供给，需要围绕林农信贷需求特征，构筑一个功能完备的金融服务体系，并形成相关的配套政策和措施，避免金融机构成本与收益不对称，并有效控制贷款风险，增强信贷供给意愿和金融产品创新力度，才有可能解决林业金融供求矛盾，全方位满足林农金融需求，最终实现林业可持续发展的目标。

（一）构建多元化金融服务体系，促进各类机构融合发展

各类金融组织为林业提供信贷服务，必须形成合理的分工格局和运营定位。目前，各类金融机构往往只拥有同质的、最基本的金融产品和金融服务，难以满足多层次的林农信贷需求，因此，需要建立多元化的林业金融服务体系，应该以国家开发银行和农业发展银行的政策性信贷服务为引导，农业银行、农信社等商业性和合作性金融机构适度竞争，森林保险与信用担保等金融中介适当介入，其他各类金融组织和民间借贷为补充的完备金融服务体系。同时通过各种金融机构的联结、链接，利用“行行联合、行社协作”等发展模式，采取委托贷款、转贷款和捆绑式担保信贷业务等方式，将政策性银行和商业银行的信贷资金通过农信社等机构传递给林农。

1. 创新政策性贷款业务模式，发挥政策性金融导向作用

国家开发银行和农业发展银行要调整职能定位，创新政策性贷款业务模式，发挥政策性银行的导向作用，加大林业信贷支持力度。

一是通过各地国有资产投资经营公司等类似机构作为借款主体统借统还，林农作为

最终用款人使用并偿还贷款本息，农信社联社、村镇银行或资金互助社等为委托贷款行办理贷款发放和结算业务。二是开展活立木储备政策性信贷业务。在地方政府或者其国有资产运营公司的担保下，农发行可向政策性收储企业或者中心提供政策性贷款，从而诱导商业银行和农信社积极提供林权抵押贷款，起到政策性银行应有的扶持和诱导功能。三是开展扶持龙头企业与林农合作造林政策性信贷业务。政策性银行可以设立林业政策性贷款专项业务，主要用于扶持龙头企业与林农合作造林模式的贷款申请项目，促进林业企业和林农的共同增收。在信贷业务的操作流程上，政策性银行向林业企业提供贷款，企业与林农签订购销合作合同，通过商业信用的方式赊销生产资料给林农，林农通过企业对林产品的收购偿还所欠债务(类似于“来料加工”)，实现银行、企业和林农三方的共赢。

2. 加大商业银行和农信社创新力度，增加林业信贷有效供给

为支持我国林业商业性信贷体系创新与发展，通过信贷制度和融资业务及技术创新，改进对林农的金融服务。商业银行应积极创新信贷管理机制，加强金融信贷产品开发研究，适时推出创新型的信贷产品，以满足林业贷款业务发展的需要；农信社要利用面向农村点多面广的优势，结合业已推广的林农小额信用贷款、联保贷款方式进行创新，打好林权抵押贷款创新“组合拳”，并推出符合林农信贷种苗生产、花卉生产、经济林生产、竹林生产、工业原料林生产、大径级珍贵用材林、生物质能源林生产、“森林人家”及森林生态旅游经营活动等需求特征的大额与小额全覆盖的、短周期与长周期全包含的信贷产品，同时简化现有林业信贷产品和服务的审批手续，缩短放贷时间，降低林农融资的隐形成本。

3. 培育和组建新型金融机构，建立竞争有序的信贷市场

建立多种形式的新型金融机构(组织)，吸引更多信贷资金和社会资金进入林业，是改善林业金融服务的又一重要举措。

一是适度放宽农村金融的准入标准，继续允许成本低廉、开展简单业务、能够维持微利的各类机构进入林业信贷市场，可适当优先考虑事实上已经存在多年、并有良好记录和当地群众口碑的各类小额贷款组织。通过培育建立林业小额信贷组织，进一步改善和提升林业金融的服务水平，促进形成更加多样化的林业金融服务体系，为打破农信社垄断林业信贷市场的局面创造条件。

二是支持有条件的林业重点县市加快推进组建村镇银行、农村资金互助社和贷款公司等新型金融机构。鼓励各类金融机构和专业贷款组织通过委托贷款、转贷款、银团贷款、协议转让资金等方式加强林业贷款业务合作，促进形成多种金融机构参与林业贷款市场体系。

三是正确引导和规范民间信贷的发展，允许民间资本进入合法融资渠道。建议各级政府部门在严厉打击高利贷和金融欺诈等违法行为的前提下，在林业信贷市场引入竞争机制，有效发挥民间借贷对林业正规金融体系的补充作用。

（二）针对林业金融需求特征，推进金融服务方式创新

鼓励各类金融机构的改革和创新，积极推出多样化、个性化的与林业生产特点相适应的信贷产品和金融服务方式。

1. 在贷款期限设计上，与林业生产经营周期相匹配

金融机构合理确定林业贷款期限，尽量与林业生产周期相匹配。如针对毛竹垦复、低产林改造，贷款期限延长至3年；针对桉树等速生丰产林造林，贷款期限达5～10年等，对生产周期长的林种予以中长期的贷款支持。

2. 在林业信贷品种上，满足林农多样化的金融需求

一是结合不同类型林农在生活和生产上的资金需求特点，积极发展小额林业信用贷款、林农联保贷款等信贷品种，各类金融机构要配合政府有关部门积极开展“信用村、镇”创建工作，推广金融超市“一站式”服务，扩大林农小额信用贷款和林农联保贷款面，支持分散的低收入农户和贫困户进行合作造林等小面积种植的资金需求；同时，针对大户林农生产性借款需求，开发额度大、期限长、多样化的信贷产品。二是继续推广和应用林权证抵押贷款，积极创办订单、仓单等权利质押贷款品种，增加林农有效抵押物，解决林农缺乏抵押品的问题。

3. 在贷款运营模式上，探索开发新型贷款担保模式

不断创新林业贷款业务模式，金融机构利用合作组织、龙头企业和担保机构的增信作用和担保作用，通过采取林业合作经济组织和林业龙头企业承贷（统贷统还）的方式，积极推广“金融机构＋林业担保公司＋林农”、“林业信用共同体贷款”等模式，将资金从金融机构传导到林农，从而缓解林农不能直接从金融机构贷款而面临的信贷约束问题。

4. 在贷款审批手续上，适当下放贷款审批管理权限

简化贷款审批手续，缩短贷款审批时间，对于5万元以下，5亩以上的小额林权抵押贷款，可以只登记，不需要评估和加入保险，授权基层金融部门可以直接办理。

（三）加快信用担保体系建设，提升林农贷款获取能力

1. 大力推进林业信用体系建设，建立林农信用评价体系

商业银行、农信社、政府有关部门、林农等方面要共同协调和努力，结合“农村信用工程”创建活动，稳步推行林农信用评价体系，积极构建以家庭为单位的个人信用体系，将林农的历史贷款信用存档，以便于银行和农信社做出抵押信贷决策，从而规范金融机构的信贷行为，保障贷款的安全性。

2. 积极发展林业信用担保机构，提供各类融资担保业务

研究制定林业信贷担保扶持政策，建立政府扶持的林业信用担保机制。一是建议设立包括中央、地方财政出资和企业联合组建的多层次的林业信用担保机构，鼓励各类担保机构开办林业融资担保业务；二是大力推行以专业合作组织为主体，由林农自愿入会或出资组建的互助性担保体系，发挥其直接提供担保或组织会员互保的作用；三是鼓励各类担保机构通过再担保、联合担保及担保与保险相结合等多种形式，积极提供林业生产发展的融资担保服务，切实解决林农大规模的贷款担保难题。

(四)建立林业风险管理体系，增加金融机构信贷供给

为有效化解林业经营所面临的市场风险、自然风险和流动性风险，减少金融机构提供信贷的阻力和后顾之忧，建议构建基于“订单林业＋林产品期货＋森林保险＋资产证券化＋信贷风险补偿基金”的林业一体化风险管理体系，积极探索林业信贷市场与林产品期货市场、森林保险的有机结合方式。

一是大力发展订单林业，通过合同管理减少林业市场风险，帮助林农获得稳定的收益，同时也可确保林产品加工(流通)企业获得稳定的原材料；二是恢复和重建林产品期货市场，为大户林农和林业企业利用期货市场防范林业市场风险提供条件；三是推行森林资源资产证券化，用证券化方式取得的资金能有效盘活森林资源资产，促进森林资源资产的合理流动，有效解决了森林资源资产的流动性风险问题；四是加快构建森林保险体系，推进以政策性保险为主，商业保险为辅的森林保险体系的建立，针对当前森林保险品种单一的现状，建议尽快出台森林保险发展规划，丰富林业保险品种，加大补贴水平和补偿力度，降低保险费率，提高保障理赔金额，提高林农参保率和森林保险覆盖率；五是探索建立林业信贷风险补偿基金，风险补偿资金实行林业与金融部门共同管理，专款专用，通过合理确定用于补偿商业银行和农信社林业贷款的风险损失率，降低金融机构的信贷风险，并逐步建立银行、企业、个人风险基金，形成政府、银行、企业、个人共担风险的机制。

(五)健全相关配套扶持政策，促进林业金融政策落实

第一，完善森林资源资产评估体系。一是尽快出台森林资源资产评估机构资质认定管理办法，积极探索建立森林资源资产评估师或评估专家制度，培育具有相应资质的森林资源资产评估专业中介机构，强化森林资源资产评估的行业规范建设和市场监管，并逐步加强对评估人员的培训和管理，不断提高资产评估质量；二是出台森林资源登记、评估的收费管理制度和办法，逐步降低资产评估收费费率，根据林木生长期限长的特点延长评估期限。

第二，明确林权抵押贷款登记机构。由于林权证涉及乡镇千家万户，林权登记机构还不能设立的规格太高，距乡镇太远。建议以乡镇为单位，以乡镇林业站为依托成立林权抵押登记机构。林权登记部门必须建立现代化的计算机登记网络，能够完整记录林木即林权抵押贷款的详细数据。

第三，推动建立以林权流转为主的林权交易市场、森林资源收储机构等配套的林木市场体系建设，配套活跃市场交易的手段，逐步形成县、乡、村一体化互动网络和服务体系；出台规范化的《集体林权流转管理办法》，保障和促进林权流转、林木资产正常交易的良性运作，一旦出现信贷风险，即可按照市场化原则进行处置，化解信贷风险。

第四，改进森林采伐管理办法，出台有效措施维护银行合法债权。对在抵押贷款期间所抵押的林木，未经抵押权人同意不予发放采伐许可证、不予办理林木所有权转让变更手续。贷款到期时，积极协助金融机构做好抵押权的处置工作，优先保证贷款抵押林木的采伐需要，确保银行抵押权的顺利实现。

第五，逐步完善林业贷款贴息政策，一是积极构建与各级金融管理机构的协调互动机制，建议国家林业局与中国银监会等机构建立林业贴息贷款联席会议制度，建立林业贴息贷款重点联系银行制度，由各级林业部门与确定放贷银行联系和沟通；二是改进林业贴息贷款项目的计划管理模式，完善林业贴息贷款项目的申报与审批机制，按贷款规模大小，合理划分中央、省、县(市)三级林业、财政部门的贷款管理权限，允许各地根据林业贷款落实情况及用途确定申报林业贷款的财政贴息资金；三是扩大林业贴息贷款的使用范围和对象，加大对林农贴息力度，对林业小额贷款可以考虑给予全部贴息，并延长林业贷款财政贴息的期限。

调研单位：北京林业大学经济管理学院

执　　笔：田治威　潘焕学　秦　涛　王富炜　蒋德启　刘士磊等

退耕还林地征占用管理情况调研报告

【摘　要】退耕还林工程是新中国成立以来造林数量最多、投资规模最大、涉及范围最广、效果最为显著的重大生态工程，工程建设10多年来取得了巨大的生态、经济和社会效益，为保障国家生态安全、全面推进我国经济社会可持续发展起到了非常重要的作用。但近年来，由于国家扩大内需，基础设施建设和城市化建设步伐明显加快，工矿企业建设规模和数量突飞猛进，退耕还林地被征占用情况突显出来。据统计，退耕还林地被征占用面积达36.33万亩，占这些区域退耕还林退耕地总面积的0.27%，其中征占用未异地造林面积为5.19万亩，占征占用面积的14.29%。虽然各级工程管理部门采取很多有用的办法，摸索出很多值得借鉴的经验，保证了退耕还林工程建设的规模和质量，但在退耕还林地补偿征收、异地造林任务落实、保障退耕农户利益、部门间协调配合等方面仍然存在问题。本文对制定退耕还林地征占用的补偿政策、管理办法、加强征占用退耕还林地的管理等方面提出了相关建议。

为切实摸清退耕还林地征占用情况以及退耕还林地征占用的管理现状，总结退耕还林地征占用管理工作中好的做法和经验，查找存在的问题，研究制定退耕还林地征占用管理措施，规范退耕还林地征占用管理工作，根据国家林业局2010年度林业重大问题调研工作的统一部署，国家林业局退耕还林办公室采取实地典型调查和面上书面调查相结合的方法，对全国退耕还林地征占用管理情况进行了调研。此次调研历时5个月，对北京、河北、内蒙古、辽宁、湖南、贵州、云南、宁夏等8个省(自治区、直辖市)17个县29个乡镇进行了专题调研，召开了省、地、县、乡等不同层次的座谈会20多次，广泛听取了各级干部和退耕农户对退耕还林地征占用管理工作的意见和建议，基本摸清了各地在管理工作中的做法、经验、存在的问题及基本要求。

通过调研，我们认为，退耕还林地征占用管理工作总体较好，特别是各级工程管理部门在国家无政策、地方无资金、协调工作难、管理任务重的情况下，采取很多管用的办法，摸索出很多值得借鉴的经验，保证了退耕还林工程建设的规模和质量，为加强退耕还林地征占用管理工作打下了良好基础。但在一些地方还存在许多不容忽视的问题，主要是退耕还林地补偿征收困难、异地造林任务落实困难、退耕农户利益保障困难、部门间缺乏协调配合等。

一、退耕还林工程建设概况

退耕还林工程是从1999年开始实施的，工程的主要目的是保护和改善生态环境，主要措施是将水土流失严重，沙化、盐碱化、石漠化严重，生态地位重要、粮食产量低而不稳的坡耕地、沙化耕地，有计划、有步骤地停止耕种，因地制宜地造林种草，恢复植被。工程建设范围覆盖了全国25个省(自治区、直辖市)和新疆生产建设兵团的2200多个县(含县级单位)，涉及农户3200多万户、1.24亿农民。目前，退耕还林工程共完成退耕地造林1.39亿亩、荒山荒地造林2.49亿亩、封山育林0.37亿亩，累计造林4.25亿亩；中央已累计投入资金2300多亿元，已完成任务中央还将继续投入2000多亿元，加上地方配套等资金，工程投资总额将达5000多亿元。退耕还林工程已经成为新中国成立以来造林数量最多、投资规模最大、涉及范围最广、效果最为显著的重大生态工程，为保障国家生态安全、全面推进我国经济社会可持续发展奠定了良好基础。

工程建设10多年来取得了巨大的生态、经济和社会效益，主要有：一是改善了生态环境。退耕还林工程的实施，大大加快了国土绿化进程，增加了林草植被，将使工程区森林覆盖率平均提高3个多百分点，生态面貌发生显著变化，水土流失和风沙危害明显减轻，有的地方土壤侵蚀模数下降了一半以上。二是促进了地方经济发展。1999～2007年，国家统计局抽样监测的退耕还林县地区生产总值增长了约2倍，工业增加值增长了4倍，一、二、三产业结构由33∶36∶31调整为21∶48∶31，县级地方财政一般预算收入增长了3倍。三是增加了农民收入。截至2008年底，退耕农户平均每户获得补助5113元，约占退耕农户同期人均纯收入的10%左右，1999～2007年，退耕还林县农民人均纯收入从1716元提高到3249元，扣除价格因素，年均增长6%。同时，在一些气候条件较好的地区，退耕后发展的经济林、用材林、竹林、药材等生态经济产业，已经取得了较好的经济效益，退耕还林后续产业成为农民增收的重要途径。四是转变了生产生活方式。退耕还林地区从过去砍木头、“吃木头”转变为现在的多种树、保护森林，从过去的超载过牧转变为现在的舍饲圈养，无论是农业、林业、牧业都开始摆脱过去消耗资源的传统发展方式，向集约型、内涵式发展模式转变，农民的生活环境明显改善，农村面貌和干部群众思想观念也发生了可喜变化。五是大大提高了碳汇的能力。退耕还林工程造林成林后，木材蓄积量将达10亿多立方米，可吸收二氧化碳18.3亿吨、生产氧气16.2亿吨，将为缓解全球气候变暖、履行中国政府对世界的承诺做出重大贡献。

二、退耕还林地征占用概况

(一)退耕还林地征占用数量

近年来，由于国家扩大内需，基础设施建设和城市化建设步伐明显加快，工矿企业建设规模和数量突飞猛进，退耕还林地被征占用面积迅速增大。据调查，截至2009年年底，调查的21个省(自治区、直辖市)退耕还林地被征占用面积达36.33万亩，占这些区域退耕还林退耕地总面积的0.27%。其中，四川、陕西、湖南、山西、云南、安徽、内蒙古、江西、湖北等省(自治区)征占用退耕还林地较多，征占用面积都在2万亩以上；而海南、安徽、江西等省征占用退耕还林地面积占退耕地还林面积的比例较大，都在0.75%以上(见表1)。

表1　退耕还林地征占用情况统计表　　单位：万亩

单位	退耕地还林总面积	征占用面积		异地造林面积				未异地造林面积	
		面积合计	占总面积比例(%)	面积合计	占征占用面积比例(%)	原退耕农户造林面积	新退耕农户造林面积	面积合计	占征占用面积比例(%)
合计	13323.30	36.33	0.27	31.13	85.71	6.88	24.26	5.19	14.29
河北	947.00	0.11	0.01	0.08	71.95	0.00	0.08	0.03	28.05
山西	694.00	2.91	0.42	2.77	95.18	0.49	2.28	0.14	4.82
内蒙古	1383.00	2.51	0.18	2.50	99.53	0.83	1.67	0.01	0.47
辽宁	370.00	1.43	0.39	0.81	56.77	0.05	0.76	0.62	43.23
吉林	355.00	1.03	0.29	0.80	78.00	0.03	0.77	0.23	22.00
黑龙江	425.00	1.11	0.26	0.52	46.38	0.04	0.47	0.60	53.62
安徽	330.00	2.57	0.78	2.52	98.37	0.05	2.47	0.04	1.63
江西	300.00	2.24	0.75	2.09	93.31	0.45	1.64	0.15	6.69
河南	376.70	0.87	0.23	0.85	98.46	0.04	0.82	0.01	1.54
湖北	497.00	2.16	0.43	1.98	92.01	0.55	1.43	0.17	7.99
湖南	756.00	3.16	0.42	2.95	93.56	1.23	1.72	0.20	6.44
广西	349.00	1.16	0.33	0.33	28.36	0.07	0.26	0.83	71.64
海南	60.00	0.48	0.80	0.33	69.37	0.02	0.31	0.15	30.63
重庆	661.00	0.98	0.15	0.98	100.00	0.04	0.94	0.00	0.00
四川	1336.40	4.56	0.34	3.35	73.40	1.14	2.21	1.21	26.60
贵州	657.00	1.30	0.20	0.83	63.66	0.24	0.58	0.47	36.34
云南	533.10	2.62	0.49	2.56	97.67	0.46	2.10	0.06	2.33
陕西	1528.80	4.24	0.28	4.01	94.67	0.98	3.04	0.23	5.33
甘肃	1003.30	0.32	0.03	0.31	95.51	0.07	0.23	0.01	4.49
青海	290.00	0.13	0.05	0.11	81.45	0.08	0.03	0.03	18.55
宁夏	471.00	0.44	0.09	0.44	99.57	0.00	0.44	0.00	0.43

(二)异地重新造林情况

截至2009年年底，调查的21个省(自治区、直辖市)已经进行异地造林的面积为

31.13 万亩，占征占用面积的 85.71%。其中，原退耕农户重新造林的面积为 6.88 万亩，新退耕农户造林的面积为 24.26 万亩。重庆、宁夏、内蒙古、河南、安徽、云南、甘肃、山西等省（自治区、直辖市）异地造林比例较大，均在征占用面积的 95% 以上。调查的 21 个省（自治区、直辖市）未进行异地造林的面积为 5.19 万亩，占征占用面积的 14.29%。其中广西、黑龙江等省（自治区）未进行异地造林的比例较大，都在 50% 以上（见表 1）。

（三）征占用退耕还林地用途

据对内蒙古、安徽、湖北、四川、甘肃等省（自治区）征占用退耕还林地用途调查，有 44.52% 用于修路、筑渠等基础设施建设，有 38.47% 用于工矿企业发展，有 15.16% 用于城市建设（见表 2）。

表 2 退耕还林地征占用情况统计表 单位：万亩

单 位	征占用面积	基础设施建设占地		城市建设占地		工矿企业占地		其他占地	
	面积合计	面积	占征占用面积比例（%）	面积	占征占用面积比例（%）	面积	占征占用面积比例（%）	面积	占征占用面积比例（%）
合 计	12.20	5.43	44.52	1.85	15.16	4.69	38.47	0.23	1.86
内蒙古	2.51	1.18	46.96	0.18	7.21	1.15	45.83		
安 徽	2.57	1.00	38.98	1.14	44.46	0.42	16.56		
湖 北	2.16	1.55	71.63	0.05	2.53	0.33	15.35	0.23	10.50
四 川	4.57	1.37	30.00	0.46	10.00	2.74	60.00		
甘 肃	0.40	0.34	84.77	0.02	3.95	0.04	11.29		

（四）退耕还林地征占用补偿情况

据调查，退耕还林地被征占用后的补偿情况大致可分为以下几种情况：

（1）退耕还林地被征占用后，由原退耕农户重新造林，原退耕农户继续享受国家的政策补助。如内蒙古自治区科尔沁左翼后旗被征占用退耕还林地面积，全部由原退耕农户在自家耕地上重新造林，并继续享受国家退耕还林政策补助。宁夏回族自治区盐池县由征占方每亩一次性给退耕农户现金 1500 元，由原退耕户就近在自己的耕地上集中连片种植相同面积的验收合格退耕还林地，继续享受国家政策补助。如果原退耕户没有符合条件的耕地用于异地造林，盐池县统一安排道路两侧征用的耕地上进行异地造林，仍由原退耕户继续享受国家政策补助。

（2）退耕还林地被征占用后，占地单位提供国家用于退耕还林全部的政策补助，政府将一部分补助资金用于补偿原退耕农户应享受的退耕还林政策补助，剩余资金用于补助给新退耕农户，新退耕农户需重新进行退耕还林。如内蒙古自治区鄂尔多斯市征占用退耕还林地单位除按照现行征占用林地政策规定缴费外，还按照退耕地第一轮、二轮退耕政策性补助标准（160 元/亩、90 元/亩），按 16 年计算，每亩一次性缴费 2100 元（其中种苗造林补助费 100 元）。所缴费用由旗（区）林业局专户储存，专款用于被征占用退耕农户退耕政策性补助和变更实施造林的种苗补助费。缴纳的 2100 元费用是按 160 元/（年·亩）×8 年 +90 元/（年·亩）×8 年 +100 元 =2100 元计算得出的，其中由原退耕户领取未到期的补助，其余部分一次性发放给新退耕户，新退耕户还可领取国家发放的剩余年限政策补助。如伊金霍洛旗苏布尔嘎镇阿彦补鲁村的一块退耕还林地被征占用后，由企业一次性拿出2100元为原退耕农户、新退耕农户补足国家政策性补助。

(3)退耕还林地被征占用后，由新退耕农户重新造林，新退耕农户享受国家剩余年限的政策补助。如辽宁省彰武县西六家子乡少窝村退耕还林地被征占用作修建京四高速公路，高速公路指挥部对征占用的退耕还林地按耕地给予原退耕农户每亩1.6万元的占地补偿，林木按每亩0.18万元进行补偿。而后，县林业部门组织在大冷乡进行异地造林，在农户自愿的前提下，新退耕农户享受国家剩余年限的政策补助。

三、退耕还林地征占用管理的主要做法和经验

退耕还林是我国生态建设史上一项伟大创举，是惠及亿万农民的德政工程，为了巩固好已有的建设成果、保护好退耕农户的利益、保证国家经济建设的需要，各地在退耕还林地征占用过程中采取了一系列措施和办法，积累了大量的宝贵经验，为规范和加强退耕还林地征占用管理工作奠定了基础。

(一)实行“占补平衡”的政策

为了巩固好退耕还林建设成果，一些地方政府为在退耕还林地被征占用后，确保退耕还林面积不减少，制定了“占一补一”的政策，以期达到占补平衡。

四川省政府于2007年出台的《关于加大工作力度切实巩固退耕还林成果的通知》(川办发〔2007〕45号)中规定：“确因基本建设需要征占用的要做到‘占一补一’，即在国家补助期内征占退耕还林地的要就近安排补充相同面积的退耕地，征占用单位除按有关规定进行林地补偿外，还应补偿国家已兑现给退耕农户的粮款补助用于异地退耕地造林的补助。”

河南省2005年印发了《河南省人民政府办公厅关于进一步巩固退耕还林成果的通知》(豫政办〔2005〕69号)明确指出：“确因基本建设需要征占用退耕地的，要做到‘占一补一’，即在国家补助期内征占退耕还林地块的，县级林业行政主管部门要就近安排补充相同数量的退耕地。”

安徽省林业厅于2006年就退耕还林地占用、征用问题回复阜阳市林业局并抄送各市林业局的文件中明确“占一还一”的原则，要求全省各地在退耕还林地征占用过程中，即征占用退耕还林林地多少面积，必须补造相同面积、相同林种的树木。

海南省政府2009年出台的《海南省人民政府关于完善退耕还林政策的实施意见》(琼府〔2009〕56号)中对征占用退耕还林地做出了“基础设施或开发项目建设应以不征占或少征占退耕还林地为原则，确需征占用的，由该工程建设单位负责征占用造林补偿和异地造林重建费用，严格执行占补平衡的原则，并依法办理相关手续”的规定，为加强退耕还

林地保护管理提供了政策保障。

(二)严把征占用退耕还林地审批关

规范征占用退耕还林地审核审批程序，是严格控制各项建设工程占用、征用林地，杜绝非法使用林地或者非法批准使用林地的重要保证。各地在严格审核审批过程中采取了一系列行之有效的措施，避免了不经批准征占用退耕还林地和乱占乱建以及占后不补等问题。

为把住征占用退耕还林地审核审批关，陕西省采取了五项措施：一是由用地单位向县林业部门提出征占用退耕还林地申请，县林业部门对材料进行严格核对。二是在县林业部门对申请材料齐全、合格的，组织制定植被恢复措施，包括造林地点、面积、树种、林种、作业设计以及保护管理措施等。三是县林业部门根据征占用退耕地情况，组织具有相关资质的工作人员或林业勘测设计单位，对用地现场进行查验，对建设项目类型、林地地类、面积、权属、树种、林种和补偿标准进行初步审查，掌握征占用退耕面积的计划年度及政策兑现等相关资料。现场查验后，承担现场查验的单位向林业部门提交现场查验报告。四是林业主管部门在规定时限内提出具体明确的审查意见，按照权限和规定程序报批，严禁越权审核、审批。五是对审核同意或批准的征占用林地项目，建设单位缴纳各项费用后，负责审核审批的林业主管部门才核发使用林地审核同意书或批准文件。

为巩固工程建设成果，规范征占用退耕还林地的审批程序，甘肃省林业厅于2006年颁发了《关于征用退耕还林林地有关问题的通知》(甘林资函字〔2006〕188号)，对退耕还林地征占用报批手续做了规定。对符合国家发展规划确需征占用退耕还林林地的项目，由县林业部门派专业技术人员对征占用林地的类型、面积进行前期调查设计并做可行性报告，由市林业局复核后，经县级政府申请，按征用或临时占用林地的管理权限范围逐级进行上报审核审批，经省级林业管理部门审核批复方可进行征占用。对未批先占、不批就占退耕还林地的，严格按照《中华人民共和国森林法》等相关条款对违法单位和相关责任人进行处罚。

湖南省在审核审批退耕还林地的过程中，退耕还林工程管理部门与资源林政管理部门密切配合、协调一致，资源林政部门在受理征占用林地审核时，发现可能涉及退耕还林地，在第一时间通知退耕还林工程管理部门实施核实，在退耕还林工程管理部门签发《退耕还林征占用审批表》后方予办理相关申报与审核手续。

(三)强化征占用退耕还林地的异地重新造林

征占用退耕还林地后的异地重新造林工作是确保退耕还林工程建设面积不减少的重要手段。从调查的情况看，各地在组织异地造林的工作中采取了很多值得借鉴的措施和办法，强化了退耕还林地被征占用后的异地重新造林工作。

江西省要求每年征占用的退耕还林地，必须在第二年完成异地重造工作，并对退耕还林任务重新落实做出4点规定：一是必须充分征求被征占退耕农户的意见，被征占的退耕农户优先安排实施退耕还林。二是优先安排原村组实施异地重新造林；原村组无法落实的，则安排在原乡镇范围内；原乡镇无法安排的，则安排该县的其他乡镇范围内；原则上不跨县安排。三是必须严格按照退耕还林的有关规定，公平、公正、公开地落实退耕地还林任务。四是必须严格按照退耕地还林作业设计的有关规定，编制异地重造作业设计，并报市林业部门审批后才允许施工。

甘肃省对征占用的异地造林任务原则上要求原退耕农户优先、集中连片实施。对原退耕农户愿意异地造林的，由乡镇政府按照已批复的变更作业设计，组织造林，经县级林业主管部门验收合格后继续兑现补助资金，并在调处林地权属争议后，对林权证中相关内容进行变更登记。对新退耕农户，县级林业主管部门和乡政府注销原退耕农户的政策兑现资格和林权证，并与新退耕户签订退耕还林合同，由乡政府按照已批复的变更作业设计，组织造林，经林业部门检查验收合格后，兑现补助政策，同时由所在乡镇和林业主管部门办理林地权属变更登记，在调处林地权属争议后，办理林权证。

陕西省在征占用退耕还林地指标收回后，于县域范围内进行统筹调配，组织重新在适宜地点安排异地栽植造林，并及时做好变更设计，衔接好退耕还林档案资料，将设计资料及时上报上级主管部门审批。

辽宁省的部分地（市）对被征占用的退耕还林地采取了严格的完善合同措施，即在双方自愿的基础上，签订两份协议，一是各工程县林业局和有征占用退耕还林地的乡镇签订一份协议，框定异地造林总任务；二是各乡镇和农户又签订了小协议，将异地造林任务分解落实到各家各户。同时，明确了补助年限，即生态林补助5年、4年、3年不等，经济林补助3年、2年不等，其他内容与原合同内容相同。异地造林后，经县级林业部门验收合格后进行兑现补助。

（四）积极做好征占用退耕还林地的补偿工作

退耕还林地不同于其他林地，退耕还林地的补偿也不同于其他林地的补偿。到目前为止，国家还没有制定出台关于退耕还林地征占用的特殊补偿政策。为了巩固退耕还林成果，维护退耕农户的合法权益，一些地方林业部门积极协调政府及有关部门，制定了征占用补偿的地方性政策，确保了国家投资不损失、异地造林后新退耕户的利益不受侵害。

四川省政府于2007年出台的《关于加大工作力度切实巩固退耕还林成果的通知》（川办发〔2007〕45号）规定："征占用单位除按有关规定进行林地补偿外，还应补偿国家已兑现给退耕农户的粮款补助用于异地退耕地造林的补助。"

河南省政府于2005年印发的《河南省人民政府办公厅关于进一步巩固退耕还林成果的通知》（豫政办〔2005〕69号）中指出，在国家补助期内征占退耕还林地块的，在按照《河南省林地保护管理条例》进行补偿的基础上，征占用土地的单位还应补偿国家已兑现给退耕农户的粮款补助，这部分补偿资金用于异地安排退耕地造林的补助。

甘肃省在征占用退耕还林地补偿上，按照有关法律法规和文件的要求收缴森林植被恢复费，种苗补助费等费用以及已向农户兑现的粮食及现金补助费。异地造林后，由县级林业主管部门验收合格后向新退耕农户及时足额发放粮款补助资金。

山西省林业部门从强化退耕还林成果巩固和管理上，多次重申征占用退耕还林地要严格执行“占一补一、占补平衡”的原则，促使省政府专门召开协调会议，专题研究退耕还林地的征占用补偿办法，确定“林地补偿费按该地块退耕还林前的地类确定补偿标准”。省政府于2009 年出台的《山西省人民政府关于公布实施全省征地统一年产值标准的通知》中退耕还林地补偿标准大大高于执行多年的林地征占四项补偿标准，退耕农户的利益得到了保护。

（五）加强设计变更、检查验收等工程管理工作

为确保退耕还林工程面积不减少、质量不降低，各地在退耕还林地被征占用之后，加强了设计变更、检查验收以及档案管理等工程管理工作。

为做好变更作业设计、科学安排异地造林，湖南省人民政府做出规定：“要进行异地造林的，在本县市区原相应年度批复的乡镇范围内调整，由县市区编制异地造林方案，报市州退耕办备案；在本县市区原相应年度批复的乡镇范围外调整，由县市区编制异地造林方案，报市州退耕办审批；需要在本县市区外调整的，由县市区人民政府向省退耕还林领导小组提出调整申请，并将已支付的相关资金退回省财政，经批准后核减该县市区退耕还林面积，安排到其他县市区造林。开展异地造林，只能在 25 度以上坡耕地造林，不能占用基本农田，不能改变原林种。”

山西省在征占用地审批手续经相关林业主管部门批复后，由各工程县（市、区）退耕办在新退耕户自愿和外业调绘的基础上做出变更设计，向省退耕办提交变更作业设计申请报告。变更作业设计报告中必须包括征占用退耕还林地的有关审批手续、新退耕农户提出的退耕申请、签订的退耕还林合同以及需要政府出具的相关承诺等材料。

为确保异地造林质量，陕西省抽调技术干部，深入到村头地块进行技术指导，严把技术关，从整地到苗木质量、调运直至栽植，严格按照造林技术规程施工。施工中，按照整地不合格不准栽植、苗木不合格不准栽植，栽植质量、造林密度不合格不予确认的原则，把好质量关。完成造林施工后，及时检查验收，并张榜公示作为政策兑现的依据。

甘肃省从项目申请、勘察确认、项目批复到资金补偿、异地造林等各个环节、各类资料都设有专柜，分类建档，与退耕还林工程档案一并专人管理，做到了档案资料内容完整、齐全，归档及时。此外，对退耕还林地征占用农户进行分类管理，采取一户一号，三级编码的管理手段，极大地提高了档案利用效率，为退耕还林工程的健康、有序发展和实现工程的动态化、定位化管理提供了科学依据，确保了工程建设质量和效益。

内蒙古自治区为加强档案管理，对每一宗征占用退耕还林地形成的各种材料，都装订成册并及时归档，存入退耕还林档案，以便保存和查询。这些材料包括：用地单位提出的占用征用林地申请、盟(市)、旗(县、市、区)林业局向上一级林业局提出的占用征用林地申请文件、占用征用林地的建设单位法人证明、建设项目批件、占用征用林地申请表、补偿和补助协议(包括同意占用征用林地意见、签字表、补偿和补助收据等)、盟(市)、旗(县、市、区)林业局填写的现场查验表、林地权属证明、项目建设占用征用林地森林植被恢复设计的确认文件、自治区林业厅出具的《使用林地审核同意书》和森林植被恢复收据等。如鄂尔多斯市为规范变更作业设计，于2010年颁发了《鄂尔多斯市退耕还林工程管理中心关于规范变更退耕还林工程作业设计的通知》(鄂退管中心发[2010]19号)，要求各地要进一步规范作业设计变更，对变更作业设计提出4点具体要求：一是要规范确定变更项目，防止随意变更；二是要规范变更请示报告内容；三是要附退耕还林作业设计变更一览表；四是要附变更实施小班调查卡和小班位置图。

四、征占用退耕还林地管理中存在的问题

尽管各地在征占用退耕还林地管理工作中采取了一些切实可行的措施，一些地方政府为了巩固退耕还林成果制定了相应的地方性政策，对征占用退耕还林地管理工作起到了一定的促进作用，但在一些地方还存在如下几个问题：

(一)退耕还林地补偿征收困难

退耕还林地不同于其他林地。退耕还林地是通过退耕农户停止对耕地的耕种之后，又在耕地上造林种草形成的林地，国家对这部分退耕地投入了大量的资金予以补助。当退耕还林地被征占用作其他用途后，除应按国家有关规定对征占用的林地予以补偿外，还应对已经发生的国家政策性投入予以补偿。但从调查的情况看，各地对已经发生的国家政策性投入征缴工作普遍很难，这种情况不仅使国家资金蒙受损失，也使退耕还林工作受到影响。原因有：一是由于国家只有关于林地征占用的补偿政策，而没有关于退耕还林地征占用的特殊补偿政策，退耕还林地被征占用之后，对该地块已经发生的国家政策性投入没有征收依据，这是导致难以征收的主要原因，影响的面也比较广泛；二是由于一些地方为了发展经济，政府对征占用林地问题重视不够，个别的甚至采取强制行为，从而出现用地单位对征占用的退耕还林地不予补偿或少补偿的情况。

(二)异地造林任务落实困难

据对调查的21个省(自治区、直辖市)退耕还林地征占用情况统计，截至2009年年底，退耕还林地被征占用面积达36.33万亩，其中还有5.19万亩未进行异地造林，占征占用面积的14.29%。由此可以看出，尽管各地为实现占补平衡采取了措施，但被征占用的退耕还林地还是有一些未能及时进行异地造林，形成了一定的亏空。经分析，我们认为主要原因有：一是由于物价上涨以及惠农资金补助的增加，加之退耕还林的后续补

助政策偏低，退耕还林比较效益低下明显，从客观上影响了农民退耕还林的积极性；二是由于已经发生的国家政策性投入得不到补偿，致使新退耕户的补助仅为剩余年份的政策补助，达不到国家规定的标准，农户不愿作为新退耕户而退耕；三是由于一些地方轻视异地造林工作，工作力度不大，也导致了异地造林不落实或少落实。其他还有许多因素，诸如有的地方符合退耕还林条件的耕地越来越少，有的地方补偿资金不能及时到位，等等，都对落实异地造林产生不利影响，形成亏空。

（三）退耕农户利益保障困难

一是由于国家没有明确征占用退耕还林地的补偿标准，一些地方工程建设项目征占用退耕还林地的补偿标准是由项目建设单位与退耕农户进行协商的，有的是按耕地进行补偿，补偿的标准相对较高，而有的是按林地进行补偿，补偿的标准较低。正是由于退耕还林地与耕地的补偿相差悬殊，退耕农户对此意见很大，认为自己响应国家号召搞生态建设，并且退耕没几年，得到的补偿还不如不退耕的多，心里很不平衡，对退耕还林也很有想法。二是由于一些地区无法征收已经发生的国家政策性投入，加之地方政府无力提供（或不愿提供）这部分补助资金，直接导致异地重新造林新退耕户领取的补助达不到国家规定的标准，退耕农户的利益也因此受到了损害。如有的地方是在实施异地造林后，只将剩余年度的补助发放给新退耕农户，大大低于国家补助标准，这种情况也损害了退耕农户的利益，给退耕还林工作和退耕还林成果的巩固埋下隐患。

（四）部门间缺乏协调配合

这种情况主要表现在林业部门内部。个别地区的退耕还林管理与资源林政管理工作脱节，缺乏相互间的协调与沟通，甚至竟然发生退耕还林地已经被征占用，而退耕还林工程管理部门却不知情的现象。这种状况使得退耕还林工程管理部门不能掌握准确数据、不能及时开展变更作业设计、组织异地造林、检查验收、政策兑现以及收集工程档案资料等工作，不仅给退耕还林工程的管理带来困难，也给退耕还林工程的成果巩固埋下隐患。也有的地方矿产资源管理部门在承办采矿资源中不经过林业部门审批的情况，出现退耕还林地被侵占，林业部门却不知情的状况。

五、对策建议

退耕还林地是退耕还林工程建设的重要成果。随着国民经济的快速发展，被征占用的退耕还林地会越来越多。为了巩固退耕还林建设成果，维护退耕农户的合法利益，确保国家投资效益的发挥，根据目前的状况，我们提出如下对策建议：

（一）制定退耕还林地征占用的补偿政策

退耕还林地被征占用后的补偿，是确保国家投资效益、维护退耕农户利益、保障退耕还林工程建设的关键。目前，由于没有关于退耕还林地被征占用之后的补偿政策，退耕还林地被征占用后，已经发生的国家政策性投入难以收回，不仅造成国家投资的损失，也增加了安排异地造林的难度以及异地造林后对新退耕户的补偿不到位问题。因此，建议国家有关部门应从退耕还林工程建设的特殊性出发，制定符合退耕还林工程管理实际的退耕还林地征占用补偿政策，促进退耕还林成果的巩固。一是在享受国家退耕还林政策补助期间，应将退耕地作为征占用补偿标准中的特殊地类，在征占用退耕还林地的政策制定上要多考虑退耕农户的利益，对退耕农户的补偿应包括占用耕地的补偿、国家政策性投入以及林木的补偿，即在退耕还林地被征占用后，应足额缴纳国家已经用于退耕地还林的种苗造林费补助、粮食补助和现金补助等各项资金投入，确保国家投资不受损失；二是对国家政策性投入的补偿，要按照"谁占谁补"的原则，明确由征占用单位进行补偿，明确补偿应在批复同意征占前缴纳，明确补偿的用途应专项用于异地造林的补助。

（二）制定退耕还林地征占用的管理办法

为规范征占用退耕还林地进行管理，实现退耕还林地征占用后的占补平衡，保护退耕农户利益，巩固退耕还林成果，应尽快制定退耕还林地征占用管理办法：一要规定在补助期内，退耕还林地被征占用之后，最迟要在下一年度安排同等数量的异地退耕地还林，达到占补平衡，确保退耕还林地面积不减少，确保退耕还林工程建设的完整性；二要规定在补助期内，退耕还林地被征占用之后，对已经兑现给原退耕农户的补助不得追回，对新的退耕农户要严格按照国家的补助政策足额兑现补助，确保退耕农户的利益不受损害。

（三）进一步加强征占用退耕还林地的管理

一是要加强部门间的协调与配合，理顺管理程序，建立退耕还林先审制度。虽然退耕还林已纳入森林资源管理范畴，但退耕还林是国家投入巨额资金实施的生态建设工程，且尚在政策补助期内，应与其他林地资源区别对待。对因工程建设需征占林地的，应先审查所征占林地是否属于退耕还林地，如果是退耕还林地，即应按退耕还林地征占用补偿政策进行补偿，在用地单位缴纳各项补偿之前，不应批复同意其征占地。同时，相应的各项管理措施也应按征占用退耕还林地管理办法进行。

二是在征占用退耕还林地时要得到地方政府对"占一补一"的承诺，建立占补平衡的地方政府负责制。由于退耕还林工程实行的是五到省，地方政府对退耕还林工程的实施负总责，而征占用退耕还林地也是用于支持地方经济发展，不能因为上经济发展项目而影响退耕还林项目的实施，并且当地林业部门在很大程度上要服从于地方政府的总体安排。因此，建立政府负责制度，对于确保占补平衡、确保退耕农户的利益不受损害至关重要。

三是要对目前尚未补齐的被征占用退耕还林地面积予以补齐。应采取一定的宏观调控手段，力求未安排实施异地造林的地方及时补齐亏空的退耕还林面积。在未补齐之前，不安排或少安排退耕还林新的建设任务。

四是要加大对未经批准就乱征滥占退耕还林地的行为予以严厉打击。退耕还林工程是国家投入巨资建设的功在当代、利在千秋的生态工程，当前乃至今后一个时期内的主要任务是巩固已有的建设成果，在保护好成果的基础上求得更大的发展。保护好工程建设成果是当务之急，也是长远之策。因此，应充分发挥各级林业执法部门的作用，充分利用法律武器，对那些未经林业部门批准就擅自征占用退耕还林地的行为予以坚决打击。

五是要做好征占用退耕还林地的合同签订、作业设计变更、种苗准备、异地造林组织、检查验收、政策兑现等工作，严格按退耕还林管理制度和管理程序办事，进一步强化规范管理。同时，要及时收集、整理、归档有关资料，加强退耕还林档案管理，牢固树立"无档则乱"的思想，确保退耕还林工程档案完整、准确、安全、查阅方便。

调研单位：退耕还林办公室调研组
组　　长：张鸿文
副 组 长：李青松
成　　员：王维亚　段　昆　崔丽莉